그림책육아

제1판 제1쇄 발행 2010년 8월 5일
제1판 제3쇄 발행 2014년 7월 18일

지은이	정진영
펴낸이	임용훈
기획	서정 Contents Agency
마케팅	양총희, 오미경
편집·디자인	디자인루소
일러스트레이션	김은혜, 조은주
출력	해성문화사
용지	(주)정림지류
인쇄	(주)미성아트
표지인쇄	예일정판
제본	동신제책사
펴낸곳	예문당
출판등록	1978년 1월 3일 제305-1978-000001호
주소	서울시 동대문구 답십리2동 16번지 4호
전화	02-2243-4333~4
팩스	02-2243-4335
이메일	master@yemundang.com
블로그	www.yemundang.com
트위터	@yemundang

ISBN 978-89-7001-548-4 03370

본사는 출판물 윤리강령을 준수합니다.
이 책은 저작권법에 의하여 보호를 받는 저작물이므로 무단전재와 무단복제를 금합니다.
파본은 구입하신 서점에서 교환해 드립니다.

그림책 육아

추천사

이송은
동화가있는집 연구소 소장,
문학박사

"책 한 권을 펴면 새로운 세계 하나가 열린다." 저자가 그림책을 어떻게 바라보는지를 알려주는 대목입니다. 이 책에는 첫 장부터 마지막 장까지 아이와 책에 대한 사랑이 오롯이 담겨 있습니다. 첫 아이 쿠하와 함께 걸어본 길을 조곤조곤 일러주기에 그림책 읽기를 처음 시작하는 예비엄마에게도 낯설지 않습니다. 또 그림책을 많이 본 마니아들에게도 미처 보지 못했던 귀한 책과 신선한 놀이들을 알려주고, 그림책에 대한 절절한 첫사랑을 떠올리게 할 것입니다.

강지이
책 읽는 선생님,
아줌마

나도 좋은 책 소개하는 재미로 사는 사람이지만, 단순한 아이 책을 이렇게 재미있게 소개할 수 있는 쿠하 엄마의 능력에 감탄하게 된다. 아이들 책이 수도 없이 쏟아져 나오는 세상에서 '우리 아이에게 맞는 책이 무얼까?' 고민하는 엄마라면, 쿠하 엄마가 추천해주는 새콤달콤한 동화책을 골라보는 것도 좋을 듯하다. 쿠하의 마음속에 녹아드는 한 권의 동화책이 우리 아이의 마음에도 깊은 감동을 줄 것이라고 믿는다.

윤용인
딴지일보 관광청장,
노매드 대표

쿠하 엄마의 글은 연둣빛입니다. 읽고 있으면 마음이 따뜻해지고 고와집니다. 예쁜 감성이 이번에는 동화책을 읽어줍니다. 입체 영화처럼 입체적인 동화책입니다. 열어놓은 창문에서 별똥별이 툭하고 내려와 동화책 위에 앉습니다. 동화책 속의 악기가 소리를 내고, 농장 동물들의 발걸음도 들려옵니다. 쿠하 엄마처럼 동화책을 읽어주면 아이의 꿈이 콩나물처럼 쑥쑥 자라 하늘에 닿을 것입니다. 너무 재미있다고 잠을 안 잔다고 할까 봐 걱정이 됩니다.
어라? 책을 다 덮고 나니, 이 책은 한편, 어른을 위한 맛있는 철학책이었네요?

들어가는 말

아이가 태어나던 순간. 힘겹게 눈을 뜨며 엄마를 보려고 애쓰던 표정을 잊을 수 없습니다. 얼마나 힘들었던지 첫 아이 쿠하는 태어나면서 울지도 않았지요. 2~3초의 정적 후에 작은 소리를 내며 살아 있음을 알려왔을 때, 제 눈은 눈물로 범벅이 돼서 아이의 얼굴을 제대로 볼 수 없었습니다. 그때 마음으로 전했던 말들을 요즘도 자주 속삭입니다.

"쿠하야,
태어나줘서 고마워.
태어나줘서 고마워.
태어나줘서 고마워."

태어나준 것만으로도 고마운 아이에게 가장 먼저 선물한 것은 책입니다. 출산준비물을 사기 시작할 무렵 남편과 함께 서점에 들러 우리 아이에게 읽어주고 싶은 그림책 몇 권을 골랐습니다. 배내옷보다 먼저 선물한 그림책들을 네 살이 된 아이는 요즘도 즐겨 봅니다.

아이들에게 다양한 세상을 보여주기에 그림책만큼 효과적인 매체도 드물지요. 쿠하가 즐겨 보는 애니메이션 '뽀롱뽀롱 뽀로로'만 해도 줄거리는 매번 다르지만 등장인물은 늘 똑같은 캐릭터들이지요. 그림책은 작가들이 만든 하나의 완결된 세상입니다. 새로운 책 한 권을 펴면 새로운 세상이 하나 더 열립니다. 아이에게 넓고 다양한 세상을 보여주고 싶은 엄마의 욕심 때문에 책장에 점점 아이의 책이 늘어갑니다.

한정된 돈으로 아이에게 보여주고 싶은 모든 책을 다 사줄 수는 없습니다. 아이가 네 살이 되는 동안 전집은 딱 한 질, 그것도 중고로 들였습니다. 전집은 출판사의 이름을 걸고

좋은 책들을 엄선한 모음이지만 엄마가 직접 읽어본 후에 골라서 살 수 없기 때문에 저는 단행본 위주로 골라주게 됩니다. 아이가 어릴수록 인지발달보다는 정서발달에 더 초점을 맞추어 책을 읽어주는데, 엄마가 고른 그림책들로 아이와 같이 만나는 세상을 모아가는 것이 누군가 골라 놓은 책들을 한 상자씩 사주는 것보다 즐겁습니다. 아이가 처음으로 만나는 책들을 전문가에게 의지하고 싶지 않았습니다. 엄마의 취향에 맞는 책만 읽히게 되기에 독서 편식을 우려하는 전문가들이 있겠지만, 조금 서툴더라도 엄마가 차근차근 읽어보고 결정하지 않으면 아이를 낳은 순간부터 양육의 많은 부분을 전문가에게 의지하게 됩니다.

직접 고른 책을 사준다고 해서 전집을 아예 보여주지 않는 것은 아닙니다. 집에서 가까운 도서관에 자주 가는 까닭은 수많은 출판사의 전집들이 잘 정돈되어 꽂혀 있기 때문입니다. 어린이도서관은 어린 아이를 데리고 가도 불편하지 않도록 시설이 잘 갖춰져 있습니다. 방처럼 바닥을 따뜻하게 하거나 아이들 사이즈에 맞게 작은 의자와 책상을 준비한 곳들이 많습니다. 게다가 평일 오전에 가면 사람이 별로 없어서 조용한 분위기에서 책을 읽어줄 수 있어 좋습니다.

단행본을 고집하는 데는 현실적인 이유도 한 몫 거듭니다. 전집에 비해 단행본은 낱권으로 꼼꼼히 살펴보고 살 수 있어서 처지는 책이 별로 없습니다. 아이의 흥미를 끌지 못하는 책이라 하더라도 독후활동을 어떻게 하느냐에 따라 달라지기 때문에, 아예 책을 살 때부터 '이 책은 이떻게 활용해야지' 하는 계획을 세워보기도 합니다.

이 책에 소개된 그림책들은 어린이책 전문가들이 발달 단계에 맞춰 추천하는 책 목록에 의지하지 않고 제가 먼저 읽어보고 아이에게 선물한 책들입니다. 책에 관한 한 나이는 숫자에 불과하지요. 책을 자주 읽어주지 않은 아이라면 어린 아이들이 보는 책부터 읽어주는 게 좋고, 어려서부터 책을 꾸준히 읽어준 아이라면 한 단계 높은 책을 읽어줘도 거뜬히 소화할 테니까요. 초등학교 저학년에게 적합한 책들을 네 살짜리 아이에게 읽어주면 작가가 전해주려던 의도를 절반도 이해하지 못할 수도 있습니다. 하지만 흘려듣기 차원에서 좋은 책을 미리 보여주는 것이기 때문에 책을 완전히 이해하라고 강요하거나 욕심내지 않았습니다.

1장 은 어떻게 하면 아이가 책을 좋아하게 할까 고민하는 분들에게 전하는 내용입니다. 장난감보다 그림책을 더 좋아하는 아이로 키우고 싶을 때 도움이 되는 이야기를 담았습니다.

2장 은 첫돌 무렵에 읽어준 책들입니다. 0에서 12개월 사이의 아이들은 책을 읽는다기보다는 책을 소재로 가족들이 아기에게 말을 거는 시기입니다. 가족들이 책을 사이에 두고 아이에게 말을 거는 습관이 생기면 자연스레 책을 그림책을 중심으로 가족이 소통하게 됩니다.

3장 은 그림책이 얼마나 재미있는 매체인지, 얼마나 즐거운 선생님인지 소개하는 부분입니다. 팝업 북, 글자 없는 그림책, 그림자 극장 책, 스티커 북, 블록 북 등을 잘 활용하면 아이들이 책을 좋아하게 됩니다. 책을 통해 창의성과 감성을 풍부하게 기를 수 있습니다.

4장 은 아이들에게 들려주며 읽히면 좋은 오디오북이나 낭독하며 보는 책을 소개합니다. 읽어서 아는 것보다 들어서 아는 것이 더 오래 기억됩니다. '듣기'능력은 어린 시절부터 길러주어야 합니다.

5장은 아이들과 함께 그림책을 들고 소풍 가면 좋은 장소를 소개합니다. 집에서 읽으면 무료해 하던 책도 낯선 곳에서 펼치면 새로운 기분이 들기 마련입니다. 언제, 어디에서나 책을 읽을 수 있다는 걸 가르쳐줄 수 있습니다.

6장은 그림책을 통해 가족애가 더 두터워질 수 있는 방법과 그에 어울릴 만한 그림책들입니다. 어른과 아이가 같은 책을 읽으면 공유할 수 있는 낱말과 이야기가 생깁니다. 함께 읽고 생각과 감정을 나누다 보면 어느새 가족 간의 사랑이 깊어진다는 말에 공감하게 될 거예요. 책으로 소통하는 가족의 힘은 어려운 상황에서 빛을 발합니다. 가족 구성원들이 서로 응원하는 사이가 될 수 있도록 어른과 아이가 책으로 마음을 나누면 좋겠습니다.

책은 엄마 아빠의 손길이 닿지 않는 순간에도 아이에게 좋은 친구이자 좋은 선생님이 되어줄 것입니다. 그림책으로 가족이 즐겁고 따뜻한 시간을 보내면 아이는 나날이 밝고 명랑한 사람으로 자랄 것입니다. 그림책을 사이에 두고 어른과 아이가 소통하며 편안하고 즐거운 날들을 보내길 바랍니다.

끝으로 그림책 이야기를 연재한 대한펄프 보솜이와 오마이뉴스, 책을 함께 기획한 서정 Contents Agency, 이 책을 출간해준 예문당 출판사, 그동안 가르쳐주신 선생님들, 부족한 저와 친구로 지내는 여러분들, 서울과 광주의 가족들에게 고마운 마음을 전합니다.

정진영 드림

목차

추천사 004
들어가는 말 006

1장_ 그림책으로 나누는 대화

부모와 자녀를 통하게 만드는 책읽기의 비밀 014
하루 10분, 아이와 책으로 나누는 대화 018
쿠하네 집 책꽂이엔 어떤 책이 있을까 022
혼자 책 읽기 시작한 아이를 위해 부모가 주의할 점 .. 028
어린이 도서관을 우리 아이 놀이터로 033

2장_ 처음 만나는 책 세상

우리 아이 첫 번째 책 040
눈 맞추며 읽어요 043
그림책으로 색깔을 배워볼까요? 046
돌 전후에 가장 많이 읽어준 책들 052
남자 어른이 읽어주면 더 좋아해요 058
숫자도 그림책 보며 배워요 061
우리 정서를 담아낸 그림이 좋아요 065
반복 문장으로 말을 배워요 069

3장_ 책은 최고의 장난감이자 선생님

깜짝깜짝 어른도 놀라는 팝업 북 074
비 오는 날이 기다려져요 077
걷기 시작하면 독후활동을 늘려요 081
책으로 먼저 맞이하는 명절 086
아이들은 똥을 좋아해요 091
친구와 이웃은 소중해요 095
아기 배낭에 넣어주세요 100
창의력 키워주는 글자 없는 그림책 102
잠 없는 아이들에게 반가운 그림자놀이 109
책으로 놀아요 113
두 가지 언어로 만나는 한 가지 이야기 116

4장_ 그림 보며 들어요

- 자장가 대신 들려주는 책 … 122
- 노래를 따라 부르며 보는 책 … 125
- 엉덩이를 들썩이며 책장을 넘겨요 … 132
- 동화구연가가 들려주는 뜨레폴 책놀이 … 137
- 그림책 보며 인터넷을 켜요 … 140
- 그림으로 보고 음악으로 느껴요 … 144
- 영어 동요와 마더 구즈, 흘려듣게 해요 … 150

5장_ 그림책 들고 소풍 가요

- 환기미술관: 쿵짝짝 소리 나는 그림 김환기 … 156
- 간송미술관 … 161
- 성곽미술관 … 166
- 원당 종마목장 … 171
- 농업박물관 … 176
- 체험 박물관으로 오감 발달 키워요 … 179
- 동물원 … 186
- 가회박물관 … 191
- 그림책 들고 떠나는 소풍 … 194

6장_ 책으로 만나는 가족

- 온 가족이 함께 읽어요 … 202
- 쓸쓸한 빈자리 … 207
- 아빠를 더 사랑하게 돼요 … 212
- 할머니와 더 친해져요 (옛이야기) … 215
- 동생을 기다리며 읽는 책 … 219
- 아이들과 집 이야기를 나눠보세요 … 224
- 아이와 함께 사라진 마을들을 보세요 … 227
- 씩씩하고 튼튼한 딸에게 … 230
- 바늘, 아들에게 주고 싶은 첫 번째 선물 … 236

부록 0~/세 아이를 위한 추천 그림책 목록 … 240

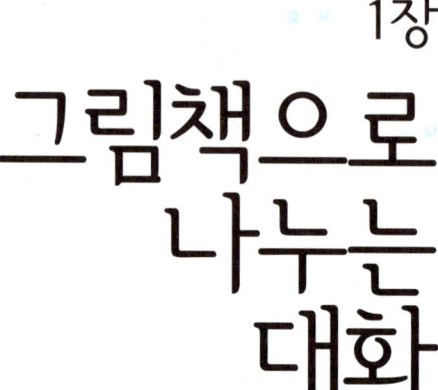

1장
그림책으로 나누는 대화

아이가 처음으로 건네는 말들을 놓치지 마세요. 마주 앉아 이야기 나누며 아이가 세상에서 보고 듣고 느낀 것들을 공유하는 기쁨은 어른들에게도 즐거운 순간입니다. 장난감보다 그림책을 더 좋아하는 아이로 키우고 싶다면 어른이 먼저 그림책을 펴세요. 어른과 아이의 마음을 하나로 이어주는 그림책을 보며 잃어버린 동심을 찾아가는 동안, 아이처럼 환하게 웃는 어른을 발견할 수 있을 거예요.

# 부모와 자녀를 통하게 만드는 책읽기의 비밀

아이가 할아버지 할머니를 만나러 가는 날, 기저귀보다 그림책을 먼저 챙겼습니다. 어른들이 자기들만의 대화에 푹 빠져버리면 아이들은 방치되기 십상이지요. 주말이나 명절처럼 일시적으로 대가족이 되어 삼대가 한 지붕 아래에서 지내게 되면 온 가족이 읽기에 좋은 그림책들을 준비했습니다. 집안 어른들과 아이가 함께 책을 읽으면 아이를 중심으로 모두가 즐거운 시간을 보낼 수 있습니다.

그림책을 '아이들이나 보는 책'이라고 무시하는 사람도 있지만, 요즘 출판되는 그림책들은 어른이 함께 보아도 좋은 작품들이 즐비합니다. 아이에게 읽어주려고 보기 시작한 그림책을 이제는 엄마가 더 즐기고 있습니다. 아이가 관심을 보이지 않는 책이라도 제가 보고 싶은 책들은 결국 사고야 맙니다.

어른이 아이 책을 함께 읽어야 하는 가장 중요한 이유는 의사소통을 잘 하기 위해서입니다. 아이가 세상에 태어나 처음 만나는 사람들은 가족이지요. 가족과 소통이 잘 되지 않은 아이는 밖에서 다른 사람들과 제대로 소통하기가 쉽지 않습니다. 어린 아이들도 마음을 표현합니다. 어른들이 아이들 마음을 알아주지 않으면 아이들은 상처 받고 마음의 문을 닫기 마련이지요. 자기 말을 알아듣지 못하는 어른을 신뢰할 아이는 많지 않을 것입니다. 아이가 건네는 말을 잘 알아들으려면 아이보다 어른이 먼저 노력해야 합니다. 일방통행으로 지시하기보다는 어른이 아이의 마음을 읽고 헤아려야지요.

아이와 보내는 시간이 많을수록 아이가 하는 말을 잘 알아듣지만, 무작정 오랜 시간 같이 지낸다고 해서 말이 잘 통하는 것은 아닙니다.

그림책은 아이와 소통하는 가장 빠르고, 편하고, 즐거운 길입니다. 아이 혼자 책을 읽으면 아이 마음속에 무엇이 남는지 알 수 없지만 그림책을 함께 읽으면 아이 마음에 어떤 부분이 와 닿았는지, 아이가 사용하는 단어들을 어디에서 습득한 것인지 금세 알 수 있습니다. 아이가 어른에게 건네는 말들을 잘 이해하려면 그림책, 애니메이션, 텔레비전 프로그램 등 아이가 보고 듣는 매체를 함께 누리는 게 가장 좋습니다.

친정이나 시댁에 갈 때 기저귀 가방에 무거운 그림책을 빼놓지 않는 이유들이 몇 가지 있습니다. 첫째, 할아버지 할머니는 물론 이모, 삼촌, 고모와도 의사소통이 잘 되는 아이로 자라길 바라기 때문입니다. 둘째, 집안 분위기를 책을 중심으로 화목하게 가꾸고 싶습니다. 셋째, 우리가 사는 춘천에서 서울 친정이나, 광주 시댁에 가는 길에 조용히 가고 싶었습니다. 아이와 기차로 이동하면서 주변에 앉은 분들에게 폐를 끼치지 않기 위해서는 다양한 작전이 필요합니다. 부피가 작은 장난감을 가지고 다녀보기도 하고, 그림책 작가 레오 리오니(그는 기차 안에서 시끄러운 손자들을 조용히 시키기 위해 잡지를 찢어 이야기를 들려주다가 그림책 작가로 데뷔했죠)를 흉내 내어 기차 안에서 잡지를 사람 모양으로 찢어 즉흥적으로 지어낸 이야기를 들려주기도 했습니다.

제가 해본 다양한 작전들 가운데 가장 효과가 좋았던 것은 그림책 읽기입니다. 아이가 좋아하는 그림책 서너 권이면 서울에서 광주까지 세 시간이 걸리는 기차 이동도 그럭저럭 견딜 만했으니까요. 물론 같은 책을 계속 반복해서 읽어주는 엄마의 입장은 괴롭습니다. 지루하기도 하고요. 하지만 아이는 반복해서 읽는 책 내용을 지겨워하기는커녕 기차라는 색다른 공간에서 읽어주는 것 자체를 더없이 즐거워합니다. 첫 아이인 쿠하는 책 속 주인공들을 잡지를 찢어서 만드는 종이 인형으로 만들어 달라고 해서 인형놀이를 하자는 등 다양한 놀이로 변주할 줄 압니다. 그럴 때면 어른보다 아이가 더 지혜로워 보입니다.

동네 찜질방에 갈 때도 그림책부터 챙기는 저를 보며 친정어머니는 유난스럽다고 면박을 줍니다. 하지만 아이가 찜질방에 있는 컴퓨터 게임기 앞을 서성이거나 넓은 실내를 뛰어다니지 않게 하려면 그림책 몇 권을 준비해가는 것이 좋습니다. 장난감 대신 책을 가지고 다니면서 언제 어디서든 아이가 읽고 싶어 할 때 읽어주니 쿠하는 자연히 책을 좋아하는 아이로 자라고 있습니다.

쿠하가 책을 좋아하는 아이로 자라게 된 데는 우리 부부의 육아 원칙도 한 몫 거들었습니다. 아이가 8개월이 되었을 때 시댁에서 분가하면서 우리는 텔레비전을 사지 않았습니다. 매주 화요일과 목요일 밤에 챙겨보던 프로그램을 보기 위해 텔레비전으로 전환할 수 있는 컴퓨터 모니터를 샀습니다. 집안에 텔레비전이 있으면 식사 시간이나 한가한 저녁 시간에 습관적으로 틀기 마련입니다. 어린 아이가 있는 집에서는 텔레비전을 없애는 게 책과 친하게 되는 첫 번째 비결입니다.

아이가 네 살이 되도록 우리 부부는 완구회사에서 만든 장난감을 사주지 않습니다. 선물로 받은 장난감들을 가끔 꺼내서 가지고 놀게 하지만, 평소에는 장난감들을 내부가 들여다보이지 않는 세탁바구니에 넣어서 보관합니다. 그림책을 읽고 독후 활동을 하거나 바깥으로 산책하기를 즐겨 하는 아이는 장난감이 없어도 잘 놉니다. 눈에 보이는 사물을 활용해 별의 별 상상을 하며 노는 쿠하를 보면,

아이들은 장난감이 없을 때 더 창의적으로 논다는 걸 새삼 확인하게 됩니다.

『장난감을 버려라 아이의 인생이 달라진다』(이병용 지음 | 살림출판사)는 장난감이 아이들에게 독이 되는 사례와 장난감 없는 유치원 프로젝트 이야기를 담은 책입니다. 이 책을 읽고 나면 아이에게 장난감을 사주는 횟수가 현저히 줄어들 것입니다. 장난감을 사달라고 조르거나 장난감을 가지고 노는 것에 익숙하게 되기 이전에, 그러니까 만 세 살이 되기 이전에 그림책이 장난감보다 더 재미있고 친밀하게 느껴지도록 집안 분위기에 신경을 쓰는 게 좋습니다. 물론 저처럼 지나치게 장난감을 사주지 않으면 할아버지 할머니에게 장난감을 사달라고 조르는 아이로 자라게 될 수도 있습니다만, 장난감이란 부모보다는 조부모가 사주는 편이 관계 형성에도 도움이 될 테지요. 장난감은 할아버지 할머니께서 한 해에 세 번쯤(생일, 어린이날, 크리스마스) 사주시는 귀한 선물로 알고 자라면 좋겠습니다.

책을 가까이 하는 아이로 키우고 싶다면 어른들이 집안에서 책 읽는 모습을 보여주면 됩니다. 『세 살, 우리 아이 어떻게 키울까?』(오사카보육연구소 지음 | 보리)에는 세 살 아이들이야말로 '위대한 흉내쟁이'라는 이야기가 나옵니다. 세 살이 된 아이들은 주변 어른들의 말과 행동을 흉내를 내며 배우는 시기라 그런 별명을 붙인 것이지요. 이 시기의 아이들은 어른들의 사소한 행동까지 관찰합니다. 아이들이 어른을 얼마나 자세하고 면밀하게 관찰하는지는 아이들의 소꿉놀이나 병원놀이를 살펴보면 알 수 있습니다. 청진기를 가슴과 배에 어느 위치에 대었다 떼는지, 밥 짓는 놀이를 하며 가스 기구를 켜는 동작을 어떻게 하는지 등 일부러 가르쳐준 적이 없는 행동도 아이들은 상세하게 기억하며 보고 배웁니다. 마찬가지로 책 읽는 습관도 보고 배웁니다. 주변에 책을 가까이 하는 어른이 있으면 아이들은 억지로 시키지 않아도 책에 친밀감을 느끼게 되고 책을 가까이 하게 됩니다. "책 좀 읽어라" 하는 열 마디 잔소리보다, 그림책 한 권 꺼내 읽는 행동이 아이들에게 더 큰 울림을 줍니다.

1

하루 10분, 아이와 책으로 나누는 대화

한때 나와 한 몸으로 이어져 있던 아이의 목소리에 귀를 기울이는 시간이면, 미처 들어본 적 없는 제 내면의 소리를 듣고 있는 것 같은 착각마저 듭니다. 제 무릎 위에서 또랑또랑 자기 생각을 말하는 아이의 모습은 아무리 보아도 질리지 않습니다. 그럴 때 저는 아이 엄마가 아니라 꼬마 쿠하를 인터뷰하기 위해 멀리서 찾아온 기자라는 상상을 합니다.

인터뷰 할 때 기자가 취재원보다 말을 많이 하면 훌륭한 기사를 쓰기 어렵습니다. 유능한 기자는 취재원의 옆구리를 살살 찔러서 취재원이 술술 말하게 만드는 사람입니다. 단답형이나 형식적인 대답만 나오게 하는 질문은 좋은 질문이 아니지요. 되도록 상세하고 정밀하게 설명하도록 유도하는 질문 기술에서 실력 있는 기자와 능력 없는 기자가 갈라집니다. 좋은 기자는 취재원이 충청도 토박이처럼 느리게 대답하더라도 충분한 시간을 주고 여유 있게 기다릴 줄 알아야 합니다. 아이와 대화할 때는 의식적으로 '나는 기자다'라는 상상을 자주 합니다. 그러면 짐짓 생각하는 양 눈동자를 요리조리 굴리며 대답할 거리를 찾는 아이의 모습을 만날 수 있습니다. 물론 기다린 시간에 비해 허무할 정도로 엉뚱한 답이 나올 때도 있습니다. 엉뚱한 답이야말로 아이의 생각이 유연하다는 증거이므로 급하게 고쳐주지 말고, 다른 답은 없는지 한 번 더 생각해볼 기회를 줍니다.

대화가 길고 재미있으려면 그림책의 도움이 필요합니다. 일상적으로 사용하는 말들은 아무리 변화를 주려고 해도 한계가 있기 마련이지요. 그림책 한 권만 있으면 쿠하와 10분 이상 인터뷰가 가능합니다. 먼저 책을 읽어줍니다. 엄마 무릎에 앉아 책 내용을 들은 아이를 그대로 안은 채 이야기할 때도 있지만, 책상에 앉아 스케치북을 펼쳐놓고 이야기를 나눌 때도 있습니다. 그림 그리기를 좋아하는 아이와 책에 나오는 과일을 그리기도 하고, 곰돌이나 풍선을 그려보기도 합니다. 그렇게 모은 스케치북들은 버리지 않고 아이의 기념품을 모아둔 상자에 차곡차곡 넣어둡니다. 낙서와 그림으로 남은 우리들의 이야기를 모아두었다가 나중에 쿠하가 어른이 되면 선물할 예정입니다.

아이와 눈을 맞추며 이야기 나누는 시간은 일부러 만들지 않으면 갖기 어렵습니다. 어렵기는 전업주부나 직장에 다니는 엄마나 마찬가지입니다. 하루 종일 아이와 있는 전업주부는 일하는 엄마보다 상대적으로 아이와 보내는 시간이 많습니다. 하지만 하루 종일 같이 있기 때문에 자칫 아이와 지내는 시간이 귀하게 느껴지지 않을 수도 있습니다. 이웃집 아줌마들과 모여서 자기들끼리 수다를 떠느라 정작 아이와 단둘이 이야기 나눌 시간은 없을 수도 있습니다. 엄마들끼리 이야기하는 동안 아이들은 장난감을 가지고 놀다가 싸우거나 영어 비디오테이프를 반복해서 보게 되기 십상이지요. 저녁 먹을 시간이 되어 각자의 집으로 돌아간 다음에 갑자기 아이와 마주 앉아 새롭고 흥미진진한 대화를 나누는 걸 기대하는 건 어려운 일입니다. 서둘러 저녁 밥상을 차리느라, 깜빡 잊고 나간 세탁기를 돌리느라, 일터에서 돌아온 남편을 맞이하느라 분주할 것이기 때문이지요.

아이와 나누는 대화를 위해 하루 10분, 가능하다면 30분쯤 아이에게 온 마음을 집중할 수 있는 시간을 확보하는 게 좋습니다. 그런 시간은 일부러 만들지 않으면 갖기 어렵습니다. 아이가 잠에서 깨어나자마자 기분이 좋을 때, 맛있는 간식을 먹는 시간에, 개운하게 목욕을 마치고 난 뒤에, 눈꺼풀이 스르르 잠기는 밤 등 하루 가운데 언제라도 좋으니 아이와 단둘이 대화하는 시간을 만들어야 합니다. 아이의 기분을 살피고, 아이의 마음을 어루만지는 그 시간이 아이에게는 하루 가운데 가장 편안하고 행복한 순간이지 않을까 싶습니다. 아이와 차분하게 이야기 나누는 시간에 책을 사이에 두고 앉는다면 더없이 좋겠지만, 대화하는 데 익숙해지기 전까지는 그저 아이가 하고 싶은 말, 아이가 듣고 싶어 하는 말을 해주는 게 낫습니다. 점차 마주 앉아 이야기하는 습관이 굳어지면 자연스레 책 이야기로 발전시키면서 어른이 아이에게 읽어줄 책을 아이와 함께 고릅니다.

늘 보는 가족들끼리 일부러 대화하는 시간을 만드는 일이 처음에는 어색할 수도 있습니다. 아이와의 대화야말로 오랜 기간 공들여 가꿔야 합니다. 어른도 아이도 익숙해지기 위해서는 한 달 이상 규칙적이고 억지스러운 노력이라도 하는 게 필요합니다. 하루, 이틀, 사흘. 시간이 지날수록 아이의 눈빛과 말투와 행동이 변화하는 걸 느낄 수 있습니다. 어른들이 하는 말에 반사적으로 거칠게 반항하거나 매사에 투정을 부리던 아이도 그 시간이 되면 마음을 열고 제 속내를 보여줍니다.

평소에 제가 쿠하에게 어떤 말을 하고 있는지 궁금해서 디지털 녹음기를 켜두고 30분쯤 녹음을 해 본 적이 있습니다. 재미삼아 녹음을 해서 들어봤는데 예상했던 것보다 훨씬 많이 제지하거나 명령하고 있다는 걸 확인하게 됐습니다. 가장 많이 등장하는 말은 "그러면 안 돼, 이제 그만해, 얼른 제자리에 둬, 엄마가 하지 말랬지?"였는데, 겨우 18개월짜리 아이에게 명령을 일삼는다는 걸 확인한 다음 의식적으로 제 말투를 바꾸려고 노력했습니다. 자꾸 아이의 행동을 제지하게 되면 아이들도 스트레스를 받습니다. 스트레스를 많이 받는 아이가 밝고 명랑한 성격이 되기 어렵겠지요. 자유롭게 움직이고 활동하면서 자라는 아이와 금지당하며 자란 아이 중에 어떤 아이로 키우고 싶은지 자꾸 자문해봐야 합니다.

　아이에게 하는 말투를 고치는 데에는 그림책이 일등 공신입니다. 그림책을 읽는 시간에는 아이에게 명령할 일도, 장난을 제지할 필요도 없었습니다. 그림책을 사이에 두고 나누는 말에는 독선적이거나 독재적인 말들이 끼어들 여지가 줄어들어서 그렇습니다. 둘이 앉아 오붓하게 시간을 보내면서 어른들의 잔소리에 귀가 아팠을 아이에게 듣기 좋은 말들, 작가들이 고르고 골라 만든 언어의 정수들을 들려줍니다. 그 말들 속에 엄마의 사랑이 자연스레 녹아드는 것 같아 엄마의 기분마저 좋아집니다.

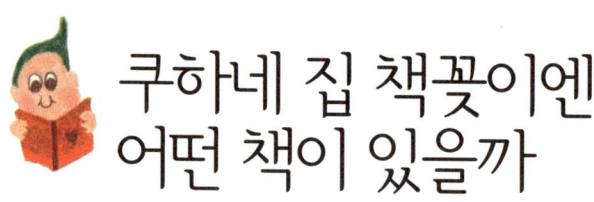
쿠하네 집 책꽂이엔 어떤 책이 있을까

아이가 태어나면 초보 엄마들은 전집과 단행본 사이에서 한번쯤 갈등을 겪게 됩니다. 유명 출판사의 이름을 걸고 만드는 전집은 한꺼번에 수십 권의 책을 사는 부담이 있지만 낱권 가격으로 환산해 보면 단행본보다 저렴한 경우가 많습니다.

쿠하가 두 번째 생일이 지나면서 저도 전집을 사주어야겠다는 생각이 들었습니다. 책 읽는 양이 급격하게 늘기 시작했을 때여서 단행본을 사주는 것보다 전집을 들여 놓는 게 낫겠다 싶었지요. 그때 어느 출판사에서 무료로 해주는 독서 발달 검사를 받았습니다. 기왕이면 검사를 받아보고 전문가들이 권하는 전집을 검토해보고 싶었거든요. 발달 검사 결과, 자연관찰, 전래동화, 세계명작, 창작동화, 수학동화, 인성동화, 예술 영역까지 빼놓지 않고 균형 있게 사주어야 한다는 결론이 나왔습니다. 그 회사에서 한꺼번에 구입하려면 무려 500만 원이 넘게 필요했습니다. 아이에게 미안한 말이지만, "쿠하야, 자연은 직접 관찰하는 거야."라는 말 한 마디로 자연관찰 전집은 초등학교 입학 이후로 미루어두었습니다. 사진자료가 많은 자연관찰 책은 아이의 시선을 확 끌어당기지만 초등학교 입학 후에 읽어주어도 늦지 않을 내용이 많기 때문입니다. 쿠하처럼 어린 아이들에게 자연관찰 책에 나오는 '철새'라는 단어를 가르쳐주기보다는 창작그림책으로 '따뜻한 남쪽 나라로 멀리 날아갔다가 내년 봄에 다시 오는 새'라고 풀어서 설명한 책이 더 적합하다고 생각합니다. 철새라는 단어를 배우게 되는 학습효과도 중요하지만, 철새가 의미하는 바를 자연스럽게 알게 된 이후에 철새라는 단어를 배워도 늦지 않을 것입니다. 게다가 돌이 갓 지난 어린 아기에게 에콰도르 갈라파고스 섬에 사는 특이한 생명체들에 대한 정보나 호주에 사는 동물들에 대한 이야기를 필독서로 읽어줄 필요가 있을까 하는 의문이 들었습니다. 어린 아이들에게는 사진으로 만든 자연관찰 책보다 따뜻한 느낌이 살아 있는 세밀화로 그린 책이 더 나을 것 같아서 자연관찰은 세밀화로 된 책 위주로 보여주고 있습니다.

따뜻한 남쪽 나라로 멀리 날아갔다가 내년 봄에 다시 오는 새

우리 집 도서구입비는 매달 5만 원에서 10만 원 선입니다. 그 돈으로 쿠하가 보는 책과 우리 부부가 보는 책을 사기 때문에 전집을 사려면 몇 달치를 모아서 사주어야 합니다. 물론 전집을 기피하는 이유가 단지 경제적인 이유 때문만은 아닙니다. 엄마가 수십 권의 내용을 다 확인하고 살 수도 없는 노릇이지요. 전집은 마음에 들지 않는 책이 있더라도 전체를 다 살 수밖에 없습니다. 우리 아이에게 필요하지 않은 책이나 엄마 아빠가 사주고 싶지 않은 내용이 든 책들도 어쩔 수 없이 사야 합니다. 샘플로 몇 권만 본 다음에 수십 권을 한꺼번에 사야 하는데, 마치 과일을 살 때 맛보기로 한 개 먹어본 뒤에 한 상자를 사야 하는 것과 비슷합니다. 과일이야 한 번 먹고 마는 것이라 상자 안에 몇 알이 썩었다 하더라도 크게 마음 상할 일 없지만, 모처럼 마음먹고 사준 전집의 경우는 다릅니다. 두고두고 후회하다가 중고 전집이 거래되는 인터넷 쇼핑몰을 기웃거리게 되기 십상입니다. 어른이 책을 읽어줘야 하는 유아기에는 결국 어른들의 취향대로 책을 살 수밖에 없는데, 어른이 직접 살펴보지 않고 구입한 책들은 자연히 덜 읽게 됩니다. 전집은 단행본에 비해 먼지만 쌓이는 인기 없는 책값까지 지불할 수도 있습니다.

물론 전집을 선호하는 사람들의 입장에서는 단행본으로 사주면 부모의 취향이 지나치게 작용할 수 있다고 지적할 것입니다. 게다가 다양한 영역을 골고루 읽히지 못하는 점도 우려하겠지요. 하지만 전집 역시 편집자의 취향으로 구성한 책일 뿐입니다. 전집을 사주든 단행본을 골라주든 전적으로 개인의 선택입니다만, 전문가의 권위에 눌려서 아이 책 고르기를 일찍부터 포기하는 것만은 경계했으면 합니다. 아이가 어릴수록 그림책 한 권이라도 잘 살펴보고 선택해주는 정성이 필요합니다. 어쩌면 그건 아이를 양육하는 사람들의 권리이자 의무일 수도 있습니다. 내 아이가 먹는 음식에 대해서는 예민하게 따지면서, 내 아이의 마음을 키우는 영혼의 양식에 대해서 민감하게 따지지 않는 것은 참 이상한 일입니다. 아이가 태어나면 그림책을 직접 고르면서 아이가 크는 속도에 맞춰 아이들 책을 보는 어른들의 안목도 키워가야 합니다. 그렇지 않으면 언제나 전문가들이 뽑은 추천도서 목록에 의지하게 됩니다.

그림책에는 셀 수 없이 많은 세계가 담겨 있습니다. 아이들에게 보여주고 싶은 세계를 부모가 선택할 수 있는 행복하고 영광스러운 기회를 스스로 박탈하지 않았으면 좋겠습니다. 초보 부모들은 어떤 책을 읽어주면 좋을지 몰라서 우왕좌왕하기 마련입니다. 그럴 때는 그림책 서평을 모은 책들을 읽으며 전문가들이 해설해놓은 그림책 이야기를 참고할 수도 있고, 자녀교육서 몇 권을 놓고 교차 비교해가며 좋은 책을 고르는 기준을 검색해볼 수도 있습니다. 시간이 허락된다면 가까운 도서관에 가서 직접 그림책을 읽고 목록을 스스로 정리한 뒤에 어린이도서연구회, 한우리, 사단법인 행복한아침독서 등에서 추천하는 책 목록과 비교해볼 수도 있습니다. 저는 책을 사기 전에 도서관에 가서 미리 읽어볼 때가 많습니다. 서점에 가서 고를 때도 있지만, 서점은 잘 팔리는 책 위주로 진열해두기 마련이므로 베스트셀러 위주로 사는 수가 있습니다. 베스트셀러라고 해서 모두 좋은 책은 아니지요. 내 아이에게 맞는 그림책, 내가 읽어주고 싶은 내용이 담긴 그림책이 바로 나와 내 아이에게 필요한 책입니다.

어른이 직접 책을 읽어보고 사주어야 하는 이유는 또 있습니다. 아이에게 읽어주는 그림책에 부모 자신이 동의하기 어려운 내용을 담고 있다면 장기적으로 봤을 때 아이에게 읽어주지 않는 편이 낫습니다. 부모의 가치관에 반대되는 책을 읽어주게 되면 기르고자 하는 반대 방향으로 교육하게 됩니다. 아이의 입장에서는 평소 아이가 인지해오던 부모의 생각과 전혀 다른 가치에 대해 말하는 부모의 이율배반적인 모습을 발견하게 되는 셈입니다.

부모가 일관성을 잃고 이랬다저랬다 갈팡질팡하는 동안 아이는 혼란스러워합니다.

쿠하가 태어난 뒤로 책장이 점점 비좁아지고 있습니다. 아이가 보는 그림책만 느는 것이 아니라 엄마인 제가 갖고 싶은 그림책도 늘기 때문입니다. 쿠하보다 엄마가 더 좋아하는 책들은 원주민들이 이주해온 사람들에게 어떻게 당해왔는지를 우화적으로 그린 『토끼들』, 책에 대한 작가의 재치가 돋보이는 『아름다운 책』, 외로운 거리악사와 아기 새의 우정을 그린 『아기 새 오데뜨』, 독창적이고 유려한 그림으로 콜럼버스의 일생을 그린 『꿈을 찾아 떠나는 여행』, 정교한 흑백 그림으로 현실과 환상을 넘나드는 『압둘 가사지의 정원』, 민화 풍으로 그려진 그림에 판소리 음반이 포함된 『수궁가』, 오리들에게 오리털을 나눠주는 귀여운 상상이 담긴 『감기 걸린 날』, 검정 바탕에 사물을 볼록하게 처리한 『눈을 감고 느끼는 색깔여행』입니다. 언젠가 쿠하가 자라서 제가 좋아하는 그림책들에 관심을 갖게 되기를 바랍니다. 더 먼 미래에는 쿠하와 제가 그림책 취향을 공유하는 친구 사이가 되었으면 좋겠습니다.

---

1 『토끼들』 존 마스든 지음 | 주니어파랑새
2 『아름다운 책』 클로드 부종 글, 그림 | 비룡소
3 『아기 새 오데뜨』 케이 펜더 지음, 필립 뒤마 그림 | 문학과지성사
4 『꿈을 찾아 떠나는 여행』 피터 시스 글, 그림 | 주니어김영사

5 『압둘 가사지의 정원』 크리스 반 알스버그 지음 | 베틀북
6 『수궁가』 이현순 글, 이육남 그림 | 초방책방
7 『감기 걸린 날』 김동수 글, 그림 | 보림
8 『눈을 감고 느끼는 색깔여행』 메네나 코틴 글, 로사나 파리아 그림 | 고래이야기

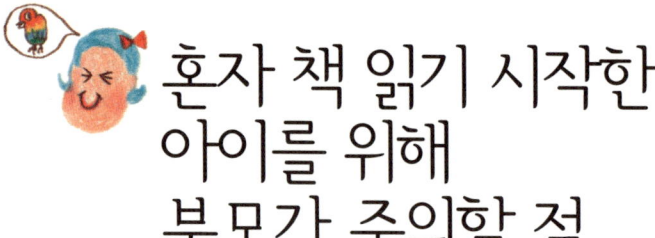

혼자 책 읽기 시작한 아이를 위해 부모가 주의할 점

디에고는 아이가 좋아하는 애니메이션 '하이, 도라(Hi, Dora)' 속 주인공인 도라의 사촌오빠입니다. 도라와 디에고는 라틴 아메리카 사람들의 외모 특징을 그대로 보여주는 캐릭터들이지요. 동물구조대원인 디에고가 주인공으로 등장하는 '고 디에고 고(Go Diego Go)'는 라틴 아메리카에 서식하는 동물들이 위험에 처하면 달려가서 도와주는 이야기를 담은 유아용 애니메이션입니다.

아이들은 책이나 만화에서 본 내용을 아무런 배경 설명도 없이 아무 때나 불쑥 꺼낼 때가 있습니다. 마치 어른은 아이가 생각하고 있는 것을 모두 알고 있다고 생각하는지 배경 설명 없이 툭 던지듯이 이야기를 꺼내지요. 그런가 하면, 여러 차례 엄마나 아빠를 부르며 말을 거는데 다른 일에 정신이 팔려서 대답조차 해주지 못할 때가 있습니다. 어른들이 아이 말에 반응하는 태도에 따라 아이의 언어가 확장될 수도, 줄어들 수도 있으니 주의를 기울여야 합니다.

둘째 아이 까이유를 낳은 뒤, 갓난아기가 자고 있을 때 겨우 집안일을 할 틈이 났습니다. 엄마가 설거지나 청소를 할 때 첫아이가 둘째아이를 깨울까봐 아이가 좋아하는 만화를 혼자 보게 했지요. 몇 달 동안 하루에 한두 시간씩 아이 혼자 본 애니메이션들이 쌓여서 아이와 엄마 사이에 벽이 되고 있었던 거예요. 둘째 아이를 임신했을 때 아이랑 같이 본 '하이, 도라'는 내용을 알기 때문에 쿠하가 도라에 대해 하는 이야기를 바로 알아들을 수 있습니다. 그런데 아이가 금강앵무새, 라마, 콘도르처럼 자기 혼자서 본 만화 속 생물에 대해 엄마에게 물어보면 얼른 대답을 해줄 수가 없습니다. 책도 마찬가지입니다. 글자를 읽을 줄 아는 아이가 혼자 책을 읽으면 어른과 아이의 공감대 형성에 균열이 생기기 쉽습니다. 아이가 건네는 말들을 어른이 알아듣지 못하면, 이야기하는 데 재미를 붙인 서너 살 아이가 여러 가지 책에서 본 내용을 마구 섞어서 이야기를 할 때, 같은 책을 읽지 않은 어른들은 알쏭달쏭한 표정으로 반문하게 마련입니다.

아이 아빠는 하루 종일 회사에서 지내기 때문에 아이가 낮 시간에 보고 듣는 여러 가지 매체를 모두 알 수 없습니다. 때문에 종종 쿠하가 하는 말을 알아듣지 못합니다. 아빠와 아이 사이에는 엄마라는 동시통역사가 필요합니다. 아빠가 제 말을 알아듣지 못하면 아이는 서너 차례 이야기하다가 말문을 닫고, 말문을 닫다 보면 마음의 문도 닫게 될 수 있기 때문이지요. 직장에 다니는 엄마들은 전업주부인 엄마에 비해 아이와 보내는 시간이 절대적으로 부족한 만큼 짧은 시간에 인상적인 추억을 만들어 주는 방법을 모색할 필요가 있습니다. 낮 동안 아이를 돌봐주시는 분들에게 평소에 아이가 좋아하는 그림책이 무엇인지 물어보세요. 엄마가 먼저 아이가 좋아하는 그림책을 같이 읽자고 하면 아이는 엄마가 자기 마음을 알아주기 때문에 낮 시간에 엄마가 없던 공백을 조금이라도 메워갈 수 있습니다. 주말에는 도서관 나들이나 서점 데이트로 책에 대한 관심을 키워주세요. 책이 많이 쌓여 있는 곳에서 아이가 직접 책을 선택하게 하면, 아이는 어른 대접을 받는 것처럼 대단한 일로 받아들이는 경향이 있습니다. 저는 쿠하와 함께 시내 서점에 가면 외국어 코너에 들러 아이가 원하는 책을 두어 권 선물합니다. 한국어 번역본을 이미 가지고 있는 책을 고르거나 평소에 보던 캐릭터가 있는 책을 고를 때가 많은데, 아이가 책을 골라서 사면 그 책에 더 애정을 갖게 됩니다. 무엇보다도 아이는 어른이 자기를 존중한다는 것을 느끼고 자신감을 얻게 되지요. 어른이 먼저 아이에게 인격적으로 대하면 아이도 어른을 신뢰하고 공평하게 대하려고 합니다. 엄마와 데이트 하면서 스스로 선택한 책은 전집으로 사준 책보다 더 자주 꺼내 봅니다. 그렇게 만난 몇 권의 책이 어른과 아이 사이에 공통 화제로 기억되고, 그런 기억이 쌓이면 소통이 잘 되는 순간이 늘어납니다.

글자를 알거나 모르거나 아이 혼자 책을 보는 시기가 있습니다. 쿠하는 한글을 읽지 못하지만, 25개월부터 곰 인형 두 개를 앉혀두고 책을 읽어주는 시늉을 했습니다. 엄마가 책을 읽어주는 목소리를 그럴싸하게 흉내 냅니다. 글씨를 모르니 엄마가 읽어줄 때 내용을 들어서 아는 것인데, 평소에는 제대로 듣고 있는지 확인할 길이 없지만 흉내 내며 노는 모습을 자세히 보면 영락없이 엄마 모습입니다. 엄마가 읽어준 내용을 아예 그대로 외워서 인형들에게 읽어주는데, 목이 잠길 때 헛기침을 하는 부분까지 똑같이 따라 합니다.

문자에 관심을 보이는 아이나 서둘러 한글을 가르친 아이들이라면 서너 살 아이들도 혼자 그림책을 읽습니다. 그런데 글자를 읽을 수 있는 아이들은 글자를 읽지 못하는 아이들에 비해 그림에 집중하는 시간이 훨씬 짧습니다. 그림보다 문자를 먼저 읽어버리기 때문에 그림을 천천히 감상할 겨를이 없는 것이지요. 이때 이미지를 보고 이야기를 연상하고 작가의 의도를 읽어내는 능력은 자연히 줄어들 수밖에 없어요. 글자를 모르는 아이들은 들어서 알기 때문에 읽어주는 사람의 말에 귀를 기울입니다. 들리는 말과 보는 그림 사이를 연결시키느라 듣기와 보기를 모두 집중해서 하게 되지요. 오랜 세월 구전으로 전해 내려온 이야기들을 우리가 알게 된 과정을 떠올려보면 아이들에게 서둘러 글자를 가르치는 것을 주저하게 됩니다. 글자로 읽은 책과 할머니나 어머니가 베개 맡에서 들려준 옛날이야기 가운데 어느 게 더 잘 기억에 남는가요? 저는 듣고 배운 이야기들이 보고 배운 이야기들보다 훨씬 더 오래 기억에 남습니다.

글자를 몰라서 그림을 주의 깊게 보는 아이는 그림책에서 무언가를 발견하는 재미와 기쁨도 알게 됩니다. 어제 봤던 책을 오늘 다시 보다가 미처 못 보고 지나친 부분을 발견할 때가 있습니다.『잘 자요 달님』(마거릿 와이즈 브라운 글, 클레멘트 허드 그림|시공주니어) 같은 책에는 각 페이지마다 조금씩 달라지는 부분이 있는데, 글씨에 먼저 시선이 꽂히는 제 눈에는 잘 띄지 않는 작은 변화들이 숨어 있습니다. 스탠드 전원이 켜졌다가 꺼지는 장면은 저보다 아이가 먼저 발견했습니다. 글자를 읽느라 급급한 나머지 저는 모르고 지나쳤습니다. 이 책은 반복되는 문장으로 쓰여 있어서 아이를 잠들게 하는 자장가 같은 효과를 냅니다. 그래서 낮에는 읽어준 적이 별로 없고 주로 밤에 잠들기 전에 읽어주는데, 반복되는 문장을 자주 읽어주다 보니 무덤덤하게 글자만 읽게 되는 책이었지요. 밤마다 무릎에 앉혀 두고 읽어주었으니 쿠하의 발견을 함께 누릴 수 있었지, 그렇지 않고 쿠하 혼자 읽게 두었다면 아이가 눈을 반짝이며 조명을 비교하는 순간을 놓칠 뻔했습니다.

어린 아이들의 청각과 시각을 두루 발달하게 하려면 책을 읽어줄 때 그림을 천천히 보고 느낄 수 있도록 시간을 여유 있게 주어야 합니다. 그림책은 정보 습득이나 인지 발달보다는 정서 발달에 더 초점을 맞추고 독서습관을 키워주는 데 목표를 두는 게 낫습니다. 많이 보여주려고 욕심내서 글자를 읽자마자 획획 책장을 넘겨버리면 아이는 그림책 작가가 뿌려놓은 수많은 선물들을 주워담을 겨를이 없습니다. 정서가 안정되고 호기심이 많은 아이로 키우고 싶어서 틈만 나면 엄마 무릎 위에 앉혀두고 그림책을 읽어줍니다. 그림책 한 권을 들고 온몸으로 엄마의 애정을 전합니다.

　　아이가 한글을 깨치고 나면 엄마들은 낭독에서 해방됩니다. 그와 동시에 아이가 보여주는 크고 작은 행동을 살펴볼 수 있는 기회도 날아갑니다. 한 권의 그림책을 고르고 책값을 지불할 때 책을 통해 누릴 수 있는 가장 큰 기쁨은 아이와 어른이 마음을 나눌 수 있다는 점입니다. 그림책은 계절, 날씨, 시간, 장소, 아이의 기분, 책 읽는 공간의 분위기 등 다양한 상황에 따라 어울리는 책을 찾아서 읽어줍니다. 명절에 명절을 소재로 한 그림책을, 비오는 날이면 비가 그려진 그림책을, 봄이면 산나물 캐는 그림책을, 겨울이면 눈사람이 나오는 그림책을 골라서 읽어주지요. 낮에 활발하게 놀 때 어울리는 책이 있고, 밤에 차분하게 읽어주기 좋은 책이 있는데 글씨를 읽을 줄 아는 아이라고 해서 혼자 책을 읽게 방치해두면 낮이나 밤이나 아이가 읽고 싶은 책만 찾아서 읽게 됩니다. 아이가 좋아하는 책은 아니지만 분위기에 따라 이따금 읽어주게 되면 아이가 원하지 않더라도 꼭 전해주고 싶은 이야기들을 들려줄 수 있습니다.

어린이 도서관을 우리 아이 놀이터로

도서관이나 미술관이 가까운 동네를 선호하게 된 건 순전히 쿠하를 낳은 다음부터입니다. 도서관과 미술관은 휴관일인 월요일을 제외하면 비가 오나 눈이 오나 갈 수 있는 실내 놀이터이자 '지혜의 보물섬'입니다. 쿠하는 태어난 지 100일이 되던 날 처음으로 미술관에 데리고 가기 시작한 뒤로, 틈이 날 때마다 도서관과 미술관에 데리고 다녔습니다.

3년마다 근무지가 바뀌는 남편의 회사 때문에 우리 가족은 이사를 자주 다녀야 합니다. 맹자의 어머니 수준은 아니지만, 저는 이사하기 전에 집 주변 환경을 깐깐하게 살피는 편입니다. 집에서 가까운 곳에 도서관이나 미술관이 있다면 망설이지 않습니다. 아이와 함께 천천히 걸어서 20~30분 안에 갈 수 있는 위치에 도서관이 있거나, 차를 타고 10분 이내에 닿을 수 있는 곳이라면 일단 합격입니다. 쿠하가 걸음마를 뗀 도시 춘천에는 도서관이 많아서 좋았습니다. 개인이 운영하는 작은 규모의 도서관도 있고, 시에서 운영하는 큰 규모의 도서관도 여러 개가 있어서 기분 내키는 대로, 발길 닿는 대로 도서관 나들이를 하곤 했습니다.

집에서 가까운 시립도서관과 평생정보교육관은 차로 5분 거리에 있어서 가장 자주 다닌 곳들입니다. 집에서 시립도서관으로 가는 길은 의암호를

따라 길게 이어진 자전거 도로가 있는 곳입니다. 쿠하를 유모차에 태우고 강바람을 맞으며 천천히 걸어서 30분이면 닿는 거리에 공지천 조각공원과 이외수의 소설 『황금비늘』을 주제로 한 테마 거리가 있고, 그 공원에서 잠시 쉬었다가 10분쯤 언덕을 오르면 시립도서관이 나옵니다.

　　　　시립도서관에는 어린이도서관이 있는데, 어린 아기를 데리고 가도 불편하지 않게 방처럼 꾸며져 있습니다. 도서관의 대출증은 제가 볼 책을 빌릴 때만 씁니다. 어린이 도서관에서 대출하는 것은 좀 더 자란 후에 해도 늦지 않을 것 같습니다. 쿠하 또래의 아이들은 제 물건에 대한 소유욕이 강해서, 자칫 도서관 책을 갖겠다고 떼 쓸까봐 아예 그 자리에서 읽고 오는 책이라 일러두었습니다. 아이와 한 약속은 꼭 지키려고 노력하기 때문인지 아이도 엄마와 한 약속을 잘 지키는 편인데, 도서관에서 마음에 드는 책은 가지고 가지 말고 사달라고 하면 사주겠다고 했더니, 23개월 무렵에 외국 그림책인 『Very Hungry Caterpillar』를 사달라고 했습니다. 물론 앞으로도 쿠하가 도서관에서 보고 갖고 싶다고 하는 책을 모두 사줄 수는 없겠지만, 되도록 원하는 책은 집에서 자주 볼 수 있게 해줄 생각입니다.

　　　　도서관에 가면 엄마의 발걸음부터 살피게 됩니다. 대체로 운동화를 신고 가지만 미처 갈아 신지 못하고 구두를 신고 간 날에는 또각또각 구두 소리가 다른 이의 귀를 따갑게 하지는 않는지, 이리저리 뛰어다니는 아이를 잡으려고 엄마마저 쿵쾅쿵쾅 서가 사이를 뛰어다니고 있지는 않은지, 음식물을 들고 다니며 도서관 바닥에 흘리고 있지 않은지 스스로 점검하게 됩니다. 엄마가 들어가는 순간부터 살금살금 조심조심 행동하는 모습을 보여주면 '위대한 흉내쟁이'들인 아이들은 엄마가 하는 행동이 신기해서라도 일단 엄마 모습에 집중합니다. 아이들에게 "도서관 안에서는 떠들면 안 된다!"고 굳이 큰 소리로 윽박지르지 않아도 됩니다.

　　오히려 떠드는 아이보다 떠들지 말라고 제지하는 엄마가 더 큰 소리로 시끄럽게 할 때가 많습니다. 차라리 떠들지 말라고 주의를 줄 때 아이 귀에 속닥속닥 귓엣말로 해 보세요. 그렇게 하면 아이도 재미있는 놀이라도 하는 줄 알고 엄마처럼 속닥속닥 작은 소리로 대답할 거예요. 쿠하는 귓엣말로 "여기서 떠들면 곤란해." 하고 말하면, 제 귀에 대고 작은 소리로 "엄마, 왜 곤란한데?" 하고 묻곤 합니다. 그럴 때는 "우리 뭐 좀 먹을까?" 하고 제가 먼저 간식 시간을 갖자고 청합니다.

　　도서관에 갈 때 저는 먹을거리를 준비합니다. 도서관 안에 음식물을 가지고 들어가면 안 된다는 걸 알려주되, 도서관 안에 있는 매점이나 북 카페 같은 공간에서는 먹어도 된다는 사실 또한 알려줍니다. 딸기나 방울토마토, 포도나 사과잼을 바른 샌드위치를 먹을 욕심에 쿠하는 어린이 도서관에서도, 엄마가 책을 빌리는 종합자료실에서도 살금살금 걸으며 잘 버티곤 합니다.

　　일주일에 한 번, 도서관으로 소풍을 가는 날, 쿠하에게 도서관은 실내 놀이터라 느끼게 해주려고 합니다. 다른 사람을 방해하지 않아야 하는 조금 특별한 놀이터라고 말해 줍니다. 조용한 실내 놀이터에서 쿠하는 집에 없는 그림책도 보고, 북 카페에서 간식도 먹고, 멀티미디어 자료실에서 한글자막이 나오는 애니메이션 '토마스와 친구들'도 봅니다. 어른용 헤드폰이라 쿠하가 끼고 듣기에는 조금 불편해도 집에 없는 애니메이션을 보는 재미에 푹 빠져서 시간 가는 줄 모릅니다. 게다가 우리가 자주 찾는 춘천시립도서관은 쉬어갈 수 있는 벤치와 오래 자란 나무와 꽃이 많아서 산책하기에도 좋은 곳입니다. 봄이면 산책로에 핀 토끼풀로 손목시계도 만들고 초여름에는 아카시아 잎을 가위, 바위, 보로 하나씩 따는 게임도 합니다. 가을에는 단풍잎이나 은행잎을 두 손 가득 주워 모아 '낙엽 비'를 뿌리고, 눈이 쌓여 있는 겨울날에는 작은 눈사람도 만듭니다.

쿠하는 18개월 무렵에 떼가 늘기 시작했습니다. 아무데서나 울고불고 제 고집대로 하려는 아이를 보면서 『엄마 학교』(서형숙 지음|큰솔)를 반복해서 읽었습니다. 아이의 고집은 키워주고, 떼는 달래주라고 나오지요. 쿠하가 엄마 눈치를 살살 보면서 엄마를 이겨보려고 할 때는 원칙을 세워 우리 사이에 확실한 기준이 있다는 것을 알려주었습니다. 야단을 칠 때는 평소보다 목소리를 낮추고 얼굴에서 웃음을 거둬버린 채 이야기했습니다. 엄마가 소리 치고 화를 내면 당장 아이가 놀라면서 움찔하며 말을 듣는 것 같지만, 곧 내성이 생겨 점점 더 목소리를 키워야 합니다.

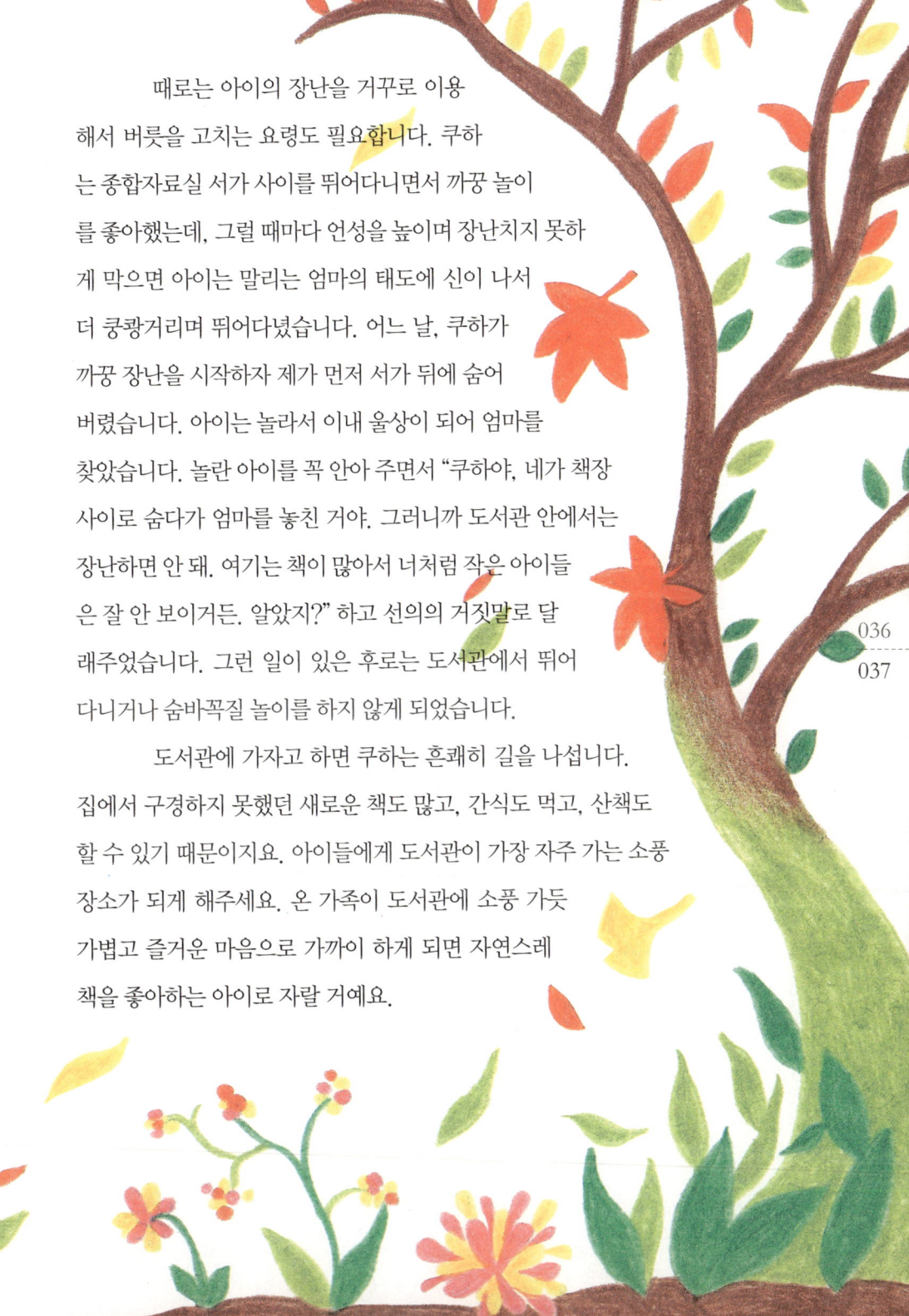

　　때로는 아이의 장난을 거꾸로 이용해서 버릇을 고치는 요령도 필요합니다. 쿠하는 종합자료실 서가 사이를 뛰어다니면서 까꿍 놀이를 좋아했는데, 그럴 때마다 언성을 높이며 장난치지 못하게 막으면 아이는 말리는 엄마의 태도에 신이 나서 더 쿵쾅거리며 뛰어다녔습니다. 어느 날, 쿠하가 까꿍 장난을 시작하자 제가 먼저 서가 뒤에 숨어 버렸습니다. 아이는 놀라서 이내 울상이 되어 엄마를 찾았습니다. 놀란 아이를 꼭 안아 주면서 "쿠하야, 네가 책장 사이로 숨다가 엄마를 놓친 거야. 그러니까 도서관 안에서는 장난하면 안 돼. 여기는 책이 많아서 너처럼 작은 아이들은 잘 안 보이거든. 알았지?" 하고 선의의 거짓말로 달래주었습니다. 그런 일이 있은 후로는 도서관에서 뛰어다니거나 숨바꼭질 놀이를 하지 않게 되었습니다.

　　도서관에 가자고 하면 쿠하는 흔쾌히 길을 나섭니다. 집에서 구경하지 못했던 새로운 책도 많고, 간식도 먹고, 산책도 할 수 있기 때문이지요. 아이들에게 도서관이 가장 자주 가는 소풍 장소가 되게 해주세요. 온 가족이 도서관에 소풍 가듯 가볍고 즐거운 마음으로 가까이 하게 되면 자연스레 책을 좋아하는 아이로 자랄 거예요.

2장
처음 만나는 책 세상

초음파 사진으로 쿠하를 처음 만나던 날, 쿵쾅쿵쾅 뱃속 아가의 심장 소리에 눈물이 났어요. 우리 부부를 찾아온 가장 귀한 손님에게 주는 가장 귀한 선물은 무엇일까 생각했어요. 다른 이의 마음을 살필 줄 아는 사람이 되기를 소원하며, 책과 여행과 음악을 선물하고 싶었습니다. 세상을 이해하고 이웃을 발견하게 하는 여행, 마음이 힘겨울 때 위로를 전할 수 있는 음악, 지혜를 키워주는 책, 그리고 손으로 힘써 일하는 기쁨을 알게 하고 싶어 아이와 함께 그림책을 읽습니다.

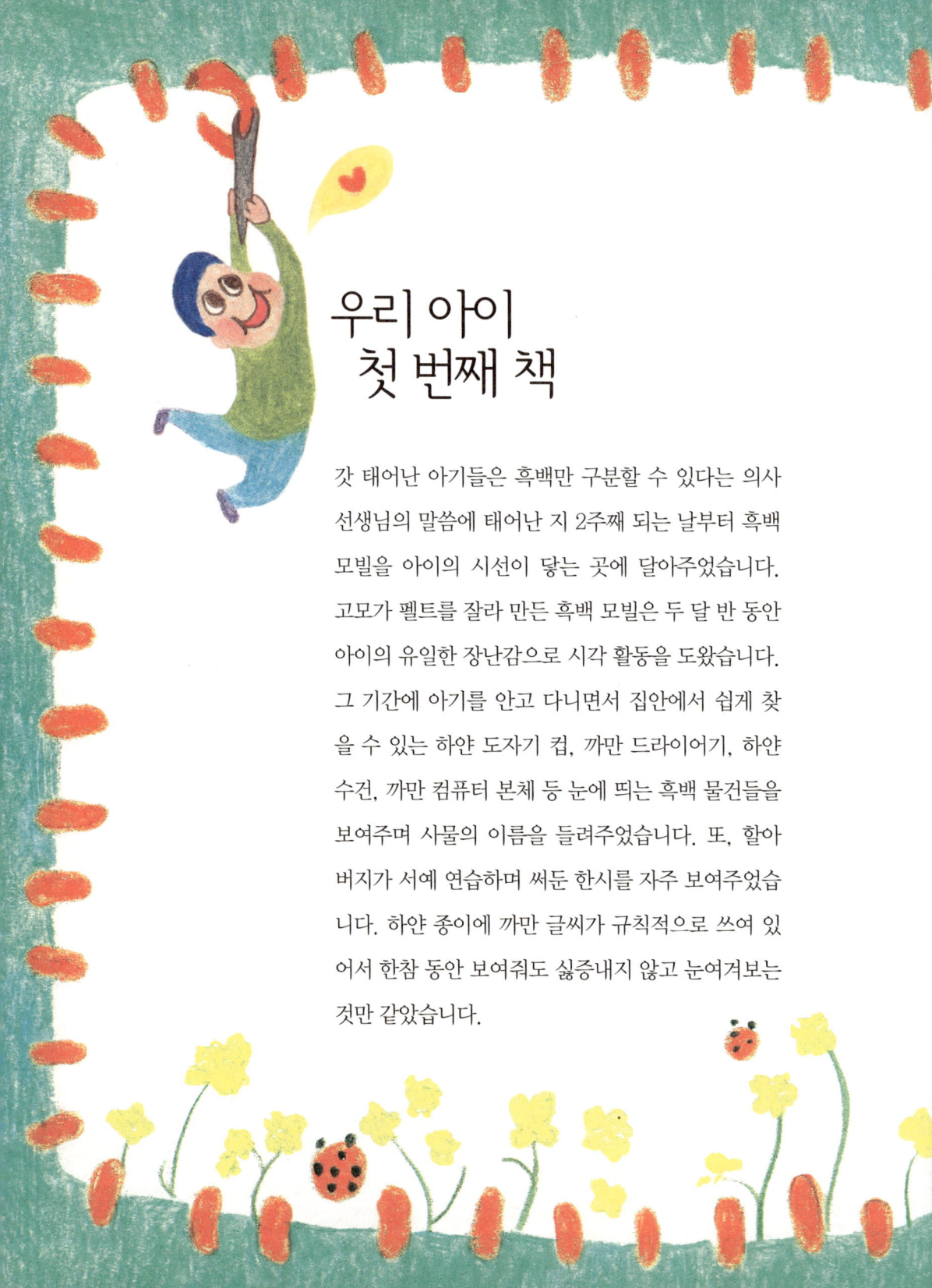

우리 아이 첫 번째 책

갓 태어난 아기들은 흑백만 구분할 수 있다는 의사 선생님의 말씀에 태어난 지 2주째 되는 날부터 흑백 모빌을 아이의 시선이 닿는 곳에 달아주었습니다. 고모가 펠트를 잘라 만든 흑백 모빌은 두 달 반 동안 아이의 유일한 장난감으로 시각 활동을 도왔습니다. 그 기간에 아기를 안고 다니면서 집안에서 쉽게 찾을 수 있는 하얀 도자기 컵, 까만 드라이어기, 하얀 수건, 까만 컴퓨터 본체 등 눈에 띄는 흑백 물건들을 보여주며 사물의 이름을 들려주었습니다. 또, 할아버지가 서예 연습하며 써둔 한시를 자주 보여주었습니다. 하얀 종이에 까만 글씨가 규칙적으로 쓰여 있어서 한참 동안 보여줘도 싫증내지 않고 눈여겨보는 것만 같았습니다.

쿠하가 처음으로 본 책은 헝겊으로 만든 책입니다. 라마즈, 타이니 러브, 애플비 등 여러 회사에서 펴낸 헝겊으로 만든 책들은 100일이 지날 무렵부터 보여주기 시작했어요. 아이를 낳기 전까지 저는 영어 문화권에서도 '까꿍' 놀이를 하는지, '까꿍'을 영어로 어떻게 표현하는지 궁금하게 여겨 본 적이 없습니다. 학교에서는 유아 영어를 배울 기회가 없었기 때문에 영어권에서 태어난 아기들은 어떤 말을 처음으로 하는지 몰랐지요. 저와 눈을 맞추며 배냇짓을 하는 쿠하를 보면서, '이 아이가 영어권에서 태어났다면 맨 처음 무슨 말을 할까?' 궁금해지기 시작했습니다. 그때 미국에서 유아교육을 공부하는 선배언니가 선물로 보내온 『Peek-a-boo, I Love You』(라마즈)가 궁금증을 풀어주었습니다. 헝겊으로 덧붙인 양팔로 그림책 속 아이의 눈을 가렸다가 떼면서 "peek-a-boo, I see you."라고 말하는 까꿍 놀이 책을 하루에도 몇 차례씩 줄기차게 읽어주었는데, 쿠하는 10개월이 다 되어서야 까꿍 놀이를 좋아했습니다. 저는 쿠하가 아주 어렸을 때부터 자연스럽게 외국어를 접하면 좋겠다고 생각해서 헝겊 책부터 영어와 한글 책을 골고루 읽어주었어요. 내용을 잘 모르더라도 자꾸 반복해서 보여주면 비슷한 상황에 맞닿았을 때 아이가 저도 모르게 그림책 속에서 배운 말을 하게 됩니다. 쿠하는 22개월 때 자기보다 어린 아기들을 보면 누가 시키지 않아도 "까꿍"과 "peek-a-boo, I see you."를 번갈아서 말하곤 했습니다.

『따닥따닥 무당벌레와 놀아요!』(애플비)는 발달 단계에 따라 보여주는 반응이 다르다는 것을 확인한 책입니다. 4개월 때는 무당벌레 등에 그려진 까만 점에 시선을 집중하더니, 5~6개월 무렵부터는 딸랑이 소리와 바스락거리는 소리에 반응을 보였습니다. 노란 꽃 위에 무당벌레를 떼었다 붙였다 하거나, 빈 화분 속에 쏘옥 숨는 장난을 즐기게 된 건 10개월 이후부터였습니다. 바스락거리는 재질이 들어 있어서 쿠하는 첫돌이 지나서도 한참 동안 『따닥따닥 무당벌레와 놀아요!』를 가지고 놀았습니다.

『보송보송 꿀벌』(애플비)은 『Peek-a-boo, I Love You』나 『따닥따닥 무당벌레와 놀아요!』에 비해 별로 관심을 보이지 않은 책이었습니다. 다른 책들에 비해 자주 빨지 않아서 보관 상태는 제일 나은 책이었지요. 그러나 12개월이 지나고 숫자를 인식하기 시작하자 『보송보송 꿀벌』을 하루에도 열 번이 넘게 읽어달라고 찾아가지고 왔습니다. 정작 책 내용보다는 거미 다리가 몇 개인지 세어보고, 파리와 잠자리 등에 붙은 얇고 가벼운 날개가 몇 장인지 숫자를 가늠해보면서 놀았던 책입니다. 13개월에는 『보송보송 꿀벌』 맨 마지막 장에서 꿀벌이나 잠자리를 찾는 게임을 하기도 했습니다. 제가 "잠자리는 어디 있나요?" 하고 리듬을 실어 물으면, "요기!" 하고 대답하며 잠자리를 쿠하 손가락으로 짚는 문답 놀이를 했습니다. 곤충 이름을 듣고 그림으로 본 이미지와 연결시키는 문답 놀이 등 어른과 아이가 상호작용을 하기에 좋은 책입니다.

헝겊책은 책과 장난감의 경계에 있는 그림책이지요. 따라서 장난감처럼 가지고 놀면서 책에 흥미를 갖게 하는 책입니다. 헝겊책은 빨아서 보여주기 때문에 종이책에 비해 아이가 물거나 핥아도 안심이 되고, 양장본의 딱딱한 모서리에 찍히거나 다칠 염려가 없어서 12개월 이전 아기들이 가지고 놀기에 좋습니다. 인지 학습에 집착하기보다는 상호작용에 중심을 두고 아이와 어른이 눈 맞추는 시간에 헝겊책으로 재미를 더해주면 좋겠습니다.

눈 맞추며 읽어요

할머니 댁에 갈 때마다 '뽀롱뽀롱 뽀로로'를 보여줍니다. 쿠하는 꼬마 펭귄 '뽀로로'에게 배운 말이 많아요. 재미있게 말을 가르쳐준 뽀로로에게 고맙지만, 아쉬운 점도 없지 않아요. 텔레비전이나 비디오에서 보고 듣는 말은 주로 대화체입니다. 대화를 할 때는 주어와 동사를 생략해도 뜻이 통하기 때문에, 아이들에게 주어와 동사가 들어간 완결된 문장을 가르치기에 애니메이션은 적합하지 않습니다. 정확하고, 바르고, 아름다운 말을 가르치기에 그림책처럼 좋은 매체가 없습니다.

갓난아기가 뒤집기와 옹알이를 시작하면 엄마는 어떻게 놀아주는 게 좋을까, 인지 발달에 좋은 시청각 자극을 위해 무얼 보여주고 들려줄까 고민하게 됩니다. 『누구야?』는 실과 바늘로 만든 그림을 사진으로 찍어서 만든 책입니다. 알록달록 무늬가 그려진 천 뒤에 우리 주변에서 흔히 만날 수 있는 동물친구들이 숨어 있습니다. 슬리퍼 속이나 바구니 안에 숨어있는 동물들 몸의 작은 부분이 먼저 나오고, 다음 쪽으로 넘어가면 전체 모습이 다 나타나는 전형적인 까꿍 놀이 그림책입니다. 손으로 한 땀 한 땀 공들여 만든 이 책은 작가가 아기에게 장난감으로 만들어준 것을 아예 책으로 출판하게 됐다고 합니다. 작가 엄마를 둔 아기는 촉감 자극까지 되는 까꿍 놀이를 했겠지요. 엄마의 정성이 담긴 헝겊 장난감으로 까꿍 놀이를 했을 그 아기처럼 쿠하에게도 정성껏 만들어주고 싶었지만, 솜씨 없는 엄마를 만난 쿠하에게 마냥 미안한 마음이 들뿐입니다. 24개월 무렵에도 잊어버릴 만하면 한 번씩 꺼내와 "엄마, 이게 누구야?" 하고 읽어달라고 청하던 책입니다. 한 가지 아쉬운 점은 팝업 북으로 만들거나 특징적인 부분을 헝겊으로 덧대었으면 촉감 자극을 줄 수 있어 더 좋았을 텐데, 밋밋한 종이책이라 천의 느낌을 전달할 수 없다는 것입니다. 어린 아이들이 읽는 책에는 다양한 재료를 끌어들이면 좋겠습니다.

『열두 띠 동물 까꿍놀이』는 그림과 색감이 제 마음에 쏙 들어서 유난히 자주 읽어주던 까꿍 책입니다. 동물들 얼굴 모양의 가면놀이 책이나 손가락을 쑥 집어넣으면서 여러 동물들을 보여주는 까꿍 책들도 있었지만, 쿠하는 『열두 띠 동물 까꿍놀이』를 제일 좋아했습니다. 8개월 초에 거의 "엄마"에 가까운 발음을 한 뒤로 10개월에는 "까꿍"도 엇비슷하게 말할 수 있어서, 10개월 때부터 15개월까지 이 책으로 까꿍 놀이를 했습니다. "찍찍 쥐 없다" 하고 엄마가 앞장을 읽으면 쿠하가 "까꿍~" 하고 대답하는 재미에 푹 빠졌습니다. 십이 간지에 해당하는 동물들의 성격과 특성을 아이가 완전하게 이해하지 못하더라도 여러 차례 반복해서 설명해주고, 동물 소리를 자연스레 가르쳐줄 수 있습니다.

『금붕어가 달아나네』는 선명한 색깔과 분명한 그림체가 개성 있는 책입니다. 숨은 그림 찾기는 어린 아기들에게 시각적인 즐거움을 주기에 충분한 책이지요. 아이와 함께 숨은 금붕어를 찾는 재미가 쏠쏠합니다. 게다가 같은 문장이 계속 반복되기 때문에 아이들이 책 내용을 쉽게 외우게 됩니다. 15개월 무렵에 골목길에서 고양이를 보거나 공원에서 산책하는 강아지를 보면 "멍멍이가 달아나네", "야옹이가 달아나네" 하고 문장을 응용하며 반가워했어요. 『누가 숨겼지?』는 『금붕어가 달아나네』보다 조금 어려운 책입니다. 분홍색 바탕화면에 악어 세 마리가 등장하고, 초록색 배경에 거북이 여러 마리가 줄지어 나아갑니다. 이 그림 속에서 아이와 함께 일상생활에서 자주 보는 사물을 찾을 수 있습니다. 숨바꼭질 책들을 처음 읽어줄 때 아이의 집중력을 살펴보기에 좋습니다. 느리게 걷는 거북이 다리에 자전거 바퀴를 숨겨놓는 발상이 돋보이는 고미 타로의 그림책은 유쾌하고 귀여워서 책을 읽는 어른들도 장난스러운 목소리로 읽어주게 됩니다. 어른들이 신나게 읽어주는 책을 아이들은 더 좋아하기 마련입니다. 숨은 그림 찾기 그림책을 읽어줄 때는 조금 과하다 싶을 정도로 흥미를 돋워주는 분위기로 읽어주세요.

　　까꿍 놀이를 시작한 게 엊그제 같은데 36개월이 지나자, 고미 타로의 그림 속에 숨은 그림은 이제 너무 쉬워서 싱거운 책이 되어버렸습니다. 책장을 펼치자마자 재빨리 찾아냅니다. 요즘은 쿠하가 엄마를 향해 단풍나무 잎만큼 작은 손바닥으로 눈을 가렸다 뗍니다. "엄마야, 까꿍!" 하고 말하면서요.

1 『누구야?』 정순희 지음 | 창비
2 『열두 띠 동물 까꿍놀이』 최숙희 글, 그림 | 보림
3 『금붕어가 달아나네』 고미 타로 지음 | 한림출판사
4 『누가 숨겼지?』 고미 타로 지음 | 비룡소

그림책으로 색깔을 배워볼까요?

보고 듣고 만지고 먹고 냄새를 맡으며 오감으로 사물을 인지하는 것이 가장 좋겠지만, 모든 것을 직접경험으로 알아갈 수는 없기에 책으로 간접경험을 쌓게 합니다. 인지 발달을 돕는 그림책은 『세밀화로 그린 보리 아기 그림책』처럼 작가가 오랜 시간 관찰한 뒤에 그린 그림들이 좋습니다. 정확하기로 따지면 그림이 사진을 따라갈 수 없겠지만, 아기들에게 보여주기에는 사진보다 사람의 손맛이 느껴지는 그림이 더 낫습니다. 집중하는 시간이 짧은 어린 아기들에게 책장 끝까지 시선을 잡아끄는 이미지와 짧은 이야기가 담긴 책들이 도움이 됩니다.

아이에게 사물 인지보다 색깔을 먼저 알려주고 싶었습니다. 우리를 둘러싼 다채로운 세상의 색들을 말해주면 아이가 사물을 알아갈 때도 색으로 먼저 구분하고 인지하게 될 것 같았거든요. 우리말로 표현할 수 있는 색깔의 다양함을 알려주고 싶어서 빨강, 파랑, 노랑, 초록 등 아주 기본적인 색깔부터 누르스름하다, 푸르스름하다와 같은 말까지 차례로 가르치기 시작했습니다.

아이가 태어난 지 100일이 지날 무렵, 남편과 함께 집 근처에 있는 문구점에 갔습니다. 두꺼운 색도화지, 풍선, 색종이 등 다양한 색깔을 보여줄 수 있는 재료들을 샀습니다. 일주일에 한 가지씩 '주인공 색깔'을 정하고, 한 가지 색 풍선을 예닐곱 개를 불어서 아기가 자는 침대 주변에 붙여두었습니다. 낮 동안 아이가 깨어 있을 때 "쿠하야, 빨강 풍선이야. 빨강!" 하고 말하며 둥글고 매끄러운 감촉을 알려주고, 손바닥으로 풍선을 허공에 통통 튀며 보여주었습니다. 색깔을 구분하지 못하는 갓난아기라 해도 일주일 내내 빨강색 풍선을 보고 다음 주에 색깔이 다른 색으로 바뀌면 뭔가 분위기가 달라졌다는 걸 알게 되기를 바랐습니다. 4개월 된 아기에게 색깔 인지를 위해 집안 분위기를 바꾸는 것이 성급하게 보일 수 있겠지만, 주황색으로, 하늘색으로, 노란색으로 바뀌는 풍선을 보면 아기 때문에 밖에 나가지 못하고 하루 종일 집안에 있는 엄마의 기분도 밝아졌습니다. 엄마가 기분이 좋으면 아기에게 기분 좋은 말투로 이야기하기 마련입니다.

   손에 잡히는 모든 것을 입으로 가져가는 시기에는 잠시 풍선 불기를 멈춘 적이 있지만 풍선은 바람을 뺀 뒤에 잘 보관해 두었다가 이유식을 먹이기 시작할 때 다시 한 번 활용했습니다. 이유식을 만들 때 종종 이유식 색깔과 같은 색깔 풍선을 불어주었습니다. 예를 들면, 단호박 미음을 먹이는 날에는 노란색 풍선을, 브로콜리나 시금치를 넣어 만든 미음에는 초록색 풍선을, 당근으로 죽을 끓여 먹일 때는 주황색 풍선을 불었습니다. 그러면서 "쿠하야, 이것 좀 봐, 노란 풍선이야. 노란 호박죽 먹자." 하고 말하면 아이는 마치 알아듣기라도 하는 것처럼 풍선을 만지면서 이유식도 잘 먹었습니다.

   아이가 태어나면 어른들은 수다쟁이가 되어야 합니다. 처음에는 말도 하지 못하는 아이를 상대로 수다를 떠는 것이 어색했습니다. 그래서 스포츠 중계방송을 떠올렸습니다. 어떤 행동을 하든지 중계방송을 하듯 일일이 설명하며 해주었습니다. 그렇게 말 못하는 아이에게 말 거는 연습이 되니 몇 달 후에는 자연스레 엄마의 일상을 아이에게 묘사하며 이야기하게 되었습니다. 아이에게 밥을 먹일 때도 저는 수다스러웠습니다. "쿠하야, 김이 모락모락 나는 하얀 쌀밥에 까만 김이 올라 왔네. 김밥이 되었네. 아무 것도 넣지 않는 김밥을 충무김밥이라고 해."하는 식으로 밥 한 숟가락을 떠먹일 때도 이런 저런 말들을 건네며 먹였습니다. 남이 보면 유난스럽다고 속으로 흉볼까 봐 단둘이 있는 시간만 되면 쉴 새 없이 말을 건넸습니다.

　　　　아이들에게 재미있게 색깔을 가르쳐 줄 수 있는 그림책은 7개월부터 15개월 사이에 자주 읽어주었습니다. 『깜짝깜짝 색깔들』은 팝업북입니다. 다양한 색깔의 사각형 플랩을 들추거나 하얀색 손잡이를 잡아당기면 사각형 색깔과 같은 색상의 동물들이 나타납니다. 동물들은 옆으로 기어오기도 하고, 앞으로 튀어나오기도 하고, 접혀 있다가 펼쳐지기도 해서 지루할 틈이 없습니다. 물론 이 시기의 아기들은 손에 잡히는 대로 뜯거나 찢기 때문에 책이 아깝기도 합니다만, 아이의 소근육 발달에 도움이 될 거라고 긍정적으로 넘겼습니다.

　　　　『알록달록 동물원』은 『color zoo』를 우리말로 번역해 놓은 책입니다. 앞장에서는 분명히 호랑이의 얼굴 형상이지만, 막상 한 장을 넘겨보면 동그라미 하나만 남습니다. 하트, 직사각형, 타원형, 육각형, 팔각형 등 다양한 형태와 색깔을 동시에 가르쳐주는 아이디어가 돋보이는 책입니다. 24개월 미만 어린 아기나 책을 찢거나 빨기 좋아하는 아이들에게는 보드 북으로 된 영어판이 더 좋습니다. 『color zoo』를 읽어줄 때 색종이를 준비합니다. 색종이로 책에 등장하는 동물들을 만들어주는 독후활동을 하면 형태와 색깔을 직접 경험할 수 있습니다.

　　　　『딸기는 빨개요』는 한 장씩 넘기면서 색깔과 과일을 알게 됩니다. 맨 마지막 장에 닿으면 앞에서 보아온 과일들이 조각으로 담긴 샐러드 그릇을 볼 수 있습니다. 색깔 인지에 도움이 되는 책들 가운데 쿠하가 제일 오랜 기간 본 책입니다. 어린 아이들은 책에 나오는 먹을거리를 그냥 지나치는 법이 없지요. 『딸기는 빨개요』를 읽을 때는 항상 딸기도 한 알 집어 먹고, 바나나도 한 입 먹는 체를 해야 다음 장으로 넘어갑니다. 간식으로 과일을 먹이기 전후에 자주 읽어준 책입니다.

　이 책 때문인지 시장에 가서 딸기나 바나나를 살 때 "빨간색 딸기랑 노란색 바나나 주세요."라고 말해서 인심 좋은 과일가게 아주머니한테 딸기 몇 개를 덤으로 받기도 했습니다. 대형 마트에 가면 플라스틱 포장재에 규격별로 담긴 과일을 사오게 되지만, 과일가게에 가면 수북하게 쌓아둔 딸기나 참외와 귤을 보여줄 수 있습니다. 어른들에게는 특별할 것 없는 시장풍경이나 과일가게라도 아기들에게는 흥미진진한 장면입니다. 쿠하는 커다란 함지에 담긴 딸기를 처음 본 날 깜짝 놀라면서 "엄마, 여기가 딸기 밭이야?"라고 물었습니다. 딸기는 밭에서 자란다고 말해준 것을 기억했다가 딸기가 많이 있는 걸 보고 했던 말이지요.

　『까맣고 하얀 게 무엇일까요?』는 짧은 문장이 아이 귀에 쏙 박히는 책입니다.

1 『세밀화로 그린 아기 그림책』 보리
2 『깜짝깜짝 색깔들』 척 머피 지음 | 비룡소
3 『알록달록 동물원』(color zoo) 로이스 엘럿 지음 | 시공주니어
4 『딸기는 빨개요』 뻬뜨르 호라체크 글, 그림 | 시공주니어
5 『까맣고 하얀 게 무엇일까요?』 뻬뜨르 호라체크 글, 그림 | 시공주니어

밤은 까맣고,
눈은 하얘요.
고양이는 까맣고,
우유는 하얗지요.
까마귀는 까맣고,
거위는 하얗네요.
까맣고 하얀 건
얼룩말!

책 한 장의 바닥 폭이 조금씩 달라지는 구성입니다. 길고 짧은 책장들이 모여 맨 마지막에 얼룩말로 등장합니다. 간단한 아이디어 같지만 흑백 대조를 다양한 이미지들로 나열하면서 마지막 장까지 아기들의 궁금증을 일으키는 멋진 구성입니다.

이 책은 쿠하의 언어 발달이 단어 나열에서 문장 만들기로 넘어가던 13개월 무렵에 자주 읽어주었습니다. 첫돌이 지나면 낱말을 띄엄띄엄 듣던 아기가 귀를 쫑긋 세우고 앞장과 뒷장의 그림을 연결하며 보고 듣게 됩니다. 이 때 사물을 단어 하나로 알려주는 평범한 사물 인지 책을 보여주는 것보다, 『까맣고 하얀 게 무엇일까요?』처럼 두 가지 사물의 색깔을 한 문장 안에서 비교하며 가르쳐줄 수 있도록 만든 책을 보여주는 게 좋습니다.

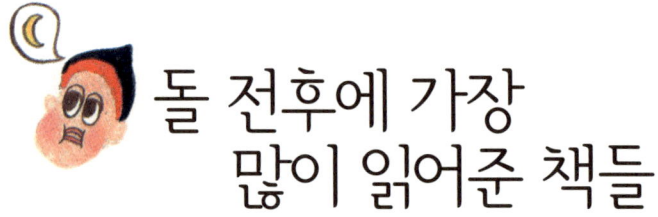

돌 전후에 가장 많이 읽어준 책들

첫돌 전후에 읽어준 책들은 양보다 질에 우선순위를 두었습니다. 한창 말을 배우는 시기에는 많은 양을 건성으로 읽는 것보다 몇 권의 책을 반복해서 읽어주는 게 언어발달에 효과적입니다. 첫돌 전후로 언어, 인지, 정서 발달에 비중을 두고 책을 골랐는데, 특히 상호작용을 하기에 좋은 책들을 자주 읽어주었습니다. 그림책을 두고 아이와 대화하는 것은 연습을 해야 실력이 늡니다. 동화구연가처럼 감정을 살려 읽는 건 쑥스럽지만 자꾸 하다 보면 익숙해집니다. 아이가 자라는 동안 엄마의 낭독 솜씨도 눈에 띄게 자연스러워집니다.

『달님 안녕』(하야시 아키코 지음|한림출판사)은 처음으로 역할극을 하며 놀아준 책입니다. 이 책은 7개월 때부터 읽어줬는데, 11개월에 제가 "달님 안녕?" 하고 읽어주면 아이도 어눌한 발음으로 "안녀엉?" 하고 따라했습니다. 하루에 열 번도 넘게 읽어주던 책이라 내용은 완전히 외워버렸지요. 돌 무렵에는 구름아저씨가 나오는 대목을 읽어주면 시키지 않아도 "비켜, 비켜"라고 말해서 깜짝 놀랐던 적이 있습니다. 구름이 달님을 가리는 부분을 읽어주면 무표정하게 있다가, 달님이 다시 나타나면 환하게 웃곤 했습니다. 나중에는 아이가 보챌 기미만 보여도 얼른 꺼내들고 읽어주던 책입니다.

어린 아기들도 책에 반응을 보입니다. 첫돌 무렵, 『달님 안녕』을 읽어 줄 때 쿠하는 구름 아저씨가 달님 얼굴을 가리는 장면에서 책을 탁탁 소리 나게 치곤했습니다. 말은 못해도 마치 화가 난 사람처럼 행동했지요. 15개월 이후에는 아이가 구름아저씨 역할을 맡고 엄마가 나머지 내용을 읽어주며 역할극 놀이를 했습니다. 얼마나 많이 읽어줬던지 아이는 "미안, 미안, 달님과 잠깐 이야기했지."를 외워서 말했습니다. 밤에 자기 전에 『달님 안녕』을 읽어줄 때는 창밖에 떠 있는 달을 가리키며 "쿠하야, 저기 밤하늘에 진짜 달님도 웃고 있네." 하고 진짜 달을 보여줬어요. 그림책의 달님은 늘 보름달인데, 하늘의 달님은 매일 다른 모습이지요. 쿠하에게 노란색 펠트로 보름달, 반달, 초승달 모양을 만들어 보여주며 달은 밤마다 조금씩 모양이 변한다고 알려주었습니다. 아기가 이해할 리 만무하지만 자꾸 반복해서 설명하니 어느 순간 보름달과 반달을 구분하게 되었습니다. 18개월에는 집으로 돌아가는 택시 안에서 춘천 의암호 하늘에 떠 있는 초승달을 보며, "엄마, 오늘은 초승달이야." 하고 말해 기사 아저씨가 깜짝 놀라서 뒷좌석에 앉은 우리를 돌아본 적도 있습니다.

말문이 트이기 시작하는 시기의 아이들에게는 의성어와 의태어가 살아있는 책이 좋지요. 『사과가 쿵!』(다다 히로시 지음 | 보림)은 목이 쉬도록 읽어준 책이에요. "커다란 커다란 사과가" 하고 조금 과장된 몸짓과 목소리로 읽기 시작하면, 쿠하는 "쿵!" 하고 신나하던 책입니다. 문화센터 오감발달 수업에서 만난 엄마들이 '품앗이 육아' 모임을 만들었습니다. 15개월짜리 아기들에게 뭘 가르친다기보다는 집에서 혼자 놀면 심심해하는 아이들을 위해서 인지와 정서 발달에 도움이 되는 놀이 시간을 만들어보자는 취지로 모였지요. 여럿이 모이면 내 아이에 대한 객관적인 시각도 갖게 되고, 다른 엄마들이 알고 있는 정보도 나눌 수 있고, 무엇보다 엄마 자신이 육아와 가사에 파묻혀 지내는 갑갑한 일상에 약간의 숨통이 틔게 해줄 수 있어 좋았습니다. 공동육아에

경험과 관심이 많은 어린이집 원장선생님이 엄마들이 준비한 수업 내용을 미리 검토해서 조언을 해주셨기 때문에 전문가의 도움도 얻을 수 있었습니다.

　　　　모임은 일주일에 한 번, 한 집씩 차례대로 돌아가며 진행했습니다. 첫 수업이 우리 집이었는데, 그때 『사과가 쿵!』을 주제로 찢어 붙이기 놀이를 했습니다. 8절 도화지 여섯 장을 한 자리에 펴두고 뒷면에 투명테이프로 살짝 붙인 다음 앞면에 커다란 사과와 잔디를 그렸습니다. 아이들에게 도화지 한 장씩을 나눠주고, 빨간 색종이를 손으로 찢게 했습니다. 아기들이 마음껏 찢은 색종이에 엄마들이 풀을 발라주고 아기와 엄마가 함께 사과의 일부분이 그려진 도화지에 색종이를 붙였습니다. 다 붙인 도화지를 한 곳에 모아서 다시 뒷면에 테이프를 붙이면 도화지 6장에 그려진 커다란 사과가 완성됩니다. 벽에 완성된 커다란 사과 그림을 붙여놓고 동요 '사과 같은 내 얼굴'을 불러주었습니다. 품앗이 모임이 아니더라도 온 가족이 모여 커다란 사과를 만들며 책을 주제로 놀아보세요. 『사과가 쿵』처럼 의성어와 의태어가 살아있는 책은 말을 배우는 시기의 아이들에게 언어 자극을 주기에 충분합니다. 커다란 사과를 여러 동물들이 나눠먹고, 비가 오면 우산으로 쓰는 내용을 읽어주며 "세상에서 가장 맛있는 사과는 친구들과 함께 나눠 먹는 사과"라고 일러줍니다. 40개월이 지나자 사과를 먹기 전에 "엄마, 우적우적 먹을까? 아니면 와사삭 와사삭 먹을까?" 하고 능청맞은 표정으로 동물들이 사과 먹는 모습을 흉내 내며 묻곤 합니다.

　　　　배밀이를 시작하면 아기들의 행동반경이 넓어집니다. 열심히 기어가면 눈에 보이는 사물을 손으로 만질 수 있기 때문에 방안에 있는 물건들에 관심을 보입니다. 이 때 방 안에 헝겊으로 만든 책이나 모서리가 둥글게 처리된 보드 북을 몇 권 놓아주세요. 아기가 기어가서 만지고 놀면서 책에 관심을 갖기 시작하면 본격적으로 책을 보여줍니다. 『두드려 보아요』(안나 클라라 티돌름 지음|사계절)는 '보아요' 시리즈 가운데 가장 자주 본 책이에요. 7~8개

월 쯤 아기가 책에 관심을 갖기 시작할 때부터 책장에 책을 꽂는 심부름에 재미를 붙일 때까지 두고두고 읽어주면 좋을 책입니다. 책을 펼치면 왼쪽에는 '파란 문이에요, 두드려 보아요, 똑똑'이라는 본문이, 오른쪽에는 파란 문이 한 쪽 가득 그려져 있습니다. 읽어주면서 '똑똑' 부분에서 아이 손등으로 책 속의 문을 두드리게 합니다. 문 뒤에 나오는 방 안 풍경 뒤에는 다음에 나올 문이 작게 등장합니다. "다음 장에 어떤 문이 나올까?" 하고 물으면, 아이는 얼른 손가락으로 작은 문을 짚으며 색깔 이름을 말합니다. 작은 문은 아기가 호기심을 갖고 다음 장을 기대하게 만드는데 발걸음을 떼고 방문을 밀기 시작할 즈음에 더 재미있게 읽었습니다. "~해 보아요."라는 짧은 청유형 문장이 반복되기 때문에, 말을 배우는 시기의 아기들에게 예쁘게 부탁하는 태도를 가르쳐줍니다. 이 책은 두 권을 준비해서 한 권은 춘천에, 한 권은 서울에 두었습니다. 할머니가 휴대전화 너머로 본문을 읽어주면, 춘천에 있는 쿠하가 "똑똑" 하고 대답하며 책을 두드리며 통화하곤 했습니다. 아주 어린 아기지만 할머니와 책을 사이에 두고 통화를 할 수 있었습니다.

　　　　동물들을 대상화하여 그려놓은 자연관찰 책과 달리 『세밀화로 그린 보리 아기 그림책』(보리출판사)은 동물과 식물이 우리와 이웃임을 느끼게 합니다. 우리나라 사람들이 먹는 곡식, 과일, 우리나라 숲에 사는 동물, 강과 바다에 사는 생명들을 골고루 알려주는 정보 그림책이지요. 이 책은 크기가 작고 모서리가 뾰족하지 않아서 안심이 되는 책이에요. 책 크기는 작지만 그림 크기는 큽니다. 아기들에게 사진보다는 그림이, 작은 그림보다는 큰 그림이 편안합니다. 한 화면에 너무 많은 정보를 담고 있는 책보다는 단순하게 한 가지 사물에 집중한 책이 이해하기 쉽습니다. 자연관찰 책도 아이의 발달 단계에 따라 난이도를 조절해야 합니다. 밀착해서 촬영한 사진들로 만든 책은 서너 살 이후에 보여줘도 늦지 않아요.

같은 거리를 걸어도 처음 가는 길은 매일 다닌 길보다 괜히 더 멀게 느껴지듯, 아이를 기르는 일도 첫아이를 키울 때가 둘째를 키울 때보다 더 어렵게 느껴졌습니다. 첫아이를 낳고 기르기 전까지 생일 케이크에 촛불 하나 켜는 데 그렇게 많은 수고와 눈물과 기도가 들어가는지 미처 몰랐습니다. 육아 경험이 없는 초보 엄마들은 육체적으로도 피곤하지만 정신적으로도 지치기 십상입니다. 곁에서 남편을 비롯한 양가 가족들이 아이 돌보는 데 시간과 마음을 써주지 않았다면 훨씬 힘들었을 것입니다.

　　아이와 하루 종일 집 안에서 지내는 일은 밖에서 보는 것처럼 평화롭지도, 행복하지만도 않습니다. 전반적으로 행복하다고 말할 수는 있지만, 일상을 들여다보면 순간순간 화가 납니다. 휴지 한 통을 다 꺼내 놓거나 로션 한 통을 방바닥에 다 발라 놓는 날이면 아무리 엄마라 해도 화가 치밀어 오릅니다. 아기가 제일 귀엽고 사랑스러울 때가 언제냐고 물으면, 주저 없이 '낮잠 잘 때'라고 대답했을 것입니다. 『사랑해 사랑해 사랑해』(버나뎃 로제티 슈스탁 글, 캐롤라인 제인 처치 그림|보물창고)는 그렇게 일과 육아에 지칠 때 피로회복제 마시는 기분으로 읽어주던 책입니다. 첫아이가 첫돌이 되기 전부터 두 돌이 되던 시기에 엄마 자신의 정신 건강을 위해, 그리고 아이에게 조금 더 친절하게 대해주기 위해 거의 매일 읽었습니다.

　　쿠하가 아침에 잠에서 깨어나면, 아기 마사지를 해주면서 귀에다 대고 속삭입니다.

"쿠하야, 태어나줘서 고마워,
태어나줘서 고마워, 태어나줘서 고마워!"
언제부터인가 아이도 제가 세 번씩 속삭이는
그 말들을 저에게 똑같이 들려줍니다.
"엄마, 태어나줘서 고마워,
태어나줘서 고마워, 태어나줘서 고마워~."

아무리 들어도 지겹지 않은 말입니다. 『사랑해 사랑해 사랑해』는 아이에게 읽어주면서 어른들의 사랑을 전할 수 있어서 좋고, 어른들은 아이들이 시끄럽게 떠들 때나 울며 보챌 때도 사랑한다는 다짐을 되새길 수 있어서 좋습니다. 그림책이지만 매일 큰 소리로 읽으며 아이 키우는 마음을 확인하기에 더없이 좋은 육아서입니다.

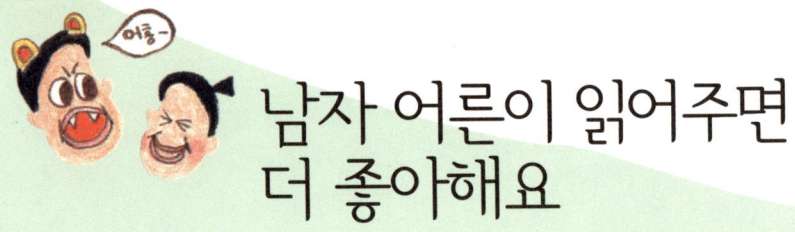

남자 어른이 읽어주면 더 좋아해요

두세 살 무렵은 아이들이 무서움을 알게 되는 시기입니다. 18개월에 읽어줄 때는 무서워하지 않던 책들을 24개월이 지나면서 부쩍 무서워하기 시작했습니다. 『곰 사냥을 떠나자』는 18개월 무렵에 읽어주면 아무렇지도 않게 듣고 있더니, 24개월이 되자 무섭다며 얼른 책장에 꽂아놓곤 했습니다. 동굴에서 곰이 나타나는 장면에서 두 눈을 꼭 가리고 "엄마, 얼른 치워! 곰 싫어!" 하고 소리치기도 했지요. 그럴 땐 아이가 원하는 대로 책을 덮고 다른 책을 가져오라고 했습니다. 괜히 엄마의 욕심을 채우느라 아이 수준에 맞지 않는 책을 강요할 필요는 없으니까요.

아이는 곰을 무서워하면서도 반복되는 문장이 재미난 책을 무척 좋아했는데, "엄마, 우리도 이불 속에 숨자!" 하고 말했습니다. 아이가 이야기를 온몸으로 받아들이고 있다는 걸 알게 됐습니다. 쿠하가 이불 이야기를 꺼낸 뒤로 아이가 좋아하는 분홍색 체크무늬 무릎 담요를 옆에 두었다가 곰이 나오는 장면에서 그림책 속 가족들보다 먼저 이불을 덮어주었습니다. 아이를 꼭 껴안고 담요를 덮어주면서 "엄마가 있으니까 안심해. 곰이 쫓아오면 엄마가 혼내줄게" 하고 말했습니다. 엄마가 곁에 있으니 걱정하지 말라고 하고, 무서울 때 엄마에게 이야기하면 된다고 다시 한 번 일러두었습니다.

『곰 사냥을 떠나자』는 가족들이 겁도 없이 곰을 잡으러 떠났다가 이불 속으로 꼭꼭 숨는 이야기로 끝이 납니다. 온 가족이 지혜롭고 용기 있게 어려운 상황을 헤쳐가는 모습을 읽어주면서 우리 가족도 어려운 일이 생기면 물러서지 않고 그들처럼 함께 헤쳐나가면 좋겠다고 이야기합니다. 이 책은 어린 아이들은 물론 책을 읽어주는 어른들에게도 가족이 함께 살아가야 하는 태도와 방향을 넌지시 알려주는 듯합니다. 가족이란 어떤 존재인지 그림책을 사이에 두고 어른과 아이 모두 느낄 수 있으면 좋겠습니다.

『곰 사냥을 떠나자』는 반복되는 짧은 문장으로 쓰여 있기 때문에 활발하게 말을 배우기 시기의 아이들에게 반가운 책입니다. 게다가 의성어와 의태어들이 점점 커지는 글씨로 쓰여 있는데, 책을 읽어주는 어른이 글씨 크기에 맞춰 목소리의 크기를 조절하면 아이들은 더 재미있어합니다.
이 책은 여자 어른이 읽어주는 것보다 남자 어른이 읽어주면 더 좋아합니다. 여자 어른이 읽어줄 때는 시큰둥한 반응을 보이던 책인데도, 남자 어른이 목소리에 긴박함을 실어 읽어주면 똑같은 내용임에도 반응이 달라집니다. 일터에서 돌아온 남편이 피곤해하면서도 쿠하의 반응에 덩달아 신이 나는지 반복되는 문장을 랩송처럼 읽어주곤 합니다.

『검피 아저씨의 뱃놀이』도 아빠가 읽어줄 때 더 신나는 표정을 보여주는 책입니다. 주인공이 남자 어른인 이야기는 제가 아무리 열심히 성대모사를 해봤자, 아빠가 흉내 내는 검피 아저씨를 따라가기는 어렵습니다. 이 책은 검피 아저씨와 아이들, 동물들의 대화체로 쓰여 있습니다. 어른들이 보기에는 사람과 동물이 대화를 하는 게 불합리하게 보일지 모르겠지만, 아이들이 보기에는 사람과 동물이 나누는 대화는 어색하거나 부자연스러운 일이 아닙니다. 특히 존 버닝햄의 그림책에는 인간과 동물이 대화를 나누는 장면이 자유롭고 자연스럽게 그려집니다.

책의 시작 부분에 '이 아저씨가 검피 아저씨'라고 소개하는데, 처음 읽어줬을 때, 쿠하가 "이 아저씨가 검피 아저씨구나~" 하면서 주인공 이름을 확인해서 깜짝 놀랐던 적이 있습니다. 다른 책들은 주인공 이름을 먼저 소개하는 경우가 별로 없이, 책 내용을 읽다 보면 주인공 이름을 알게 됩니다. 이 책을 본 뒤로는 쿠하가 처음 보는 책은 주인공이 누구인지 이름을 먼저 설명해주는 습관이 생겼습니다.

강가에 사는 검피 아저씨의 이야기를 읽어주면 쿠하는 늘 "우리도 강가에 살아요" 하고 대꾸합니다. 책을 읽으며 우리가 사는 모습과 비교해보는 데에 솔직히 조금 놀랐습니다. '책은 책이고, 생활은 생활'이 아니라 책을 보며 생활을 돌아보는 것 같아 흐뭇했습니다. 책에는 시골 농장에서 만날 수 있는 다양한 동물이 등장합니다. 그림책 한 면에 동물 한 마리가 다 차지하고 있는 구성은 어린 아이들에게 동물 이름과 모습을 알려주기에 좋습니다. 왼쪽과 오른쪽이 다른 분위기로 그려져 있어서 글을 읽어주고는 오른쪽 페이지로 와서 한참 동안 동물의 외형적인 특징에 대해 이야기해주고 울음소리를 흉내 내며 그림 구경을 하곤 했습니다. 이 책을 아빠가 읽어주는 걸 더 좋아한 까닭이 어쩌면 낮 동안 엄마가 흉내 내는 동물 소리만 듣다가, 저녁이 되어 전혀 다른 목소리로 듣는 재미 때문이 아니었나 싶습니다.

---

1 『곰 사냥을 떠나자』 마이클 로젠 글, 헬린 옥슨버리 그림 | 시공주니어
2 『검피 아저씨의 뱃놀이』 존 버닝햄 지음 | 시공주니어

숫자도 그림책 보며 배워요

베스트셀러나 스테디셀러라고 해서 아이가 좋아하지 않는데도 불구하고 억지로 읽어줄 필요는 없습니다. 아이가 흥미를 느끼지 못하는 책, 그러니까 아이 기준에 재미없는 책을 저는 잠시 미뤄둡니다. 그렇다고 책장에 끼워 놓는 것은 아닙니다. 오히려 책장에 꽂지 않고, 손이 닿는 방바닥이나 책상 위에 굴려둡니다. 며칠이 지나고 아이가 먼저 들고 와서 읽어달라고 하면 그때 읽어줍니다. 책을 읽어줄 때는 언제나 아이의 기분을 제일 먼저 고려합니다.

24개월이 지나면서 숫자나 글자에 관심을 갖게 된 아이에게 일부러 숫자나 글자를 가르치려고 하지 않았습니다. 우리 집은 엘리베이터가 없는 4층에 있어서 계단을 오르내리며 한국어, 영어, 중국어로 20이 넘는 숫자를 자연스럽게 들려주었습니다. 아이가 숫자에 관심을 가지게 되면 아주 단순한 내용의 숫자 그림책부터 숫자로 다양한 이야기를 나눌 수 있는 책을 함께 접하게 했습니다. 단순한 숫자 인지 책만 읽어주면 금세 싫증을 낼 수 있고, 너무 어려운 수학동화부터 읽어줘도 적응하기 힘드니까요.

단순한 그림으로 동물 이름과 숫자, 동물들이 몇 마리인지 세고 놀면서 자연스럽게 아라비아 숫자 모양을 배웁니다. 『뽀로로의 숫자놀이』는 숫자와 한글을 동시에 가르칠 수 있습니다. 아이들이 좋아하는 뽀로로의 주인공들이 등장해서 거부감 없이 숫자공부를 하기에도 그만입니다. 서점에서 쿠하

가 사달라고 조르는데도 『Double the Ducks』와 『뽀로로의 숫자놀이』중에서 한 권만 고르라고 했더니 뽀로로를 내려놓았습니다. 아마 익숙하지 않은 그림을 더 보고 싶어서가 아닐까 생각했지만, 그건 엄마의 추측일 뿐입니다. 진짜 이유는 알 수 없지만, 어쨌든 쿠하는 한 권만 고르라는 말에 두 말 없이 하나를 내려놓았습니다. 『Double the Ducks』를 사주느라 『뽀로로의 숫자놀이』는 친구네 집에 가거나 도서관에 가서 보여주곤 했던 책입니다.

　　　　서점에서 쿠하가 고른 책은 한 권만 사준다는 원칙이 아직까지는 잘 지켜지고 있습니다. 엄마가 고른 책 3권, 쿠하 마음대로 고른 책 1권을 사는 서점 나들이는 돌아올 때 가방이 너무 무거우면 곤란하기 때문에 정한 원칙일 뿐 별다른 의미는 없습니다. 대형서점에서 일정 금액 이상 구입하면 집까

지 택배로 보내주는 서비스가 있지만, 서점에 가서 책을 사는 즐거움을 더 누리게 할 요량과 돌아오는 길에 지하철에서 시끄럽게 떠들지 않게 하려면 새 책을 직접 가져오는 수고가 필요합니다. 지하철을 타고 갈 때도 숫자 공부는 계속됩니다. 엘리베이터를 탈 때도 있지만, 대체로 계단으로 다니면서 "하나, 둘, 셋, 원, 투, 쓰리, 이, 얼, 싼……" 하고 숫자를 셉니다.

『앵무새 열 마리』(퀸틴 블레이크 지음 | 시공주니어)는 쿠하가 18개월 때부터 40개월이 넘도록 꾸준히 좋아하는 책입니다. 뒤퐁 교수님은 매일 아침 일어나 온실 속에 사는 앵무새 열 마리에게 "안녕! 나의 멋진 친구들" 하고 똑같은 인사를 합니다. 같은 옷을 입고, 같은 인사를 하고, 늘 똑같은 일상을 반복하는 교수님에게 질린 앵무새들은 어느 날 깨진 온실 유리창 틈으로 날

아가 집안 곳곳에 숨어듭니다. 앵무새를 찾아나선 뒤퐁 교수님의 눈에는 보이지 않지만 앵무새들은 쿠하 눈에 얼른 띄는 곳에 숨어 있지요. 쿠하와 함께 앵무새를 찾으면서 손가락을 꼽으며 10까지 숫자를 세면서 사람이 너무 똑같은 일만 하면 이웃이 지겨워한다는 사실, 그리고 앵무새들처럼 가끔 변화를 주는 게 모두에게 즐거운 일이라는 것을 일러줍니다. 이 책은 숨은 그림 찾기 놀이를 하며 재미있게 숫자를 배우는 책이라 숫자를 싫어하는 아이들에게도 반가운 책입니다.

『가족 1 2 3』(정상경 지음|초방책방)은 아이의 눈으로 본 가족이 담긴 그림책입니다. 할아버지, 할머니, 아버지, 어머니, 오빠, 나, 동생, 인형, 개, 강아지, 화분, 거북이까지. 아이에게 가족은 열둘입니다. 한 장씩 넘길 때마다 가족이 한 명씩 늘어납니다. 가족이 더해질 때마다 숫자가 바뀝니다. 이 책은 아이들이 수와 양을 동시에 알 수 있게 만들어진 책입니다.

숫자를 배울 때 가족 구성원을 일일이 세어가며 배우게 하는 책을 읽어준 다음에 쿠하에게 우리 가족은 몇 명인지 세어보자고 했습니다. 서울과 광주에 사는 할아버지, 할머니, 이모들, 삼촌, 고모까지 세고 나니 손가락이 모자라서 아빠와 엄마는 셀 수 없다고 합니다. 이제는 동생까지 태어나서 손가락이 하나 더 필요하니 엄마가 빌려줘야 한다고 말합니다. 숫자를 가르쳐줄 때 장난감이나 인형처럼 아이가 좋아하는 물건을 세며 놀이하듯 알려주면 마치 놀이를 하는 줄 알고 재미있게 배울 수 있습니다. 요즘에는 떼었다 붙일 수 있는 숫자판과 낱말 카드를 서점이나 문구점에서 구할 수 있습니다. 쿠하는 떼었다 붙였다 하는 숫자판에 생김새가 같은 숫자들을 붙이고 오는 게임을 하면서 숫자의 생김도 알아볼 수 있게 되었습니다. 숫자나 한글처럼 애써 가르쳐야 할 부분일수록 놀이하듯 재미있게 접근합니다.

우리 정서를 담아낸 그림이 좋아요

일부러 그러는 것은 아니지만 저도 모르게 우리나라 정서가 잘 표현된 그림책들에 더 후한 점수를 주게 됩니다. 우리가 살고 있는 환경이 우리나라 정서를 점점 잃어가고 있기 때문에 한국적인 매력을 알려주려면 애써 찾아야 하기 때문인지도 모르겠습니다. 전통적인 소재나 옛 이야기를 다룬 책 중에는 너무 무겁게 표현해서 정작 아이의 마음을 얻지 못하는 책도 있습니다. 제 눈에는 쏙 드는데 쿠하가 외면하는 책 가운데 대표적인 것이 『백두산 이야기』(류재수 글, 그림 | 통나무)입니다. 어떻게든 읽어주려고 하지만 두어 장 넘기면 흥미를 잃고 다른 책을 가지고 옵니다. 아직 때가 안 되어 그러려니 하고 언젠가 좋아하게 되기를 기다립니다.

우리나라 정서를 잘 살린 소재와 그림으로 만든 책들 가운데 쿠하는 『아씨방 일곱 동무』(이영경 지음 | 비룡소)와 『방귀쟁이 며느리』(신세정 지음 | 사계절)가 재미있다며 자주 봅니다. 조선시대 '규방칠우쟁론기'를 그림책으로 재구성한 『아씨방 일곱 동무』는 한복을 짓다가 낮잠에 든 아씨의 꿈 이야기입니다. 자, 바늘, 실, 인두, 다리미, 골무, 가위 등 일곱 가지 도구들이 서로 잘났다고 합니다. 모두들 자기가 없으면 옷을 만들 수 없다고 뽐내는데, 옛날 사람들이 어떻게 옷을 만들어 입었는지, 옷을 만들 때는 어떤 도구가 필요했는지 이야기해줍니다. 덧붙여서 쿠하가 입은 옷이 어떻게 만들어지는지, 그 옷을 만들기 위해 여러 사람이 협력해야 한다는 것도 빼놓지 않습니다.

전라도 사투리로 본문을 쓰고 민화 풍으로 그린 『방귀쟁이 며느리』는 사투리와 민화가 잘 어우러져 책 읽는 재미를 더합니다. 장난스럽게 표현된 방귀소리를 따라하며 "엄마, 뻥뻥뿡뿡~" 하고 시도 때도 없이 방귀 뀌는 흉내를 내기도 합니다. 시장에서 배를 사면서 쿠하는 책에 등장하는 '청실 배'를 달라고 주문해서 영문을 모르는 가게 주인을 갸우뚱하게 만들기도 하고, 순창 고추장마을에 놀러가서 메주 덩어리를 보면서 "엄마, 며느리 얼굴이네" 하고 말해서 어른들을 한바탕 웃게 하기도 했습니다. 방귀쟁이 며느리는 며느리를 친정으로 쫓아내러 가는 길에 방귀 덕에 재물을 얻게 되자 다시 시집으로 데리고 가는 시아버지의 밉살스러운 행동이 아이들 교육에 그다지 좋지 않다고 생각하면서도, 단점이 곧 장점이 될 수도 있다는 이야기를 하기 위해서 들려주는 이야기입니다. 또, 주위 어른들이 자꾸 쿠하에게 창피함을 가르치려고 하는 시기에 방귀를 뀌거나 똥을 싸는 생리적인 현상이 부끄러운 일이 아니라는 것을 일러주기 위해 읽어주기도 합니다.

'넉 점 반'이 무슨 뜻일까요? 제목만 보고서 저도 갸우뚱했던 책입니다. 넉 점 반은 '네 시 반'이라는 뜻입니다. 시계가 흔하지 않던 시절이 배경인 『넉 점 반』(윤석중 글, 이영경 그림 | 창비)은 윤석중의 동시를 그림책으로 옮긴 책입니다. 가겟집에 엄마 심부름을 간 아이가 닭, 개미, 잠자리, 분꽃 등에 정신이 팔려 해가 진 뒤에야 돌아오는 이야기입니다. 아이의 천진한 모습과 빛바랜 한지 느낌이 잘 살아있어 질리지 않는 책 중에 하나입니다.

쿠하는 또래 아이가 주인공인 그림책을 발견하면 제 친구라도 만난 것처럼 반가워합니다. 책에 나오는 아이가 하는 행동을 그대로 따라서 하거나, 아이의 행동이 왜 그런지 묻곤 합니다. 이 책을 읽어줄 때는 줄거리보다 그림에 등장하는 잠자리와 분꽃에 더 관심을 보였습니다. 어른들이 줄거리에 집중해 있는 사이에 쿠하는 친구와 배경을 구경하느라 여념이 없습니다. 정작 '넉 점 반'이 무엇을 의미하는지 관심도 주지 않은 채 말입니다.

제가 세밀화 그림책을 좋아해서 쿠하도 따라서 좋아하게 된 것인지, 아니면 원래 이 또래 아이들이 세밀화 그림책을 좋아해서인지 모르겠지만 쿠하는 『심심해서 그랬어』(윤구병 글, 이태수 그림|보리)를 너무너무 좋아합니다. 처음에 읽어줄 때는 뿌연 색감이 답답하게 느껴졌는데, 자주 보다보니 오히려 여름의 습하고 더운 날씨를 잘 표현했다는 생각이 듭니다. 농촌 풍경에 아동복이라고 하기 민망한 속옷 바람의 아이가 정겹게 느껴지기도 하구요. 집에서 키우는 가축들을 풀어주자, 동물들이 밭을 엉망으로 만들어버립니다. 송아지와 닭 등 집에서 키우는 짐승들과 친구처럼 지내는 모습이, 마트에서 잘 포장된 고기로만 보는 쿠하 보다 훨씬 건강한 삶을 사는 것처럼 보입니다. "그림 속 아이하고 쿠하가 친구해줄래?" 하고 말하면 다정한 목소리로 "응. 내가 제일 친한 친구야"라며 책을 꼭 껴안아주곤 했습니다.

땅에도 이름이 있다는 것을 쿠하는 이 책을 보면서 알게 됐습니다. 도시에 사는 아이에게는 땅은 땅일 뿐이지만, 농촌에서의 땅은 물이 있는 논과 물이 없는 밭이 다릅니다. 쓸모가 다르니 이름도 다른데, 쿠하는 땅에도 이름이 있다는 얘기에 호기심 가득한 눈을 동그랗게 뜨고 가축들이 엉망으로 만드는 땅의 이름을 손가락으로 짚어가며 읽곤 합니다.

춘천은 시내 중심가만 벗어나면 논과 밭이 많은 곳입니다. 춘천시 서면이나 동면으로 지나가는 길에 벼가 심어진 논을 만나면 "여기는 논이지? 엄마?" 하고 확인절차를 거칩니다. 서면에 있는 춘천애니메이션 박물관에 가는 길에 복숭아가 주렁주렁 열린 과수원 앞에서도 주장합니다. "엄마, 저건 분명히 밭이지? 바닥에 물이 없으니까!" 하고 말입니다.

팥죽 할머니 이야기는 여러 가지 판본으로 나온 책입니다만, 쿠하가 제일 좋아하는 건 『팥죽 할멈과 호랑이』(박윤규 글, 백희나 그림|시공주니

어)입니다. 한동안 자기 전에 팥죽 할머니 얘기를 해달라며 반쯤 눈 감고 요청하는 바람에 저에게는 조금 지겨워진 책이기도 합니다. 회화로 그린 책들에 비해 한지 인형으로 만든 뒤에 사진으로 찍은 이 책은 인형을 보는 것 같아서인지 쿠하 마음에 쏙 든 책입니다. 할머니의 치마 주름이며 광대뼈가 실감나게 표현돼 있어 그림보다 훨씬 생생하게 느껴지나 봅니다.

전래동화라도 표현방식에 따라 아이의 마음을 더 끌어당길 수 있다는 걸 알게 하는 책이지만, 아직 사주지는 않았습니다. 팥죽 할머니 이야기도 대안 동화가 있으면 사주고 싶습니다만, 『아기 늑대 세 마리와 못된 돼지』나 『늑대가 들려주는 아기돼지 삼형제』처럼 원래 이야기와 다르게 패러디를 통해 아이들에게 늑대에 대한 잘못된 인식을 심어주지 않을 수 있으면 좋겠습니다. 도서관에 갈 때마다 쿠하가 꺼내오는데, 아이에게 읽어주기에는 잔인한 장면이 많아서, 집에 사놓고 자주 읽어주고 싶은 책은 아니기 때문입니다.

한국적인 색감, 한국적인 소재, 한국적인 정감을 표현한 책들 중에 가장 잔잔하게 오래 기억에 남는 책을 들라면 주저 없이 『엄마 마중』(이태준 글, 김동성 그림|소년한길)을 추천합니다. 시내에 전차가 다니던 시절, 엄마를 마중하러 나간 네 살쯤 돼 보이는 아기는 겨울 찬바람에 코가 빨개집니다. 엄마가 올 때까지 꼼짝 말고 서 있으라는 차장 아저씨의 말에 아기는 꼼짝도 하지 않고 서 있습니다.

몇 대의 전차가 오는 모습이 서정적인 그림으로 표현된 이 책은 본문을 읽고 난 뒤에도 한참 동안 들여다보고 있게 됩니다. 큰 나무 밑으로 전차가 달려오는 풍경은 할 수 있다면 벽 하나에 통째로 따라 그려두고 매일 보고 싶은 그림입니다. 책장을 넘기는 내내 아기가 엄마를 기다리는 모습이 짠해 보이는데, 막대사탕을 든 채 엄마 손을 잡고 눈 오는 산동네를 올라가는 마지막 장 뒷모습을 보고서야 입가에 미소가 번집니다.

반복 문장으로 말을 배워요

루이스 세풀베다의 『연애 소설 읽는 노인』, 존 버닝햄의 『야, 우리 기차에서 내려』, 폴 매카트니의 노래 'How many people'은 모두 한 사람에게 헌정된 작품입니다. '지구의 허파'라 불리는 아마존 보호를 위해 헌신한 브라질 환경 운동가 치코 멘데스를 기리는 책과 노래입니다. 『야, 우리 기차에서 내려』(존 버닝햄 지음 | 비룡소)는 아이에게 환경에 대해 이야기할 때 제일 먼저 놓아주고 싶은 그림책입니다. 존 버닝햄은 경쾌하고 귀여운 동물 그림과 핵심을 콕콕 찌르는 짧은 문장으로 지구를 살릴 수 있는 말들을 들려줍니다. 아이들에게 환경파괴와 오염의 심각성을 설명하는 것은 반드시 필요한 일이지만, 분명히 옳고 바른 내용이라 하더라도 경색된 말투로 이야기한다면 귀 담아 듣지 않을 거예요. 너무 심각하게 이야기를 꺼내면 아이가 금세 싫증낼 것 같아서, 진지하되 무겁지 않게 문제의식을 키워주고 싶습니다.

『야, 우리 기차에서 내려』에 나오는 아이는 『지각대장 존』의 주인공 '존 패트릭 노먼 맥허너시'를 떠오르게 합니다. 두 권 모두 아이의 꿈과 상상 속에서 일어난 일과 현실에서 일어난 일을 잘 버무렸습니다. 이 책들을 읽어준 뒤로 쿠하는 자고 일어나서 꿈 이야기를 하기 시작했습니다. 아침에 일어난 아이에게 "어젯밤 꿈에는 누가 나왔어?"라고 물어보면 매번 다른 이야기들을 쏟아냅니다. 꿈과 현실을 정확하게 구분하는 것인지, 아니면 그때그때 생각나는 말을 꾸며대는 것인지 확인할 수는 없지만, 어쨌든 아침부터 아이가 꺼낸 말들로 하루를 시작할 수 있게 됐습니다. 쿠하는 이 책으로 몇 가지 문장을 배웠습니다. "야, ○○○!"라고 소리치며 주인공들이 자기주장을 하는 문장은 다른 그림책에서는 보지 못했던 형식입니다. 같은 문장이 반복되기 때문에 몇 번만 읽어줘도 핵심 문장을 기억하게 되고, 뜻하는 바가 분명하게 전달됩니다. 그림책 중에는 반복 문장을 의도적으로 사용하여 아이들에게 말을 가르치려는 책들이 있는데, 기왕이면 아이들이 당당하게 의견을 밝힐 수 있는 문장을 연습시키는 책을 선택하게 됩니다. 쿠하는 종종 동물들을 괴롭히는 사람들에게 "야, 우리 지구에서 내려!"라고 바꿔 말해서 엄마를 웃게 만들곤 합니다.

　　　　말의 재미를 경험하면 폭발적으로 말이 늡니다. 쿠하는 끝말잇기는 어려워서 아직 못하지만, 시작하는 글자가 같은 단어를 가족들이 차례로 하나씩 제시하는 게임은 즐겨합니다. 고속도로에서 차가 막힐 때, "가, 가, 가자로 시작하는 말~" 하고 쿠하가 먼저 노래를 부릅니다. 36개월이 지나고 시작한 놀이인데 40개월이 넘도록 주로 '가'로 시작하는 말만 찾습니다. 가방, 가위, 가면, 가족 등 익숙하게 본 단어들부터 시작해서 가락지, 가랑비, 가마솥, 가오리 등 평소에 보기 힘든 단어들로 이어집니다. 한글 맛을 알게 되는 시기에 『기차 ㄱㄴㄷ』(박은영 지음|비룡소)을 읽어주면 마지막 책장이 나올 때까지 한 눈 팔지 않고 진지하게 귀를 기울이는 모습을 볼 수 있습니다.

"기다란 기차가
나무 옆을 지나
다리를 건너
랄랄랄 노래를 부르며
마을을 거쳐서
비바람 속을 헤치고
숲속을 지나
언덕을 넘어서
자동차 사이를 빠져 나와
창문을 닫고
커다랗고 컴컴한 터널을 통과해서
넓은 풀밭을 가로지르면,
해는 벌써 지고 있어요."

한 장씩 넘기면서 이어지는 한 문장의 글은 리듬감을 잃지 않으면서 기차가 지나가는 풍경을 탁월하게 묘사한 '한글 잔치'입니다. 『기차 ㄱㄴㄷ』은 너무 어린 아기들보다는 문자에 흥미를 갖기 시작한 두돌 이후에 자주 읽어준 책입니다. 단순한 문장이 반복되는 책을 쿠하는 금세 싫증내는 편인데, 『기차 ㄱㄴㄷ』은 자주 읽어줘도 싫증내지 않습니다.

책을 덮고 잠시 어린 시절의 오후 한때를 떠올려보세요. 보슬비 내리는 날 장화를 신고 마당에서 뛰어놀고, 고무줄놀이에 시간 가는 줄 몰라 밥 때를 놓쳤던 날, 봄날 나비를 따라 처음 가는 골목에서 길을 잃고 울음을 터뜨렸던 날들을. 그림책은 어른들의 어린 날과 아이의 새 날을 이어주는 징검다리입니다. 그림책을 사이에 두고 아이와 노는 시간, 장난감 하나 없어도 하루가 짧게 느껴집니다.

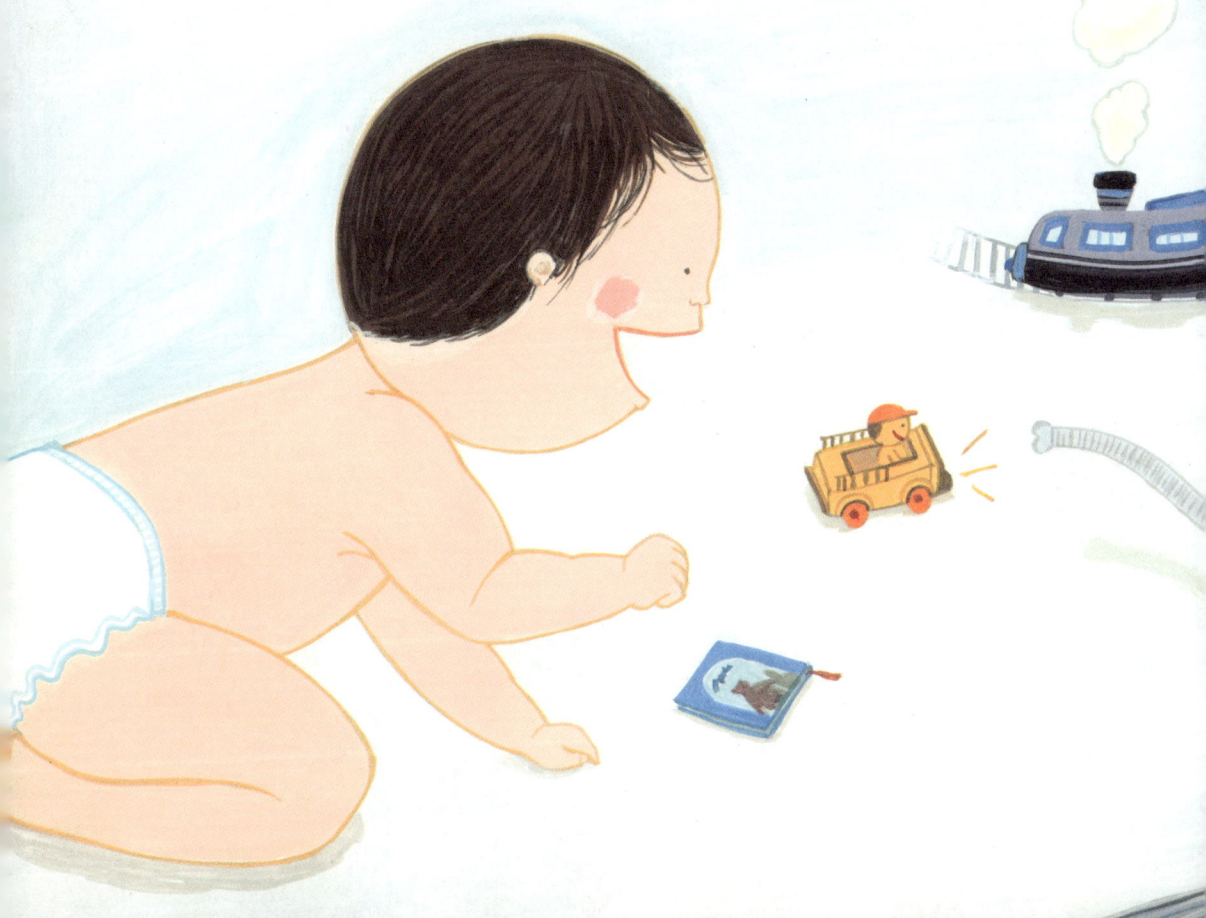

3장
책은 최고의 장난감이자 선생님

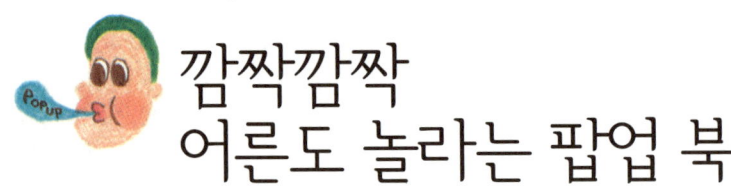

깜짝깜짝
어른도 놀라는 팝업 북

장난감과 책의 경계에 팝업 북이 있습니다. 『이상한 나라의 앨리스』와 『곰 사냥을 떠나자』를 선물로 받았을 때, 쿠하보다 엄마인 제가 더 좋아했습니다. 두 권 모두 이미 내용은 알고 있던 책이지만, 팝업 북으로 다시 보니 완전히 새로운 이야기를 알게 된 기분이 들었습니다. 어른인 제 눈에도 기가 막히게 잘 만들었는데 아이 눈에는 얼마나 신기했을까요?

쿠하는 자주 읽어주던 『곰 사냥을 떠나자』 평면 책과 팝업 북을 함께 놓고 비교해 가며 "엄마 여기 똑같은 아이들이 있어요!"하며 흥분한 목소리로 말했습니다. 제가 손잡이를 당겨서 숲 속으로 걸어가고, 강물을 건너가는 아이들이 움직이는 것처럼 보여주니 "엄마아~ 아이들이 걸어가요! 우와~ 엄마, 움직인다!"하고 소리쳤습니다.

팝업 북은 평면 그림책에 비해 생생한 느낌으로 이야기를 전달해주지만, 안타깝게도 가격이 만만치 않습니다. 『이상한 나라의 앨리스』(팝업 북)는 책값에 조금 더 보태면 쌀을 20킬로그램이나 살 수 있는 정도입니다. 이 책을 처음 보았을 때, 첫 장을 열면 나타나는 장면에서부터 탄성을 질렀던 기억이 납니다. 나무와 나무 사이에 장치를 해두어 화면에 보이는 나무들이 한꺼번에 일어나 숲을 이루는 장면이나, 차를 마시는 대목에서 테이블이 사각형으로 일어나는 부분은 두 살 쿠하를 깜짝 놀라게 만들었습니다.

이 책은 팝업 북이지만 이야기 전개를 포기하거나 본문을 허투루 다루지 않았습니다. 흰색 접지 부분에 깨알 같이 작은 글씨로 루이스 캐럴의 『이상한 나라의 앨리스』 이야기를 담아두었습니다. 쿠하가 읽고 이해하기에는 어려워서 팝업 내용을 이해하는 데 필요한 정도의 커다란 줄거리만 듬성듬성 읽어주고 있습니다. 팝업 작가 로버트 사부다가 대단한 내공이라고 여겨지는 까닭은 또 있습니다. 책 내용이 적힌 작은 공간에도 팝업이 있습니다. 작은 팝업 창들이 해당되는 내용에 걸맞게 숨어있습니다. 많은 독자들이 감탄해 마지않는 것은 마지막 장입니다. 수십 장의 카드들이 하나로 연결돼 구름다리를 만들어내는데, 이쯤 되면 '팝업 예술'이라 불러도 결코 지나친 칭찬이 아닙니다.

엄마가 제 값 주고 사주기에는 무척 비싼 책입니다만, 며칠 가지고 놀면 곧 싫증을 내고 마는 플라스틱 장난감들도 몇 만 원씩 합니다. 책은 장난감보다 오래 두고 봅니다. 어린이 채널에서 반복적으로 광고하는 플라스틱 장난감에 비하면 저렴합니다. 아이 생일이나 어린이날 어떤 선물이 좋겠냐고 물어오는 지인이 있다면 팝업 북을 부탁해보면 어떨까요? 저도 팝업 북은 모두 선물로 받았습니다. 아이들은 기억에 남는 선물을 받으면 잊지 않고 두고두고 이야기합니다. 『엄마 마중』을 읽어줄 때면 책을 선물해 준 미애 이모 이야기를 꺼내고, 『도라의 소풍』을 보다가 준이 이모 이야기를 꺼냅니다. 그래서 책을 사주시는 분들에게 가끔 아이가 이야기한다고 전합니다만, 아마도 엄마인 제가 예의상 한 말이거니 하고 반신반의하실 것 같습니다. 엄마 친구를 만나는 자리에 따라 간 꼬마에게 서점에서 책을 선물해주는 어른을 만나는 아주 가끔 일어나는 특별한 일은 쿠하 마음속에 오래 남아 있습니다. 그래서 저도 아이를 동반하고 만나는 자리는 일부러 약속 장소를 시내 서점으로 정하기도 합니다. 내 아이에게 좋은 책 선물을 해 준 사람들에게 감사한 마음을 다른 분들에게 퍼뜨리곤 합니다.

 알아보아요!

1. 수준 높은 팝업 북을 보다가 갑자기 아기용 팝업 북을 보여주면 시시하게 느껴질 수 있어요. 다른 팝업 북과 같이 보여주지 않는 편이 나아요.
2. 팝업 북만 좋아하고 평면 책을 등한시할 수 있어요. 무조건 못 보게 하는 것보다 독후 활동을 할 수 있는 책으로 관심을 옮겨가는 배려가 필요합니다.

1 『이상한 나라의 앨리스』 루이스 캐럴 지음, 존 테니얼 그림 | 넥서스주니어
2 『곰 사냥을 떠나자』 마이클 로젠 글, 헬린 옥슨버리 그림 | 시공주니어
3 『엄마 마중』 이태준 글, 김동성 그림 | 한길사
4 『도라의 소풍』 크리스틴 리치 글, 수잔 홀 그림 | 효리원

비 오는 날이 기다려져요

쿠하가 네 살이 되면 안겨주려던 선물이 있습니다. 아이 힘으로 들 수 있는 작은 우산, 도트무늬 장화, 노란 비옷. '비 오는 날 3종 세트'지요. 네 살쯤 되면 비옷을 입고 장화를 신겨서 밖으로 나가 비 오는 날 세상이 얼마나 투명하고 선명해지는지 직접 보여주고 싶었습니다. 쿠하가 8개월 된 아기였을 때도 베란다 문을 열고 비 내리는 장면을 한참씩 보여주곤 했는데, 손바닥에 빗물이 방울방울 떨어지는 느낌이 좋았던지 까르르 소리 내어 웃곤 했습니다. 그때 제 발로 산책할 수 있는 네 살이 되면 비 오는 날 손잡고 나들이 할 수 있는 준비물들을 갖춰야겠다고 생각했지요. 비 오면 비 맞고, 바람 불면 바람 맞으면서 쿠하가 자연의 변화를 온몸으로 느끼며 자라기를 바랍니다. 온 세상 생명을 살리는 고마운 비를 맞으며 아이의 생명력을 더 키워주고 싶습니다.

비가 오면 읽던 책을 내려놓고 비에 관한 그림책을 펼칩니다. 『비 오는 날은 정말 좋아』(백희나 지음|삼성출판사)는 귀여운 꼬마가 비 오는 세상을 구경하는 그림책입니다. 노란 비옷을 입고 대문 밖으로 나선 아이에게 환상적인 풍경이 펼쳐집니다. 책 속 아이가 물웅덩이에 비친 무지개를 보는 것처럼 쿠하에게 직접 무지개를 보여주고 싶습니다. 책에는 비 오는 날 볼 수 있는 자연현상에 대한 설명이 본문 아래쪽에 힌트처럼 소개돼 있어서 천둥 번개에 대해 아이가 질문하면 얼른 읽고 알려줄 수 있습니다. 유리창에 떨어진 빗방울이 경주하듯 달려가는 장면을 묘사한 부분은 아이들에게 상상력과 키워

주고, 다양한 빗소리를 읽어줄 수 있는 의성어들은 우리말 표현력을 길러줍니다. 비 오는 날에 대한 책을 읽어주면 아이는 비 오는 날을 기다리게 되고, 날씨에 관심을 갖게 됩니다. 하늘과 바람과 비를 느끼고 자라는 아이와 그렇지 않은 아이의 감성이 같을 수는 없겠지요. 아이들 눈높이에 딱 맞는 비 그림책으로 비 오는 날을 반가운 날로 느끼게 해 주세요.

글이 동요처럼 예쁜 『야, 비 온다』(이상교 글, 이성표 그림|보림)와 글자가 없는 『노란 우산』(류재수 저, 신동일 작곡|보림)은 아이의 눈으로 본 비 오는 장면들이 많습니다.

비에 대한 그림책은 많지만 생생한 빗소리에 민들레에게도 우산을 씌워주고 싶은 아이의 마음을 세심하게 담은 책은 드물지요. 정보 그림책이 아이들에게 빨리빨리 지식을 습득하라고 재촉하는 것 같아서 비에 대한 책은 자연관찰 책보다 창작 그림책으로 읽어줍니다. 어린 시절은 과학 상식을 많이 알아야 할 나이가 아니라 감성을 한껏 키워야 되는 시기니까요.

그림과 음악의 조화가 멋진 『노란 우산』은 글자 하나 없어도 빗소리를 닮은 피아노곡을 들으며 30분 넘게 수다를 떨 수 있는 책입니다. 집을 나선 노란 우산은 놀이터를 지나고 빌딩 숲을 지납니다. 회색빛 감도는 유화 그림을 피아노곡 한 곡을 들은 후에 책장을 넘깁니다. 하늘에서 내려다 본 우산 장면은 잿빛 거리에 우산 퍼포먼스를 벌이는 것 같습니다. 여러 색깔 우산들이 펼치는 향연이 예쁜 책입니다.

한 페이지에 한 곡씩! 천천히 여유 있게 그림을 넘기면서 비 오는 날 있었던 일들을 소재로 쿠하에게 말을 건넵니다. 물웅덩이에서 찰박거리며 물장난을 치다가 엄마한테 싫은 소리를 들었던 일, 구두를 신고 걷다가 미끄러운 바닥에서 조심하지 않고 넘어졌던 일, 갑자기 만난 비 때문에 편의점에서 산 투명 비닐우산을 들고 엄마 대신 제가 들겠다고 우겼던

"토독 토독 톡토독."
비일까?
맞아, 비야.

단이는 우산을 펴 들고
밖으로 달려 나갔어.

작고 동그란 우산에
작고 동그란 빗방울이
조롱조롱 매달렸어.
비는 그치지 않고 보슬보슬.

단이는 보이는 것마다 모두 우산을 쓰게 하고 싶었어.
"민들레야, 우산을 쓰렴."

- 『야, 비 온다』 중

일 등등 쿠하와 비오는 날 겪은 일들도 하나 둘 챙겨보면 꽤 많이 나옵니다. 그렇게 피아노 소리를 들으며 이야기할 때면 쿠하도 평소보다 차분해집니다. 학교에 도착한 노란 우산이 우산 통에 꽂힌 마지막 장면은 다음 이야기를 궁금하게 합니다.

　　　글자 없는 그림책은 글자 있는 책에 비해 상대적으로 더 오랜 시간 책장을 넘기지 않게 만드는 힘이 있습니다. 글자 하나 없어도 비 오는 날에 대해, 노랗고 빨간 우산에 대해, 피아노 소리에 대해, 봄비와 새싹에 대해 아이와 수다스럽게 읽는 책이 바로 『노란 우산』입니다.

1. 비 오는 날 유리창에 부딪히는 빗방울을 관찰해보세요.
   어른들은 익숙한 풍경이지만 아이들은 비 내리는 날이 특별한 날이에요.
2. 아이가 어려서 밖에 나가기 곤란하다면 수채화를 그려보세요.
   밑그림 없이 물감으로 여러 색깔 점을 찍어
   세상 곳곳 다양한 색 위로 내린 빗방울을 표현해봅니다.
3. 비와 어울리는 피아노곡을 들려주세요.
   비가 와서 틀었다는 이야기를 해주면 다음에 비가 올 때
   그 음악을 들려달라고 청할지도 모릅니다.

걷기 시작하면 독후활동을 늘려요

글자를 읽을 수 없는 어린 아기들은 누군가 낭독해주는 것에 의존할 수밖에 없습니다. 무덤덤한 목소리로 책 내용만 전달하면 어지간히 재미있는 책이 아닌 이상 지속적으로 아이의 흥미를 끌기 어렵습니다. 아이가 지겨워하는 표정을 보이면 그림책을 재료로 독후활동을 해주는 게 좋습니다. 독후활동을 하면 아이도 재미있어하지만, 책을 읽어주는데 지친 어른도 잠시 분위기를 전환할 수 있습니다. 물론 크레파스나 물감, 가위와 풀, 색종이와 밀가루 등 여러 가지 부재료가 필요하고, 뒷정리가 기다리고 있어 어른들에게는 귀찮게 느껴질 수도 있습니다. 하지만 평면으로 보던 내용을 직접 만져보면, 이전에 비해 아이들이 훨씬 더 책을 좋아하게 됩니다. 일단 독후활동의 재미에 맛들이면 어른도 아이도 책 놀이에 빠져들게 됩니다.

쿠하는 15개월 무렵부터 간단한 독후활동을 시작했는데, 25개월이 되자 요구사항이 구체적이고 다양해졌습니다. 가장 좋아하는 것은 물감놀이와 밀가루놀이입니다. 물감놀이는 여러 가지 색깔이 섞여서 새로운 색으로 변하는 것을 무척 신기해합니다. 밀가루는 손에 닿는 느낌을 좋아하고 여러 가지 모양으로 빚는 걸 좋아합니다. 독후활동을 처음 할 때는 『손바닥 동물원』(한태희 지음|예림당)처럼 쉽고 간단하게 따라할 수 있는 책이 도움이 됩니다. 가족들이 동물원에 가서 여러 동물들을 만나는 이야기를 손바닥 그림으로 보여줍니다. 아이들 손바닥에 물감을 묻혀 빈 도화지에 찍고, 그 위에 크레파스나 사인펜 등 여러 가지 미술 재료로 덧그림을 그려줍니다. 뭐든지

큰 것은 '엄마', 작은 것은 '아기'라고 부르는 쿠하는 제 손도장 하나만 찍어서 만드는 것보다 엄마 손도장을 같이 찍어서 동물 가족을 그리는 걸 더 좋아합니다. 물감놀이를 할 때 쿠하는 삼촌이 입던 티셔츠 하나를 발끝까지 내려오는 긴 원피스처럼 입고 놉니다. 평소에 잘 입지 않는 낡은 옷 하나를 아예 물감놀이 전용 옷으로 정해두면 편합니다.

미술재료를 사용하기 부담스러운 날은 부엌에서 음식재료로 놀 수도 있습니다. 『맛있는 그림책』(주경호 지음 | 보림)은 우리가 먹는 채소들이 동물로 변신하는 책입니다. 콜리플라워는 양, 오이는 악어, 당근은 바다코끼리, 고구마는 생쥐가 됩니다. 동물을 좋아하는 아기들에게 채소로 만든 동물인형은 만들기 전에 먼저 재료 이름을 알려줍니다. 음식에 들어가는 재료 이름을 알게 되면 왠지 밥도 더 잘 먹는 것 같습니다. 이유식을 만들 때 미리 재료를 만지게 하면서 이름을 알려주고, 먹일 때 다시 한 번 어떤 재료가 들어갔는지 이야기해주곤 했습니다. 그래서인지 쿠하는 일상적으로 먹는 채소들을 빨리 알게 됐고, 밥투정을 하다가도 "아까 쿠하가 본 감자 먹을까?" 하고 말하면 입을 크게 벌리고 받아먹곤 했습니다. 자연이 키워낸 채소들을 손으로 만지면 소근육과 촉감이 발달되는 것은 물론이고, 엄마와 동물인형으로 교감하는 과정에서 정서 발달에도 도움이 됩니다. 이 책은 주변에서 흔히 볼 수 있는 감자, 호박, 파프리카, 당근, 고구마 같은 채소들로 만들어서 독후활동 재료를 구하기 쉽습니다. 게다가 동물들이 걷거나 노는 장면을 묘사한 의태어와 의성어가 다양해서 돌 전후에 자주 읽어주던 책입니다.

아기 물고기 하양이 시리즈(전4권, 기도 반 게네흐텐 지음 | 한울림어린이)는 색깔 인지, 숫자, 반대말 등 다양한 개념을 하양이와 함께 알아가는 책들입니다. 단순한 그림과 반복되는 문장으로 아주 어린 아기들도 이해하기 쉬운 책이지요. 하양이의 두 살 생일에 친구들이 놀러오는 책을 읽어줄 때 그림을 그

려줘도 좋지만, 수고스럽더라도 색종이로 하양이의 친구들을 만들어주면 더 좋아합니다. 하양이의 친구들을 똑같은 모양으로 만들어 주고 싶다면, 먼저 흑백으로 책을 복사하세요. 그런 뒤에 복사한 친구들 그림을 오려냅니다. 색종이 뒷면에 오려낸 그림을 살짝 붙인 다음 겹쳐진 종이 두 장을 잘라내고, 크레파스로 그리거나 다른 색종이를 잘라 붙여 눈, 코, 입을 완성합니다. 쿠하는 애써 만들어주면 잠깐 가지고 놀다가 금세 찢어버려서 아까웠지만, 그래도 사각형이던 색종이가 책 속 주인공들로 변하는 과정을 눈을 깜빡이며 구경할 수 있었습니다.

아이들은 똥 그림책을 좋아하는데, 똥 모양을 만들어주면 더 좋아합니다. 그래서 다양한 모양의 똥이 나오는 그림책은 그냥 넘어가지 않고, 밀가루 반죽으로 똥 모양을 만들어줍니다. 뭐든지 입으로 가져가는 시기에는 아무것도 넣지 않은 하얀 밀가루 반죽으로 모양만 비슷하게 만들어줍니다. 입에 넣지 않을 만큼 자라면 밀가루에 식용유와 소금을 조금씩 넣고 반죽을 한 뒤, 물감을 풀어 넣어 다양한 색깔의 반죽으로 만듭니다. 책에 나오는 똥 모양을 만들면 흥분하며 신나게 책장을 넘깁니다. 쿠하는 조물조물 반죽을 만지는 느낌이 좋은지 다른 책을 보며 잘 놀다가도 밀가루 똥을 만들어달라고 합니다. 책에는 똥 색깔 그대로 그려져 있지만, 쿠하가 좋아하는 색깔로 바꿔주면 더 재미있어합니다. 『누가 내 머리에 똥 쌌어?』(베르너 홀츠바르트 글, 볼프 예를브루흐 그림 | 사계절)를 보며 밀가루 똥을 만들면, 쿠하는 "엄마, 토끼가 당근을 먹어서 주황색 똥을 쌌나 봐", "말이 초록색 풀을 많이 먹어서 초록색 똥을 쌌나 보다" 하며 열심히 이리저리 책장을 들춰봅니다.

걷기 시작한 아이들은 호기심이 왕성합니다. 밋밋하게 책을 평면으로 읽어주는 것보다 다양한 독후활동을 하면 더 신나게 책과 친구가 됩니다. 비가 내리거나 바람이 차가운 날, 아이와 집 안에서 지내게 될 때 한번쯤 시도해보세요. 아이들의 반응에 어른들도 덩달아 재미있는 한때를 보낼 수 있습니다.

독후활동, 어렵게 생각하지 마세요.
책 속에 나오는 어떤 것이라도 좋으니 다양한 재료를 가지고 놀게 해주세요.

1. 『손 큰 할머니의 만두 만들기』(채인선 글, 이억배 그림|재미마주)를 읽고 간식으로 만두를 먹어요. 직접 만들면 더 좋겠지요. 호기심 많은 아이들에게 요리는 즐거운 놀이입니다.

2. 『일과 도구』(권윤덕 지음|길벗어린이)를 읽으면 부엌에서 쓰는 도구들을 구경시켜주세요. 집에서 사용하는 도구들의 쓰임새와 이름을 알려주세요. 눈에 보이는 사물에 더 많은 관심을 갖게 돼요.

3. 『치마를 입어야지, 아멜리아 블루머』(섀너 코리 글, 체슬리 맥라렌 그림|아이세움)를 읽고 옷장 정리도 할 겸 패션쇼를 해요. 계절이 바뀔 때 작아서 못 입게 된 옷을 골라내며 읽어주면 좋아요.

4. 『종이 봉지 공주』(로버트 문치 글, 마이클 마첸코 그림|김태희 역|비룡소)를 읽고 쇼핑백을 잘라 공주가 입은 종이옷을 만들어주세요. 겉모습만 보는 왕자가 옳지 않다는 이야기도 들려주세요.

5. 『늑대가 들려주는 아기돼지 삼형제』(존 셰스카 글, 헬린 옥슨버리 그림|시공주니어)을 읽고 종이 상자로 아이만의 집을 지어요. 색종이나 과월호 잡지를 잘라 벽돌처럼 붙이고, 아이가 원하는 그림을 붙이며 꾸며보세요.

6. 싹이 난 감자는 버리지 마세요. 『할머니의 감자』(파메랄 엘렌 지음|풀빛)를 읽고 털실과 단추를 붙여 감자인형을 만들어요. 고구마, 양파, 당근 등 먹지 못하게 된 채소를 활용해요.

7. 『으뜸 헤엄이』(레오 리오니 지음|마루벌)를 읽고 당근이나 감자를 깎아서 다양한 크기의 물고기 스탬프를 만들어주세요. 전지에 여러 가지 색 물감으로 스탬프를 찍어 넓은 바다 풍경을 완성해요.

8. 『어름쎄리: 줄 타는 아이』(신지은 글, 정지윤 그림|대교출판)를 읽으며 인형극 놀이를 해요. 펠트나 부직포로 그림책에 나오는 인형을 만들어주세요. 책 속 줄거리와 상관없이 매일 다른 이야기를 만들며 놀아요.

『손바닥 동물원』 독후활동
싹이 난 감자 두 개를 철사나 이쑤시개 등 양끝이 날카로운 물체로 연결합니다.
작아져서 신지 못하는 양말을 잘라 원피스 부분과 모자 부분에 씌워줍니다.
문구점에 파는 눈 모양을 목공 풀로 붙여주거나 아이들이 쉽게 붙일 수 있는
눈 모양 스티커를 붙인 다음 스티커나 털실로 머리 부분을 자유롭게 꾸며줍니다.

폼보드나 우드락을 물고기 모양으로 자릅니다.
한쪽 면 위에 양면테이프로 발라준 뒤에 아이
들에게 스팽글과 눈 모양을 붙이도록 합니다.
뒷면에 옷핀을 테이프로 붙이면 옷이나 가방에
달고 다니는 장식품이 완성됩니다.
『무지개 물고기』 독후활동

물감놀이 그림책을 보고 아이들이
좋아하는 동물을 그려봅니다.
손바닥에 물감을 묻히고 도화지에 찍은 다음,
크레파스나 스티커로 부분을 꾸며줍니다.
『손바닥 동물원』 독후활동

『으뜸 헤엄이』 독후활동
어른이 싹이 난 감자, 고구마, 당근 등 근채류로
물고기 모양 도장을 만들어 줍니다.
빨강색 물감을 풀어 물고기 모양 도장으로 찍고,
파랑색 물감을 풀어 바다를 표현해 봅니다.

책으로 먼저 맞이하는 명절

명절이 다가오면 많은 주부들이 '명절 증후군'을 호소합니다. 갑자기 늘어나는 가사 노동과 오랜만에 만나는 친척들과 마땅한 대화거리가 없어 서먹서먹한 분위기에 스트레스를 받기 때문이지요. 어린 아이를 데리고 장거리 이동을 하는 것은 쉬운 일이 아닙니다. 기차나 버스를 이용할 경우, 주변 승객들에게 민폐를 끼치게 되기 십상이지요.

그럴 때 명절을 소재로 한 그림책을 준비해가면 좋습니다. 떠들지 말라고 주의를 줄 필요 없이 그림책을 읽으며, 그림책 속에 나오는 장면이나 소품에 대해 설명해 주며 가면 한결 수월하게 먼 길을 갈 수 있습니다. 게다가 연휴 내내 텔레비전만 보는 일도 방지할 수 있습니다. 여자 어른들이 음식을 장만할 때, 남자 어른들에게 명절에 대한 그림책을 읽어주도록 해보세요. 그림책 몇 권으로 명절 분위기도 살리고, 아이들도 하릴없이 텔레비전이나 컴퓨터 앞에 방치되지 않을 수 있습니다.

『솔이의 추석 이야기』(이억배 지음 | 길벗어린이)는 1990년대 초중반에 자동차를 타고 시골에 다니던 사람들이 공감할 만한 책입니다. 꽉 막힌 고속도로 갓길에서 사발면을 끓여 먹는 사람들, 동네 목욕탕에서 등을 밀어주는 사람들, 당산나무가 서 있는 마을 정류장, 고샅으로 달려오시는 할머니 등 낯익은 풍경들이 등장합니다. 가족들이 모두 모여 송편을 빚고, 성묘를 하고,

마을 사람들이 덩실덩실 강강술래를 하고 놉니다. 솔이네 식구가 집으로 돌아가는 날, 온 가족이 잠든 시간에 할머니 혼자 아궁이에 불을 지핍니다. 도회지로 가는 자식들에게 늙은 호박 한 덩어리와 참기름 병도 잊지 않습니다. 이 책의 마지막 장면은 밤늦게 돌아온 솔이와 동생이 잠든 사이, 솔이 엄마는 한복을 벗어 걸며 일상복인 반바지 차림으로 등장하고, 아빠는 어딘가에 전화를 걸고 있습니다. 아마도 시골에 계신 어르신들께 무사히 잘 도착했다는 전화겠지요. 아이들이 잠든 사이에 놓치는 부모님들의 마지막 명절 풍경까지 세심하게 그려두었습니다.

명절에 한복을 입혀주면 쿠하는 괜히 더 신나합니다. 설빔에 대한 책은 쿠하가 한복을 입기 시작한 돌 이후부터 명절마다 읽어준 책입니다. 『설빔: 여자아이 고운 옷』, 『설빔: 남자아이 고운 옷』(배현주 지음|사계절)은 두 권 모두 예쁜 일러스트가 돋보이는 책입니다. 쿠하는 이 책을 읽으면서 한복을 입는 순서를 알게 되었습니다. 책에 나오는 아이처럼 제대로 갖춘 한복이 아니어서 "엄마 나는 왜 배씨댕기랑 털배자가 없어?" 하고 물을 때면, "너도 그림책 언니처럼 크면 생길 거야" 하고 먼 훗날로 미루어둡니다. 평소에 입지 않지만 우리 조상들이 입고 살아온 옷이 얼마나 아름다운지, 얼마나 독특한지 명절 때마다 이야기해줍니다. 우리 옷 그림책은 온 가족이 모여서 명절 분위기를 내며 읽기에 좋습니다. 네 돌이 지난 설날. 쿠하는 드디어 배씨댕기, 털배자, 조바위, 버선, 꽃신을 모두 갖추게 됐습니다. 다섯 밤만 자면, 네 밤만 자면, 세 밤만 자면 설날이라며 매일 날짜를 세며 하루에도 몇 번씩 설빔을 갖춰 입고 놀았습니다.

『연이네 설맞이』(우지영 글, 윤정주 그림 | 책읽는곰)는 제 마음에는 쏙 들었지만 서점에서 사줄까 말까 한참을 고민했던 책입니다. 엄마인 저도 본 적이 없는 전통 설맞이 풍경에 어려운 단어도 많은 책이기 때문입니다. 요즘 사람들은 알기 힘든 100여 년 전 설맞이 풍습을 아이가 과연 이해할 수 있을까 싶었지요.

삼대가 함께 사는 집의 설맞이는 며칠 전부터 분주합니다. 가족의 건강을 비는 마음으로 짓는 설빔을 열 벌이나 마련해야 하고, 오래 끓여 만드는 엿도 고아야 하고, 차례 상에 올릴 강정도 만들어야 합니다. 이 책은 보슬보슬한 멥쌀가루를 시루에 쪄서 떡메로 치면 떡국을 끓일 가래떡이 된다는 걸, 조청에 찍은 가래떡은 아무리 먹어도 물리지 않는다는 걸 알려줍니다. 요즘 아이들은 조청 대신 단풍나무 시럽에 찍어 먹는 게 더 익숙할 테지요. '세밑 대목장'이나 '부지깽이도 꿈틀댄다는 섣달그믐'이라든가, '외양간의 짚북데기 두엄자리' 같은 것은 엄마도 처음 듣는 이야기라 아이에게 설명해주기 어려웠습니다. 아이가 이해하기 어려운 대목은 건너뛰고 그림을 이해하는 데 꼭 필요한 내용만 간추려서 읽어줍니다. 대형마트에서 사온 떡국을 먹고, 친척들한테 세배하고 돈을 받는 게 '설날'이라고 생각하는 아이들에게 명절 그림책으로 설날의 의미와 세시 풍속을 알려주기에 좋은 책입니다.

1. 한복이 있으면 명절 전에 미리 꺼내놓고 아이가 가지고 놀게 해주세요.
2. 한복이 없으면 빛깔 고운 한지로 종이 한복을 만들어주세요.
3. 차례 상에 오르는 음식을 그려서 오린 뒤에 상차리기 놀이를 해도 좋아합니다.

가위로 잘라 아이와 함께 놀아 보아요

아이들은 똥을 좋아해요

쿠하는 『Everyone Poops!』와 『A Potty For Me!』, 『응가하자 끙끙』(최민오 지음|보림) 등을 보면서 배변 훈련을 했습니다. 10개월이 되기 전에 아기용 변기를 선물로 받았는데, 너무 일찍 변기에 앉힌 탓인지, 앉히기만 해도 눈물을 뚝뚝 흘리며 싫어했습니다. 자연스럽게 기저귀를 뗄 때까지 기다려주려고 한동안 아기 변기를 상자에 넣어 두었습니다. 다시 아기 변기를 꺼낸 것은 여름이 다가올 무렵이었습니다. 날씨가 더워지면서 갑갑한 기저귀를 자주 벗겨놓게 됐는데, 18개월이 지나면서 자동차 모양의 빨간 변기에 흥미를 보이기 시작했습니다. 이때 똥이 나오는 그림책 몇 권을 변기 옆에 두고, 아이가 변기에 앉으면 몇 번이든 그만 읽자고 할 때까지 반복해서 읽었습니다.

첫 돌 무렵에 사준 『응가하자 끙끙』은 아이가 좋아하는 제일 좋아하는 똥 그림책입니다. 다른 똥 책들도 좋아하지만, 이 책은 첫 장부터 끝까지 다 외웠으니까요. 쿠하는 15개월에서 18개월 사이에 우리말이 부쩍 늘었습니다. 18개월 이전에는 원서를 읽어줘도 잘 들었는데, 우리말을 더 잘 알아듣고 말하기 편해진 뒤로는 『A Potty For Me!』를 번역한 『혼자 쉬해요』만 찾았습니다. 『Everyone Poops!』는 한글판을 사주지 않았습니다. 'And a two-hump camel makes a two-hump poop. Only kidding!'이라는 대목을 한글로 바꾸면서 'Only kidding!'을 '농담'이 아니라 '거짓말'이라고 표현했기 때문입니다. 작가가 재미를 더하기 위해 던진 농담을 참과 거짓을 구분하는 거짓말로 번역한 부분을 굳이 읽어주고 싶지 않아서입니다. 이 책에서 쿠하는 유독 낙타에 관심을 보입니다. 이 책을 읽어줄 때마다 "엄마, 낙타는 어떻게 울어요?" 하고 묻습니다. 낙타 울음소리를 들어본 적이 없어서 "엄마도 아직 들어본 적이 없어서 모르겠다. 나중에 동물원이나 사막에 가서 들어보자"고 합니다.

『Everyone Poops!』는 여러 동물들이 싼 똥을 익살스럽게 관찰하면서 "누구나 먹으면 싼다!"는 걸 말해줍니다. "어른들은 화장실에서 혼자 싸는데, 왜 나는 사람들이 보는 데(거실에 놓인 아기 변기)서 똥을 싸야 해요?"하며 아기용 변기에서 싸지 않겠다는 쿠하에게, 사람이 성장하면서 여러 가지 자세로 똥을 싸는 그림을 보여주며 "사람은 자라는 과정마다 똥을 싸는 장소가 달라진다."고 설명해주었습니다. 쿠하가 갓난아기였을 때는 기저귀에 쌌는데 걸을 수 있는 지금은 아기 변기에서 싸는 단계라고 일러주고, 어린이가 되면 화장실에서 변기에 눌 수 있다고 달랬습니다. 양가 가족 모두 생리적인 현상에 대해 창피하거나 부끄럽게 느끼지 않게 하려고 애쓰는 편임에도 불구하고, 어디서 들었는지 옷을 벗고 있거나 똥을 싸는 것이 부끄러운 행동이라고 말하곤 합니다. 그럴 때마다 제가 먼저 "Everyone~" 하고 말하면, 쿠하가 "Everyone Poops!"하고 큰 소리로 대답하며 활짝 웃곤 합니다.

『누가 내 머리에 똥 쌌어?』는 명절 때 시댁에 가져간 책을 다 보고 나서 하도 심심해하기에, 얼른 집에서 가까운 서점에 가서 그림책 몇 권을 살 때 구입한 책입니다. 장거리 이동을 할 때 가볍고 작은 그림책을 쿠하 배낭에 넣어주지만, 늘 읽던 책에 싫증을 내면 아이와 함께 서점에 가서 얼른 새 책을 선물합니다. 그럴 때 아이가 한 권 고를 수 있게 해주면 연휴 내내 그 책을 가지고 놉니다. 서점이 없을 때는 가까운 대형마트에 가는데, 마트 책 코너에서 고르라고 하면 거의 대부분 스티커 북을 고릅니다. 그래서 되도록 가지 않으려 하지만, 그나마 스티커 북이라도 사두어야 연휴 때 엄마가 집안일을 하기 수월합니다. 스티커 북은 아이들이 어른과 놀이하며 볼 수 있기 때문에 그림책에 관심을 갖지 않는 어른들에게도 아이를 맡기기에 편합니다.

『누가 내 머리에 똥 쌌어?』는 의태어가 살아있는 똥 그림책입니다. 동물들이 똥 싸는 모습과 소리를 생생하고 재미있게 보여주는 책이지요. 어느 날, 해가 떴는지 확인하러 땅 위로 고개를 내민 두더지. 그 순간 머리 위에 철퍼덕 똥 한 덩어리가 떨어집니다. 눈이 나쁜 두더지는 누가 머리에 똥을 쌌는지 알아내기 위해 길을 나섭니다. 비둘기, 말, 토끼, 염소, 소, 돼지 등 책장을 넘길 때마다 새로운 동물들이 나타나는데, 동물들은 생김새가 다른 것처럼 똥 싸는 소리, 똥 모양도 제각각 개성 만점입니다.

책 내용에 계속 반복되는 "누가 내 머리에 똥 쌌어?"라는 구절과 동물들이 똥 싸는 소리가 익살스러운 이 책은, 물론 아기들마다 차이가 있겠지만, 24개월은 지나야 즐기게 되는 것 같습니다. 쿠하의 경우 아주 어렸을 때는 보여줘도 별로 흥미를 느끼지 못했습니다. 24개월이 지나면서 흥미를 느끼기 시작한 이후로는 등장 동물들의 다양한 똥 싸는 모습과 소리를 읽어주면, "내 똥은 '뿡' 하고 생겼는걸." 하며, 자기 이야기도 끼워 넣습니다. 어떤 모양의 생김새를 나타내는 형용사와 동사 '생기다'를 아직 구분하지 못하는데 아마도 똥이 '뿡~ 하는 소리를 내며 나온다'는 뜻으로 하는 말인 것 같습니다. 좋은 책은 아이를 수다스럽게 하는 책이라는 걸 다시 한 번 느꼈습니다. 책에 나오는 동물들이 똥 싸는 의성어와 의태어를 흉내 내며 흥분하던 아이는 자기 똥에 대해 자랑하느라 시간 가는 줄 모릅니다.

저는 책을 처음 읽어준 날 쿠하가 하는 말들을 여백에 받아 적곤 합니다. 쿠하가 책에 보인 반응을 그때그때 받아쓰기 해두지 않으면 무슨 말을 했는지 잊어버리게 됩니다. 그날 책 한 귀퉁이에 해둔 메모를 보면 쿠하가 그 책을 처음 받아들고 보았던 반응이 다시 떠올라 입가에 미소가 번집니다.

『똥 밟을 확률』(안느 장부아 지음 | 됨됨)은 '그림책은 너무 어려우면 안 된다'는 상식을 깨는 책입니다. 이 책은 두 가지 경우의 수 가운데 어느 쪽으로 가게 되는가에 따라 다음 상황이 달라진다는 사실을 알려 줍니다. 확률 개념을 어린 아이들에게 젖소의 똥을 사람이 있고, 없는 상황에 따라 설명하고 있습니다. 쇠똥이 목장과 길 중 어디에 떨어질까? 길에 떨어지면 사람이 지나가거나 그렇지 않을 경우 어떻게 될까? 사람이 지나가지 않으면 괜찮지만 사람이 지나갈 경우에는 또 두 가지 경우가 발생합니다. 쇠똥을 볼 경우와 못 볼 때. 사람이 쇠똥을 보면 다행이지만 못 보면 다시 또 두 가지의 가능성이 열립니다. 옆으로 지나갈 때와 앞으로 지나갈 때! 앞으로 지나가는 사람은 결국 똥을 밟게 되지요. 이럴 때가 바로 '똥 밟을 확률'이 되는 것임을 소걸음처럼 느리게 한 장 한 장 넘기면서 알게 되는 책입니다.

아이가 싫어하거나 내치지만 않는다면 같은 주제를 다룬 어려운 책과 쉬운 책을 균형 있게 골고루 읽어줍니다. 나이에 맞는 책을 읽어주는 게 좋다는 전문가의 조언은, 이런 책을 발견하면 살짝 무시하게 됩니다. 인터넷 서점에는 4~6세 아이들에게 권장하는 책으로 나오지만, 젖소 이야기 그림책으로 읽어주면서 알게 모르게 확률 개념에 젖어들게 하기에 좋은 책이라 쿠하는 두 돌 무렵에도 자주 읽어주었습니다.

1. 밀가루 반죽으로 똥 모양을 만들며 놀아요.
2. 아이 자존심이 다치지 않게 나이에 따른 배변 장소가 있다는 걸 자연스레 알려주세요.
3. 배변이 부끄럽거나 수치스러운 일이 아니라, 자연스러운 현상임을 주지시켜주세요.

친구와 이웃은 소중해요

생쥐 '또또'는 코끼리처럼 힘이 세지도, 기린처럼 목이 길지도 않습니다. 코뿔소는 쿵 하고 나무를 들이받아 사과를 따고, 원숭이는 대롱대롱 매달려 맛있게 익은 빨간 사과를 따지만 또또는 사과를 딸 수가 없습니다. 캥거루처럼 높이뛰기를 잘 하지도, 비둘기처럼 날수도 없으니까요. 『또또와 사과나무』(나카에 요시오 글, 우에노 노리코 그림|세상모든책)의 주인공 또또에게 빨간 사과는 그야말로 그림의 떡일 뿐입니다. 사과나무 아래에서 마음이 상한 또또에게 물개가 다가옵니다. 나무에 올라갈 수도 없고, 목이 긴 것도 아니고, 나무를 흔들어 사과를 딸 힘이 없어 보이기는 꼬마 생쥐 또또나 물개나 마찬가지입니다.

물개는 서로 잘 할 수 있는 일로 힘을 모아 사과를 따자고 합니다.

쿠하는 이 책을 보면서 여러 동물들의 특성을 알게 됐습니다. 동물이름이 적힌 낱말카드로 사물인지를 하게 되면 캥거루나 원숭이가 어떻게 생긴 동물인지는 알아도, 어떤 특기를 가진 동물인지 알기는 어렵습니다. 아이들은 똑같은 사과를 따는 다양한 모습을 보면서 동물들이 제각각 장점을 지니고 있다는 걸 알게 됩니다. 물개와 또또가 협력하여 남은 두 개의 사과를 따는 장면은 협동의 중요성을 일러줍니다. 혼자서는 해결 할 수 없는 일이라도, 서로 장점을 살리면 가능성이 있다는 것을 알려주는 이야기입니다. 전체적으로 흑백 소묘로 그려진 그림에 빨간 사과만 색깔을 넣어서 눈에 띄는 점도 어린 아이들의 시선을 한 곳에 집중시키는 효과가 있습니다.

『무지개 물고기』(마르쿠스 피스터 지음|시공주니어)는 주목하여 보는 지점에 따라 다양한 교훈을 들려줄 수 있는 책입니다. 반짝이는 은비늘을 가진 무지개 물고기를 바다 속 친구들은 부러워합니다. 파란 꼬마 물고기는 은비늘을 하나만 달라고 조르지만, 거절당합니다. 남들이 부러워하는 장점이지만, 나누지 않고 뽐내기만 하면 미움을 받게 됩니다. 자타가 아름답다고 공인하는 무지개 물고기는 교만하고, 작고 볼품없는 꼬마 물고기의 말을 무시합니다. 무지개 물고기는 문어할머니의 "바다에서 가장 아름다운 물고기가 되진 못하겠지만, 지금보다 훨씬 행복해질 거다"라는 조언에 따라 아름다운 비늘을 다른 물고기들에게 한 개씩 나눠 줍니다.

문화센터에서 만난 친구들과 '품앗이 육아' 모임을 할 때, 쿠하는 집에 찾아온 친구들에게 장난감을 양보하지 않았습니다.

저마다 집에서 첫아이로 혼자 자라던 아이들은 소유욕이 강한 편이었습니다. 그런 아이들 여섯 명이나 모이니 장난감 하나를 가지고 서로 자기가 가지고 놀겠다며 떼를 썼습니다. 아이들이 돌아간 뒤, 『무지개 물고기』를 그림만 보여주면서 대강의 줄거리를 이야기해주었습니다. 당시 쿠하가 읽기에는 본문이 너무 많아서 끝까지 집중하기 어려웠거든요. 제가 하는 말을 모두 이해하는지 알 수 없었지만, 친구들을 만나기 전이나 만나고 난 후에 이 책을 읽어주며 "모든 음식은 나눠 먹을 때 가장 맛있고, 모든 장난감은 서로 빌려줄 때 더 재미있게 갖고 놀 수 있다"고 여러 차례 이야기해주었습니다. 덧붙여 꼬마 물고기처럼 기분이 나쁘다고 해서 흉보고 따돌리는 것은 좋은 해결책이 아니라고 말해줍니다.

고래와 생쥐의 우정을 그린 이야기 『아모스와 보리스』(윌리엄 스타이그 지음 | 시공주니어)는 본문이 많아서 4세 이하의 아이들에게는 버거운 책입니다. 쿠하가 20개월이 되던 가을부터 읽어주기 시작했는데 처음부터 끝까지 읽어주지는 못했습니다. 36개월이 지나면서부터 마지막 장까지 자리를 뜨지 않고 듣게 됐습니다. 초기에는 주로 그림을 보면서 생쥐 아모스와 고래 보리스가 처한 상황을 설명해주었지요. 바다에 가고 싶은 생쥐 아모스는 배를 만들고 항해를 떠나지만, 곧 바다에 빠지고 맙니다. 그때 고래 보리스가 아모스를 구해주지요. 커다란 고래가 작은 생쥐의 도움을 받을 일이 있을까 싶지만, 아모스도 보리스를 위기에서 구해줍니다. 세월이 흘러 어느 날 보리스가 허리케인에 떠밀려 바닷가 모래사장에 밀려왔을 때, 아모스는 코끼리를 불러와 보리스를 다시 바다에 데려다줍니다. 둘의 공통점이라고는 그저 포유류라는 것 정도일 뿐이지만, 바다에서 표류하던 아모스를 구해준 보리스에게 아모스도 은혜를 갚습니다. 아모스와 보리스는 다시 만날 수 없다는 것을 알고 눈물을 흘리며 작별합니다. 이 책을 읽어줄 때 쿠하에게 몸집이 비슷하지 않

아도, 사는 환경이 같지 않아도 친구가 될 수 있다고 말해 줍니다. 서로를 생각하는 마음만 있다면 누구하고나 친구가 될 수 있다고 말해주지요.

『차별 싫어요!』(플로랑스 뒤떼이 글, 앙리 펠네르 그림|푸른숲)는 모든 사람이 똑같은 외모, 똑같은 취미, 똑같은 성격이라면 얼마나 끔찍할까라는 물음으로 시작됩니다. 진지한 메시지를 전달하지만 아이들이 지루해하지 않도록 짧은 문장과 쾌활한 일러스트로 만화 같은 느낌을 줍니다. 책에는 피부색이 다르다는 이유로 부당하게 차별해서는 안 되며, 언어가 다른 사람을 만날 때 어떻게 해야 하는지, 휠체어를 탄 사람을 만나면 어떻게 해야 하는지 등 우리가 생활 속에서 흔히 겪거나 남에게 가하는 차별의 구체적인 사례를 들어 이야기합니다. 아이가 어려서부터 모든 사람은 존중받을 가치가 있다는 사실, 사람은 누구나 다른 사람과 어울려 살아야 한다는 사실을 자연스럽게 깨달았으면 좋겠습니다.

1. 친구와 다투면 사과를 서로 교환하고, 나누어 먹으며 화해하게 해주세요.
2. 사과나무에서 사과를 따는 게임을 해요. 전지에 나무를 그리고 사과는 빨간 풍선 여러 개를 붙입니다.
3. 무지개 물고기 장신구를 함께 만들어보세요. 폼보드를 물고기 모양으로 자른 뒤, 글루건으로 비즈를 붙입니다. 옷핀을 뒤에 붙이면 브로치가 되고, 구멍을 뚫고 끈을 연결하면 목걸이가 됩니다.

아기 배낭에 넣어주세요

경춘선 기차를 타거나, 공지천으로 소풍을 갈 때, 쿠하는 작은 배낭에 몇 권의 책을 넣어갑니다. 자기 물건은 스스로 챙겨야 한다는 걸 되도록 일찍 알려주고 싶기도 하고, 엄마처럼 가방을 들고 싶어 하는 아이의 마음을 헤아리기 때문이기도 합니다. 어린 아이들이 매는 배낭에 쏙 들어가는 『세밀화로 그린 보리 아기 그림책』 시리즈는 쿠하 배낭에서 가장 오래지낸 단골손님입니다. 단순히 사물 이름을 가르칠 목적으로 보여준 것은 아니었지만, 사물을 가르쳐주기에 이 시리즈만한 책도 드뭅니다. 사진은 사진을 찍는 사람이 집중하는 포커스를 보게 되기 마련입니다. 자연관찰 책의 경우 사진가에게 중요하지 않다고 판단된 상에는 초점을 흐리지만, 『세밀화로 그린 보리 아기 그림책』의 경우, 전체구도에서부터 세심한 곳까지 신경 써서 그린 세밀화이기 때문에 사진보다 더 많은 시각정보를 전달할 수 있습니다.

이 시리즈 가운데 쿠하는 『나도 태워 줘』를 제일 좋아합니다. 계속 반복되는 문구가 이제 막 말을 배우기 시작하는 단계의 아기에게 말 가르치기에도 그만이지요. 시리즈 중 한 권인 『주세요 주세요』는 가을에 먹는 과일이 담긴 바구니를 사이에 두고 엄마와 아기가 실랑이 하는 모습을 담은 책입니다. 단순한 대구가 반복되기 때문에 쿠하도 금세 책 내용을 다 외워버렸습니다. 책 속 아이가 원한 건 과일이 아니라, 빈 바구니지요. 엄마가 "사과 줄까?", "배 줄까?" 하고 물으면 뭘 주냐고 물으면 "싫어 싫어, 아니 아니" 하고 대답합니다. 쿠하는 비슷한 상황이 되면 아이가 하는 대사를 그대로 따라 하곤 했습니다. 세밀화 시리즈는 계절에 맞는 내용, 곤충, 동물, 식물, 나무, 꽃, 과일, 곡식 등 우리 산천에 사는 자연을 만날 수 있고, 크기도 어른 손바닥 정도로 작아서 가볍게 들고 다니기에 좋은 책입니다.

『아기 물고기 하양이』시리즈의 작가 히도 반 헤네흐텐이 만든 클루 북 시리즈도 휴대하기 좋은 그림책입니다. 클루 북은 코팅된 종이라 입에 쉽게 찢어지지 않고, 모서리가 날카롭지 않아서 아기들이 갖고 놀기에 좋습니다.

『달팽이일까, 아닐까』는 아기들의 눈높이에 맞춘 원색의 큰 그림들과 짧은 글 안에 동물들의 특성을 콕 집어 설명합니다. 책을 읽은 뒤에 아이에게 여러 가지 동물들에 대해 긴 이야기를 걸어 봅니다. 책을 다 읽고 책에 대한 이야기를 나누는 습관을 들이기에는 이렇게 본문이 많지 않은 책들이 유리합니다. 등에 집을 메고 다니는 달팽이가 책장을 펼치니 하늘을 나는 잠자리가 됩니다. 잠자리의 몸통은 다시 생쥐로 변신했다가 또 다시 지렁이 몸통으로 변하지요. 지렁이는 알고 보니 카멜레온의 긴 혀였습니다. 지렁이나 카멜레온도 아이들이 좋아하도록 친근한 그림체로 그려졌고, 전혀 다른 동물들을 하나로 연결시키는 이야기라 아이들의 호기심과 상상력을 자극하는 책입니다.

1. 클루 북은 재미있지만 가볍고 얇아서 잃어버리기 쉬워요.
2. 세밀화 시리즈는 좋아하는 책과 싫어하는 책을 골고루 담아주세요.
3. 시리즈는 처지는 책 없이 없게 7일 단위로 구분해서, 매일 다른 책을 넣어주세요.

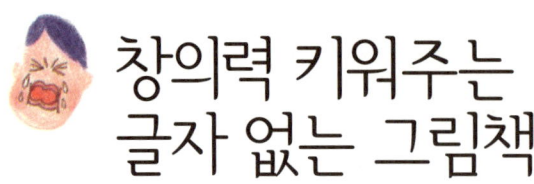
창의력 키워주는
글자 없는 그림책

천 기저귀에 똥을 싸면 얼른 빨아야 합니다. 그렇지 않으면 노란 얼룩이 남아 지저분해 보입니다. 그래서 아기가 똥을 누면 하던 일을 제쳐 놓고 기저귀 빨래부터 처리하게 됩니다.

     동생이 태어난 지 얼마 지나지 않았을 때, 잘 놀던 쿠하가 갑자기 책장 앞에 엎드려서 서럽게 울었습니다. 왜 우는지 물어보니 엄마가 빨래만 한다는 겁니다. 자기는 엄마 무릎에 앉아서 책을 읽고 싶은데 엄마가 계속 기저귀만 빠니까 화가 났다고 합니다. 우는 아이를 안아서 등을 쓸어주며, "쿠하야, 너는 누나니까 혼자서도 그림책 볼 수 있잖아" 하고 달랬습니다. 그랬더니 제 품을 빠져나가자마자 튼튼하게 보이는 보드 북 몇 권을 머리 위까지 치켜들었다가 방바닥 저 쪽으로 세차게 던지면서, "나는 글씨를 몰라서 책을 못 봐! 엄마 나빠! 이 책도 나빠!"하더니 더 큰소리로 울기 시작했습니다. 책을 던져도 분이 풀리지 않았던지 유아용 안전 가위를 들고 책을 다 잘라버리겠다고 아우성이었지요.

     아이의 돌발 행동이 놀랍기도 하고, 처음 보는 폭력적인 태도에 당황하기도 했지만, 일단 아이를 다시 안고 미안하다고 사과부터 했습니다. 엄마가 쿠하 마음을 모르고 빨래만 해서 미안하다고요. 그런 다음 마실 것을 꺼내주고 글자 없는 그림책 몇 권을 들고 와서 쿠하 앞에 내려놓았습니다.

"우리 딸이 왜 이렇게 화가 났을까? 글씨가 많아서 읽기 힘들었어?"

"아니, 나는 글씨를 몰라. 엄마 나빠. 나가."

"세상에는 글씨가 없는 책도 많아. 이것 좀 봐. 『눈사람 아저씨』랑 『수염 할아버지』랑 『자유낙하』에는 글씨가 하나도 없잖아. 쿠하가 엄마한테 읽어줄 수 있는 그림책들이야."

"으응? 그래도 엄마가 읽어줘."

"그럼 먼저 엄마가 한번 읽어줄게. 다음에는 쿠하가 엄마한테 읽어줄래?"

"아니, 엄마가 다 읽어줘. 나는 못 읽어."

"그래. 일단 엄마가 다 읽어줄게. 나중에 더 커서 엄마한테 읽어주면 되겠다. 그치?"

"응. 이다음에 내가 수인이 언니처럼 커서 학교에 가면 읽어줄게."

"역시 우리 딸이 최고야. 학교에 가면 그때 엄마한테 꼭 읽어줘, 약속!"

아이의 화를 풀어주고 글자 없는 그림책 몇 권을 연달아 읽어주었습니다. 아이는 그림을 보고, 엄마가 들려주는 이야기를 들으면서 그림과 말을 연결하여 내용을 알아갑니다.

글자 없는 그림책은 어른이 아이에게, 아이가 어른에게 읽어줄 수 있는 책입니다. 글자를 읽을 줄 모르는 아이의 자신감을 키워주고, 글자를 읽을 줄 아는 어른의 관찰력을 키워줍니다. 글자를 읽을 줄 알면 그림책을 꼼꼼히 보게 되지 않아요. 줄거리를 이해하고 책장을 넘기기 마련이지요. 아이와 책을 읽다 보면 어른은 내용을 이해하고 다음 장으로 시선을 옮기는데, 아이는 작은 부분을 가리키며 앞 장과 다른 부분을 찾아냅니다. 글자 없는 그림책은 아니지만 『맥도널드 아저씨의 아파트 농장』(쥬디 바레트 글, 론 바레트 그림 | 미래M&B)을 볼 때도 깜짝 놀란 적이 있습니다. 이 책은 아파트 관리인인 맥도널드 아저씨의 창의적인 문제 해결 아이디어가 돋보이는 이야기입니다. 책에는 달력 그림이 나옵니다. 왼쪽 페이지에서는 4월이었는데, 오른쪽 페이지에 걸린 달력은 5월입니다. 물론 달력 속에 그려진 그림도 다르고, 숫자가 그려진 위치도 다릅니다. 쿠하가 "엄마, 이건 4월이고, 이건 5월이야" 하고 말해서, "정말 그렇구나. 아저씨네 묘목이 한 달 사이에 많이 자랐네." 하고 대답해주었습니다. 책장을 넘기려는데, 아이가 제 손을 막더니 "엄마, 5월에 30은 왜 없어?" 하고 물었습니다.

자세히 보니 5월 30일 자리에 숫자 대신 성조기로 보이는 깃발이 그려져 있었습니다. "어머. 정말 30이 없네. 이건 미국 국기 같아. 우리나라는 태극기잖아. 미국 사람들이 쉬는 날인가 보네." 하고 추측한 이야기를 들려주었습니다. 할머니에게 달력으로 숫자를 배운 아이는 자기가 보아온 달력과 모양이 다른 그림책 속에 나오는 달력을 유심히 본 것이지요. 아이가 달력 속 그림을 발견한 뒤로는 "글씨를 모르는 사람들이 오히려 그림을 더 자세히 보네. 대단한 발견이야!"하고 칭찬했습니다. 그리고 한 마디 덧붙였지요. "쿠하야, 글씨는 천천히 배워도 돼. 지금은 실컷 놀자."라고요.

글자 없는 그림책을 처음 봤을 때, 솔직히 조금 당혹스러웠습니다. 글자가 없으니 매번 읽어줄 때마다 '지난번에 뭐라고 말했지?'하는 강박관념이 생기기도 했습니다. 사실 그럴 필요 없이 할머니들이 옛날이야기 들려주시듯 자연스레 이야기하면 되지요. 굳이 억지스럽게 이야기를 짜내려 고민하지 말고 그림을 줄거리 삼아 약간씩 살을 붙여서 이야기합니다. 『눈사람 아저씨』(레이먼드 브릭스 지음|마루벌)는 겨울이 오면 즐겨 찾는 책입니다. 동심을 잘 살핀 이 책을 읽어주며 쿠하에게 작은 눈사람을 여러 번 만들어주었습니다. 쿠하는 눈 내리는 날이면 이제 으레 이 책을 다 읽고 장갑을 끼고 눈사람을 만들러 나가는 줄 압니다.

아무리 조심하려고 해도 아이를 돌보는 사람의 습관과 취향은 아이에게 전이됩니다. 아이가 책을 편애하지 않도록 노력하지만, 어쩔 수 없이 엄마의 취향대로 사게 되지요. 안노 미쯔마사는 아이보다 제가 더 좋아하는 작가입니다. 섬세하고 정성이 가득한 그림은 보고 또 봐도 질리지 않습니다. 『여행 그림책』(안노 미쯔마사 지음|한림출판사) 시리즈 중에서 덴마크 편을 제일 좋아하는데, 안데르센의 나라, 동화의 나라다운 풍경을 보며 이야기할 때 다른 나라 편에 비해 목소리가 들뜨곤 합니다. 저처럼 덴마크에 가본 적 없는 엄마들을 위해서 책 뒤에 해당 쪽에 관한 설명이 간단하게 수록돼 있습니다. 여행 그림책을 읽어줄 때 편평한 세계지도보다는 둥근 지구본을 돌려가며 이야기를 들려줍니다. 세계지도는 대부분 제작한 나라를 중심으로 그려집니다. 지구본은 그럴 수 없지요. 지구본으로 위치를 찾아보게 되면 덴마크, 노르웨이, 스웨덴, 핀란드 등 스칸디나비아 국가들이 우리나라와 가까운 곳에 있다는 걸 알게 됩니다. 지구본으로 덴마크가 어디에 있는지 찾아보다가

세상이 둥글다는 것, 북유럽 끝과 동북아시아 끝이 가깝다는 것을 아이와 함께 그림책을 보며 최근에 깨달았습니다.

『수염 할아버지』(이상교 글, 한성옥 그림 | 보림)는 아이들의 친구입니다. 아이들 위에 서지 않고 아이들 마음을 잘 헤아리는 사람은 나이와 상관없이 누구나 아이들의 친구가 됩니다. 할아버지의 수염은 요술 수염입니다. 그림을 그릴 때 붓이 필요하면 얼른 그림붓이 되고, 빗자루가 필요할 때는 주저하지 않고 빗자루가 되어줍니다. 희고 덥수룩한 할아버지의 수염으로 강아지 인형이나 호박 모양을 만들 수도, 생일날에는 멋진 나비넥타이를 만들 수도 있습니다. 『수염 할아버지』를 처음 읽어주었을 때, 이야기 전개 방식에 익숙하지 않아서 아이한테 어떤 줄거리로 이야기할까 잠시 망설였습니다. 작가가 말하고 싶은 바를 제대로 이해했는지도 의심스러웠습니다. 할아버지의 수

염이 여러 가지로 활용될 수 있는 수염이라는 것 외에 아이에게 무슨 이야기를 들려줄지 고민했지만 마땅한 교훈이나 의미가 떠오르지 않았습니다. 엄마의 고민을 모르는 아이는 그저 할아버지의 수염이 여러 가지 모양으로 바뀌면서 쓰이는 부분이 나오면 뭐가 그리 재미있는지 깔깔깔 소리를 내며 웃었습니다. 아이가 좋아해서 반복하여 책을 읽어주다 보니 어느새 저도 책에 정이 들었습니다. 아이들을 향해 한껏 웃어주는 할아버지의 모습, 아이들을 즐겁게 하는 데 몸을 아까워하지 않는 할아버지의 마음을 엿볼 수 있게 되었습니다. 어른들에게는 재미를 주지 못해도 아이들 눈에는 재미있고 익살스러운 장년으로 보일 수 있다는 것도 알게 해 준 책입니다.

　　글자 없는 그림책을 읽으면 그림을 보는 힘이 실러집니다. 그림을 보고 상황을 추리하는 힘도 키워집니다. 글자 없는 그림책은 읽어주는 사람에 따라, 읽어주는 순간의 기분에 따라 매번 달라지는 그림책이지요. 엄마가 피곤한 날은 대충 그림 설명으로 끝낼 때도 있지만, 매번 새로운 이야기를 만들어 달라고 조르는 아이 덕에 엄마의 창의력까지 키워주는 고마운 그림책입니다.

저는 글자 가르치기에 관한 한 세상에서 가장 게으른 엄마가 되고 싶습니다. 문자 세계에 발을 들여 놓기 전에 가능한 좋은 그림을 많이 보여주고 싶어요. 글자를 읽고 작가가 안내하는 지름길로 달려가는 것보다 그림을 음미하며 오솔길로 천천히 걸어가는 책 읽기가 어린아이의 가장 좋은 독서법이라고 믿기 때문이에요. 글자가 없기에 책을 대할 때마다 쿠하가 그림을 보는 시간이 길어지고, 제가 새로운 단어로 이야기 해주려고 말을 고르는 시간이 늘어납니다. 저는 아이들이 싫다고 할 때까지 무릎에 앉혀놓고 읽어주려 해요. 엄마가 읽어주는 그림책 때문에 귀가 간지러워서, 그게 불편해서 아이 스스로 한글을 터득해버렸으면 하는 바람입니다.

1. 어른이 읽어주기 전에 아이 혼자 탐색할 시간을 충분히 주세요.
2. 아이가 관심을 보일 때까지 책에 대해 설명해 주지 말고 기다리세요.
3. 글자 없는 그림책이 있다는 걸 아이들도 신기해하며 읽어달라고 하면 읽어주세요.
4. 엄마 혼자 읽어주기보다는 다양한 가족 구성원이 돌아가며 읽어주세요.
5. 아이가 어른들에게 읽어줄 수 있는 책이라는 걸 알려주세요. 아이 마음대로 읽어주는 걸 어른들이 귀담아 들어보세요. 아이가 자신감을 갖고 혼자 책장을 넘길 거예요.

잠 없는 아이들에게 반가운 그림자 놀이

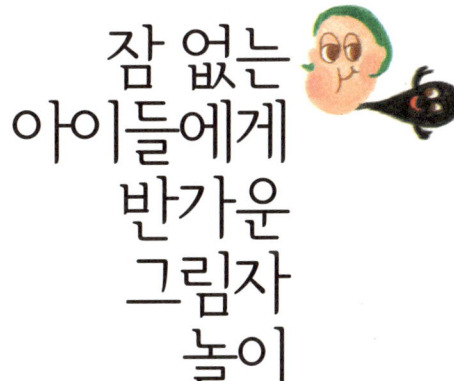

쿠하는 유난히 잠이 없는 아이입니다. 밤잠도 별로 없으면서, 낮잠도 가끔 잡니다. 잠 없는 아이와 사는 엄마의 눈 밑에는 '헤이세이 너구리 전쟁 폼포코'에 나오는 캐릭터처럼 짙은 다크 서클이 가시질 않습니다. 낮잠도 안 잔 세 살짜리 아이가 새벽 한두 시가 되도록 잠들지 않으면, 엄마는 목 놓아 펑펑 울어버리고 싶어집니다. 먼저 잠든 남편이 얄밉기도 하고, 쿠하가 원망스럽기도 합니다. 그런 날 저도 요령을 피웁니다. 전등을 끄고, 그림자놀이 책들을 꺼내는 거지요.

『할머니의 요술 모자』(나탈리 디에테를레 지음|미세기)는 그림자 극장 책입니다. 맨 뒷장에 그림자 배경 판이 붙어있습니다. 앞에서부터 한 장씩 세워 빛을 비추면 배경 판에 그림자가 나타납니다. 쿠하가 18개월일 때 샀는데, 처음에는 마녀가 나오는 그림자를 너무 무서워해서 한동안 책을 꺼내지도 못하게 했습니다. 1년이 지나고 쿠하가 30개월이 되었을 때 비로소 책에 관심을 보이기 시작했습니다. 30개월은 그림자놀이도 좋아하고, 마녀가 나오는 이야기에도 무서움을 타지 않게 된 시기입니다.

이 책은 혼자 집에 남게 된 아이들이 상상할 법한 이야기가 담겨 있습니다. 평소에는 다정하던 할머니가 웬일인지 "여기 있는 이 모자에는 절대로 손대면 안 된다. 알았지?" 하고 단호한 말투로 말합니다. 할머니가 밖에 나가자마자 아이는 모자를 쓰고, 평소와 달라진 집안을 보게 됩니다. 전등을 켜고 그림책을 읽어주는 것과 전등을 끄고 그림자 극장처럼 읽어주는 것에 보이는 쿠하의 반응이 너무 다릅니다. 책을 그대로 읽어주어도 좋아하지만, 조금씩 다른 이야기로 바꿔서 얘기해주면 더 재미있어 합니다. 눈을 동그랗게 뜨고 무슨 이야기가 나올까 기대하며 저를 바라보는 쿠하 얼굴을 볼 수 있는 책입니다.

『그림자는 내 친구』(박정선 글, 이수지 그림 | 천둥거인)는 그림자의 원리를 지루하지 않게 설명한 책입니다. 이 책을 알게 된 뒤로 저는 티라이트 양초 한 상자를 사두고 밤마다 불을 켭니다. 『그림자는 내 친구』를 읽고, 빛이 물체를 통과하지 못할 때 그림자가 생긴다는 것을 쿠하가 알게 된 뒤로 생긴 습관입니다. 티라이트를 켜둔 접시를 아이 손이 닿지 않는 곳에 올려두면, 쿠하가 여러 가지 모양을 만들며 책 속의 그림자를 흉내 내며 놉니다. 저는 누워서 쿠하가 움직이는 대로 벽에 생기는 그림자를 구경하며 이름을 맞추면 됩니다. 손전등 대신 촛불

을 사용하는 것은 아주 조심해야 합니다만, 쿠하는 촛불을 켜놓고 이야기하면 차분하게 앉아서 조용조용 말하는 버릇이 있습니다. 촛불을 켜면서 뜨거운 불이라는 걸 알려주고 각별히 조심해야 한다고 당부합니다.

이 책은 어린 아이들에게 그림자의 원리를 설명할 때 유용합니다. 물론 쿠하가 이해하기에는 조금 어려운 책입니다만, 빛에 가깝게 서 있으면 그림자가 커지고 빛에서 멀리 떨어질수록 그림자가 작아진다는 것 등의 핵심적인 내용은 전달할 수 있습니다. 쿠하와 제가 직접 움직이며 알려주기 때문에 몇 번만 설명해주면 원리를 이해합니다. 일단 그림자 원리만 알게 되면 아이 스스로 벽과 서랍장 사이를 오가며 커졌다 작아졌다 하는 제 그림자를 자랑하느라 바빠집니다. '그림자를 떼어놓을 수는 없지만, 사라지게 할 수는 있어'라는 대목에서는 엄마 품으로 쏙 파고들어 자기 그림자를 없애기도 합니다. 아이는 아이 나름대로 이해하는 바를 엄마에게 증명해 보여줍니다. 밤마다 쿠하는 손전등과 촛불을 켜달라고 조릅니다. 어떤 날은 피곤해서 아이가 그림자놀이를 하자는 것조차 힘들지만, 밤에만 즐길 수 있는 그림책으로 아이는 그림자와 친구가 됩니다. 덤으로 엄마도 어린 시절에 손가락으로 그림자 동물을 만들었던 추억을 떠올립니다.

『누구 그림자일까?』(최숙희 지음 | 보림)는 쿠하가 아주 어렸을 때부터 본 책입니다. 이 책은 환한 곳에서 봐야 하는 그림자 책이지요. 책장을 넘기며 제가 "누구 그림자일까?" 하고 물으면 쿠하가 검은 색으로 그려진 모양 뒤에 숨은 동물들을 알아맞힙니다. 정답은 접지에 가려져 있어서 날개 책을 한 장씩 펼치면서 답을 알아가게 합니다. 처음부터 끝까지 수수께끼 형식인데, 앞에 나오는 동물 그림에 다음에 나올 동물에 대한 힌트가 나옵니다. 얼핏 보면 왼쪽에 나오는 사물의 그림자인 것 같습니다. 하지만 오른쪽 접지 부분을 펼치면 전혀 생각지 못한 주인공이 나타납니다. 사물, 사물의 그림자, 그 그림자 뒤에 숨은 동물이 "누구 그림자일까?"라는 반복 질문과 펼쳐서 답을 찾는 동안 아이들의 호기심과 상상력이 자라겠지요. 손전등 없이도 그림자를 가르쳐 줄 수 있는 이 책은 물체에 관심을 갖기 시작한 두 세 살 아기들에게 읽어주기 좋은 그림책입니다.

tip 알아보아요!

1. 아이가 쉽게 작동할 수 있는 손전등을 마련해주세요.
2. 그림지극 놀이를 할 수 있게 종이인형을 나무젓가락에 붙여주세요.
3. 무섭지 않은 내용으로 시작해서 밤, 어둠, 그림자에 대한 선입견을 갖지 않게 하세요.
4. 촛불이 뜨겁다는 것을 미리 알려주세요. 그래야 조심합니다.
5. 아빠와 엄마가 각각 역할을 맡아서 그림자 극장 놀이를 하면 더 좋아해요.

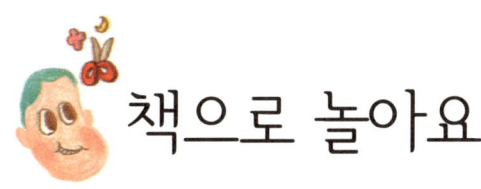# 책으로 놀아요

어른의 눈으로 고른 책들이 아이들에게 무겁고, 진지하고, 이해하기 어려운 내용 일색일 수도 있습니다. 아이가 바른 생각과 정의로운 마음과 건전한 가치관을 가진 사람이 되길 바라기 때문에 마음을 키우는 데 도움이 되는 책들을 고르기 마련이지요. 그러다 보면 아이들이 재미있어 하는 기준보다는 어른의 기준에 치우치게 됩니다. 아이와 서점에 가서 마음에 드는 책을 골라보라고 하면 시계 바늘이 붙어 있는 토마스 시계 책이나 뽀로로, 디보, 도라 등 애니메이션 캐릭터가 나오는 책들을 들고 옵니다.

좋은 책의 기준은 사람마다 다르지만, 나쁜 책의 조건은 어느 정도 합의가 이루어질 수 있다고 생각합니다. 저는 애니메이션 장면을 그대로 책으로 인쇄해둔 것은 사주지 않으려고 합니다. 영상물로 본 것을 책으로 보면 아이는 빠르게 책장을 넘기며 다음 편을 보여 달라고 합니다. 쿠하는 책을 볼 때 구석구석 자세히 보는 편인데, 애니메이션으로 봐서 다 아는 내용이라고 생각해서인지 획획 책장을 넘기며 건성으로 봅니다. 그렇다고 해서 아이가 좋아하는 책들을 아주 못 보게 할 수는 없습니다. 아주 가끔씩 아이가 재미있게 놀 수 있는 정도로 맛보게 합니다.

돌이 지나면서 놀이용 책으로 스티커 북을 사주었습니다. 처음에는 스티커가 크고 그림이 단순한 책부터 시작했습니다. 돌을 갓 지난 아기에에 스티커 붙이는 일은 그리 만만한 작업이 아닙니다. 소근육 발달을 위해 작은 콩을 집어서 그릇에 옮겨 담는 놀이와 스티커 북으로 손가락 힘을 키웠습니다. 처음에는 엉뚱한 곳에 붙이거나 잘못 붙여서 책과 방바닥 사이에 붙여두기도 했는데, 15개월쯤 되니 빈 칸에 제대로 끼워 붙일 수 있었습니다. 물론 일회용처럼 보이는 스티커 북을 5천 원 가까이 주고 사자니 돈이 아깝기도 했습니다. 여러 번 뗐다 붙일 수 있는 재료로 된 스티커 북도 사봤는데, 손톱 사이에 스티커가 자주 끼어서 아파했습니다. 요즘은 이미 다 붙인 스티커 북이라도 버리지 않고 쿠하가 다시 넘기면서 인형들을 앉혀 놓고 내용을 이야기해줍니다. 마치 제가 아이에게 그림책 읽어주듯 아이는 인형들에게 스티커 북을 읽어줍니다.

  24개월이 지나서 시작한 『첫 가위』(여러 출판사에서 '첫 가위'란 이름으로 가위와 풀 등을 다루는 법을 알려주는 책들이 나와 있습니다)는 유아용 안전가위로 쿠하가 삐뚤빼뚤 오려가며 잘 가지고 놉니다. 하루에 3~4장을 뜯어서 만들기 놀이를 하는데, 주로 아빠와 함께 하도록 합니다. 온종일 같이 노는 엄마랑 하게 되면, 하루에 한 권을 다 끝낼 수도 있겠다 싶어서 요령을 피웠습니다. 어차피 아빠들은 피곤하기도 하고, 시간도 별로 없으니까 하루 3~4개만 만들어도 충분할 것 같았습니다. 『그리기 100선』(역시 여러 출판사에서 이런 이름의 책들이 나와 있습니다)은 연필로 그리다 만 것처럼 이목구비 없이 둥그런 얼굴 형태만 있는 사람, 몸의 일부만 그려진 동물, 여러 개의 점 등 다양한 그림 100장으로 구성된 책입니다. 미완성 그림에 아이가 나머지 부분을 그리면 됩니다.

  블록 북 『뮤지컬 도-레-미』는 비싼 가격 때문에 몇 번이나 사줄까 말까 망설였던 책입니다. 쿠하의 세 번째 생일 선물로 무얼 사줄까 묻는 고모에게 부탁했습니다. 옷 한 벌이나 운동화 한 켤레를 사줘도 그 정도 값은 치러야 할 테고, 그냥 지나치기에는 섭섭할 것 같았지요. 이 책은 생활 속에서 악기처럼 두드리며 노는 모습, 검정색 정장을 갖춰 입고 연주하는 오케스트라 등 4면에 각각 다른 내용의 그림이 담겨 있어요. 어느 면으로 보느냐에 따라 읽는 내용이 달라집니다.

쿠하는 책이 도착한 날부터 이리 보고, 저리 보며 그림에 등장하는 악기에 관심을 보였습니다. 쿠하가 어떤 소리가 나는지 궁금하다고 하는 악기는 인터넷으로 검색해서 소리를 들려주기도 하고, 바이올린 연습을 할 때 곁에 탑처럼 세워 두고 연습하게 하기도 했습니다. 어떤 날은 쿠하가 '연주복'이라고 부르는 검은 색 원피스를 입고 사뭇 진지한 표정으로 오케스트라 단원들이 보이는 면 옆에 서서 바이올린을 들고 연주하는 시늉을 내기도 했습니다. 상자로 만들어진 블록을 한 개씩 꺼내어 일렬로 늘어놓으면 실로폰이 됩니다. 연주할 수 있는 악보가 작은 책자에 담겨 있어서 실제로 곡을 두드리며 놀기도 합니다. 제가 쿠하와 까이유에게 보여주고 싶은 이미지들을 출력해서 여러 개의 상자에 붙이면 그 나름대로 개성 있는 블록 북이 되겠지요. 쿠하가 조금 더 자라서 들꽃 이름이나 나무 이름을 배우고 싶어 할 때쯤 꽃과 나무들로 장식된 블록 북을 만들어주고 싶습니다.

1. 문구점에서 아이가 원하는 스티커를 직접 골라서 살 수 있게 해요.
2. 스케치북에 날짜를 적어주고, 매일 아이의 낙서 그림을 모아주세요. 말 그대로 우리 아이 첫 번째 그림일기가 되지요.
3. 가위 놀이는 정해진 장소에서 어른과 함께 하는 습관을 길러주세요.

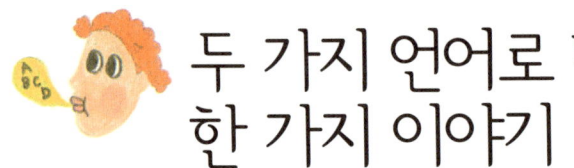
두 가지 언어로 만나는
한 가지 이야기

원서 구하기가 예전보다 수월해졌습니다. 책값이 부담되긴 해도 쿠하가 아주 좋아하는 책이 영문판으로 있을 경우에는 한글판과 함께 사줍니다. 외국어에 대한 거부감을 갖지 않게 하기 위한 방편이지요. 아무래도 아이가 좋아하는 그림책이면 영어로 읽어줘도 거부 반응이 덜해서 우선 우리말로 읽어줬을 때 반응이 좋았던 책 위주로 사게 됩니다.

27~30개월 무렵에 아이에게 영어그림책을 읽어줄 테니 보고 싶은 책을 가지고 오라고 하면, 제일 먼저 로렌 차일드의 『I Will Never Not Ever Eat a Tomato』를 꺼내오곤 했습니다. 대충 그린 낙서 같은 그림에 아이들의 마음을 잘 살핀 로렌 차일드의 책들은 아이도, 엄마도 좋아하는 그림책이지요.

이 책에는 산꼭대기에 걸린 구름 이야기가 나옵니다. 영어판을 먼저 읽다가 한글판을 나중에 보게 됐는데, "엄마, 이 산은 백두산이고, 저 산은 후지산이야?" 하고 물었습니다. 똑같은 그림책인데 한글로 된 책과 영어로 된 책이 산의 이름이 다르다는 걸 28개월 아이가 먼저 알아챘지요. 원서 『I Will Never Not Ever Eat a Tomato』에는 '후지산(Mt. Fuji)'이라고 나오는데, 우리말로 번역된 『난 토마토 절대 안 먹어』(로렌 차일드 지음 | 국민서관)에는 '백두산'이라고 되어 있습니다. 그림책 속에 나오는 고유명사를 굳이 바꿀 필요가 있었을까요? 어차피 백두산 천지의 모습과 그림책 속 산 정상 모습이 다를 거라면 말이지요.

외국에서 호평을 받은 그림책이 한글로 번역된 경우가 대다수인 상황에서 한국 책이 외국어로 번역되어 해외에 수출된 책은 괜히 더 반갑습니다. 『구름빵』(백희나 글그림, 김향수 사진 | 한솔수북)은 고양이 가족의 애정이 담뿍 느껴지는 책입니다. 비오는 아침, 아빠는 회사에 지각할까봐 아침도 거르고 뛰어갑니다. 고양이 형제는 나뭇가지에 걸린 작은 구름 한 조각을 들고 엄마에게 건네줍니다. 엄마와 함께 구름으로 빵을 만들어 먹은 뒤 두둥실 떠오른 아이들! 빵을 먹으면 구름처럼 가볍게 날 수 있다는 설정이 환상적입니다. 고양이 형제는 아빠에게 빵을 드리려고 앙증맞은 노란 우비를 입고 창 밖으로 날아오릅니다. 꽉 막힌 도로 위. 만원버스에서 아빠를 발견한 아이들은 빵을 먹은 아빠와 함께 회사에 늦지 않게 도착합니다.

　　아빠를 생각하는 마음이 너무너무 기특한 이 그림책은 사진과 일러스트, 소품들이 정성스럽게 어우러집니다. 아이들이 빵을 만드는 과정을 순서대로 볼 수 있는 점도 이 책의 매력입니다. 아이들은 엄마와 조물조물 요리하는 걸 좋아하지요. 엄마들이야 도움은커녕 방해가 되기 십상이지만 마음만은 책에 등장하는 주인공 아이들처럼 너무너무 기특하죠. 영문판 『Cloud Bread』에는 부모님을 위한 가이드북이 수록돼 있어서 저처럼 영어 울렁증이 있는 엄마들도 안심입니다.

　　『아기 물고기 하양이』 시리즈는 영문판만 사주고 한글판은 친구네 집에 갈 때만 빌려서 읽어줬어요. 간결한 그림체와 짧은 문장으로 된 책이라 굳이 한국어판까지 총 여덟 권을 사주기에는 부담스러웠거든요. 친구네 집에서 한글로 읽어주다가 집에 돌아와서 영문판만 꺼내 읽어주면 금세 싫증을 내면서 "엄마, 하양이 읽고 싶어, 하양이~" 하고 투정을 부리곤 했습니다. 하양이는 좋아하면서도 영어로 된 책은 36개월이 지나서야 비로소 즐겨 읽게 되었습니다. 책을 사 준지 1년 반이나 지나서야 홀대를 면하게 된 책이지요.

네 권 가운데 그나마 쿠하에게 사랑받은 책은 『하양이의 생일 파티』입니다. 두 살 생일에 친구를 초대하는 내용은 케이크 먹는 시늉을 하느라 즐겨 보던 편이었지요. 쿠하는 두 살 생일에 초를 여섯 번이나 다시 켰다가 껐을 정도로 케이크 촛불 끄는 걸 좋아해요. 아이 손이 닿지 않는 곳에 티라이트를 켜두면 좋아해서 밤에 전등을 끄고 촛불을 켜주곤 하는데 그럴 때도 하양이 이야기를 꺼내며 어서 촛불을 끄자고 했습니다. 촛불만 봐도 하양이가 떠오를 정도로 좋아하면서도, 정작 책을 읽어주려고 하면 서둘러 책장을 덮어버리고 친구네 집에 가서 하양이 읽어달라고 조르곤 했습니다. 아마도 쉽게 알아들을 수 있는 한글 책을 두고 괜히 무슨 말인지 모르겠는 영어 책을 사준 게 오랫동안 억울했던 모양입니다. 하양이에 보이는 아이의 태도를 경험한 뒤로는 가급적 아이가 좋아하는 책은 원서와 한꺼번에 사주려고 합니다.

아이들은 어른들 기준으로는 이미 다 뗀 책이라 하더라도 다시 보고 싶고, 자꾸 보고 싶은가 봅니다. 아주 어렸을 때부터 색깔 인지에 도움이 될 것 같아 읽어주던 『딸기는 빨개요』는 영문판을 미리 사지 않았는데, 시내 서점에 가서 영어 그림책을 고를 때, 쿠하가 들고 와서 사달라고 했습니다. 외국어도 스트레스 받지 않고 그림책으로 재미있게 배우면 좋겠습니다.

tip 알아보아요!

1. 이이가 좋아하는 책은 한글판과 영문판으로 두 번 보여주세요.
2. 서점이나 도서관에서 다양한 언어로 된 책을 구경시켜주세요.
3. 아이와 헌책방 나들이로 의외의 책들을 발견해보세요.
4. 어른이 모르는 언어가 있다는 걸 부끄러워하지 마세요.
5. 지구본을 돌려가며 여러 나라 말이 있다는 이야기를 나눠요.

4장
그림 보며 들어요

인간은 구전으로 신화와 전설을 후대에 가르쳐왔습니다. 누구나 글보다 말을 먼저 배웁니다. 눈으로 읽는 것은 그때그때 이해하며 책장을 넘기지만, 귀로 들어서 아는 것은 완전히 기억하지 않으면 허공에 날아가고 말지요. 아이들이 글로 읽고 이미지를 상상한 뒤에 기억하는 것은, 듣고 상상하여 기억하는 것보다 더 어려울지도 모릅니다. 낭독은 힘이 셉니다. 아이들에게 리듬이 살아 있는 언어를 들려주세요.

자장가 대신 들려주는 책

아이에게 '언제부터 영어를 가르칠 것인가'는 전문가마다 의견이 다릅니다. 쿠하가 제 안에 살고 있을 때, 임산부 요가와 수영을 하며 체력을 키우는 한편, 다양한 태교를 하며 지냈습니다. 평소에 거의 듣지 않던 국악과 클래식에 취미를 붙이게 된 것도 쿠하를 임신했을 때부터였습니다. 세계 여러 나라 음악을 들려주는 EBS라디오 프로그램도 즐겨들었습니다. 영어 태교도 빼먹지 않았습니다. 뱃속 아기에게 영어까지 주입해야 하냐고 힐난하는 사람들이 있을지 모르겠지만, 영어 때문에 스트레스를 받는 일이 줄어들기를 바라는 마음이었지요. 영어 태교라고 해도 어려운 책이나 시험공부를 한 건 아니에요. 엄마가 스트레스를 받으면 태교는커녕 오히려 아이한테 해로울까봐 영어 동화를 소리 내 읽는 정도만 했습니다. 내용을 다 아는 쉬운 영어 동화책은 스트레스 없이 읽을 수 있어서 좋았습니다.

쿠하의 영어교육 목표는 두 가지입니다. 마음을 표현할 수 있고, 가이드 없이 혼자 여행을 할 수 있는 정도로 잘 하면 좋겠습니다. 입시나 입사를 위해 영어공부를 하는 것은 아이가 선택할 문제이지 엄마가 나서서 정해줄 목표는 아닙니다. 그렇지만 어렸을 때 외국어에 노출되는 빈도를 결정하는 것은 어른의 선택에 달려 있습니다. 가르친다는 느낌보다는 가능하면 자연스럽게 다양한 외국어를 보고 듣게 해서 세상에는 여러 가지 말이 있다는 것을 알게 하고 싶습니다.

아이가 영어에 주눅 들거나, 영어 때문에 고통스러운 사람이 되지 않기를 바라는 엄마의 마음은 서둘러 영어 환경을 만들게 합니다. 13개월이 되자 영어 오디오북과 애니메이션을 접하게 했습니다. 『잘 자요 달님』으로 번역되어 있는 『Good Night Moon』은 밤마다 자장가 대신 들려주는 책으로 활용한 책입니다. 유난히 잠이 없는 아이를 재우기 좋기에 돌이 지나자마자 매일 밤 들려주었습니다. 초록 방안의 모든 사물에게 "잘 자라"고 인사를 나누는 이 책은 라임을 잘 살려서인지 잠을 자기 30분 전쯤부터 오디오북으로 들려주다가 아기를 안고 살살 흔들면서 책 내용을 읊어주면 아이가 스르르 잠이 들곤 했습니다. 우리 방에 보이는 사물들에게 인사하는 일은 어느새 쿠하의 취침 의례가 되어버렸습니다.

처음 이 책을 보았을 때 선명한 초록색 방안이 생경하게 느껴졌습니다. 집요하게 방 안 사물들에게 인사하며 각각의 사물들을 다시 한 번 보여주는 방식에 정신이 없어서 책장을 대충 넘기며 책과 같이 산 음반만 틀어줬습니다. 15개월 무렵, 아이에게 읽고 싶은 책을 가지고 오라고 하면 종종 이 책을 들고 왔는데, 아이는 앞쪽과 뒤쪽에서 달라지는 그림을 찾아가며 숨은그림찾기 놀이를 하며 좋아했습니다. 어른들 눈에는 정신없이 그려진 그림처럼 보이는 부분이 아이의 눈에는 재미있는 장치가 되어 그림책 속으로 빠져들게 합니다.

쿠하가 15개월까지 가장 자주 들은 영어문장이 "Good Night Moon" 입니다. 책 한 권을 노래로 불러주면서 계속 들려주게 되는 문장이어서 엄마 귀에는 지겨웠지만, 많이 들어서인지 아이가 쉽게 따라한 문장입니다. 『달님 안녕』과 함께 두 책의 달님들에게 먼저 인사를 하지 않으면 잠자려 하지 않았을 정도로 좋아했습니다. 보름달이 뜰 무렵, 창 밖에 둥그렇게 떠 있는 보름달을 보여주며 "쿠하야, 진짜 달님에게 인사해야지"라고 했더니, 유리창 밖 달님에게 손을 흔들며 "Good Night Moon" 하고 큰소리로 인사를 했습니다.

쿠하를 재우면서 자장가 대신 『Good Night Moon』과 『Wee Sing for Baby』를 들려주었습니다. 『Wee Sing for Baby』는 후반부로 갈수록 밤에 들려주기 좋은 자장가들이 수록돼 있어서, 아이에게 들려주면서 엄마도 몇 곡 흥얼거리게 됐습니다. 엄마가 불러주는 자장가가 제일 좋지만, 잠자는 시간에 영어를 자연스레 들려주는 습관을 들이려고 했습니다. 아기가 흥미를 가질 수 있게 입말의 재미를 잘 살린 책을 들려주세요. 단어 하나, 짧은 문장 한 줄, 엄마가 좋아하는 노래들을 반복해 들려주면서 편안하게 잠들 수 있도록 도와주세요. 아기들은 익숙한 잠자리 습관과 차분한 분위기에 의지해 잠들기 좋아하니까요.

1. 쉬운 문장이 반복되는 오디오북을 들려주세요.
2. 잠드는데 도움이 되는 문장이 반복되는 책들을 찾아 노래로 불러주세요.
3. 낮 동안 보아온 집 안의 사물들에게 차례로 잘 자라는 인사를 나눠보세요.

 노래를 따라 부르며 보는 책

쿠하가 만 세 살이 되자 주변에서 아이 교육에 대해 말하는 어른들이 늘기 시작했습니다. 사회성을 길러주기 위해서 어린이집에 보내야 한다거나, 한글과 영어를 가르치는 방문교사 선생님을 신청하라거나, 다양한 책을 읽어주기 위해 전집을 사주어야 한다는 둥 한 마디로 말하면, '그렇게 아이 교육에 무관심하면 곤란하다'는 조언들이었습니다. 그럴 때마다 주변 사람들이 기분 나쁘지 않는 범위 내에서 적당히 둘러댑니다만, 마음으로부터 하고 싶은 말은 따로 있습니다. 바로 핀란드 이야기입니다.

『하루 15분, 책 읽어주기의 힘』(짐 트렐리즈 지음|북라인)에 따르면 핀란드에서는 아이들의 듣기 능력을 키워주기 위해서, 공식적으로 여덟 살이 되기 전에는 읽기 교육을 시작하지 않는다고 합니다. 읽기 교육을 늦게 한다고 해서 핀란드 사람들의 학습능력이 떨어질 것이라 생각하면 오산입니다. 핀란드 사람들의 언어 학습 능력은 세계적으로 정평이 나 있지요. 그들은 유럽 연합 내에서도 외국어에 능통한 편이고, 영어 사용에 자유로운 편으로 인정받고 있습니다. 과거에 러시아나 스웨덴의 지배를 받았던 역사 때문에 러시아어나 스웨덴어도 어렵지 않게 접할 수 있습니다. 특정 지역에서는 스웨덴은 공용어이기도 하고요. 요즘 젊은 사람들에게는 러시아어가 인기 없어서 잘 배우지 않을 뿐이고, 나이가 많은 세대들은 영어보다는 러시아어에 익숙

하다고 합니다. 핀란드 사람들은 영어는 기본이고 다른 외국어를 배우는 일에도 적극적입니다. 대학교 수업도 영어로 진행합니다. 강대국 사이에서 살아남으려면 외국어에 능통해야 하는 동시에, 반드시 모국어를 지켜야 한다는 의식이 사회 제도 곳곳에 남아있습니다.

핀란드는 공교육이 탄탄한 나라입니다. 치열한 지리적 환경에서 살아남기 위해 사람들에게 '협동'의 필요성을 가르쳐야 하고, 농업에 불리한 추운 지방에서 살기 위해 '외국과 교류'해야만 한다는 사실에 대해 사회적 합의가 이뤄져 있습니다.

핀란드는 자국어 드라마를 별로 제작하지 않는다고 합니다. 국민들이 외국어에 능통하다 보니 방송사에서 굳이 자국어로 드라마를 만들지 않아도 된다는 거지요. 외국 드라마를 수입해서 방영하는데, 이 때 각국의 드라마는 대체로 더빙을 하지 않고, 원래 만들어진 국가의 발음과 녹음 그대로 보여주면서 대신에 대사를 핀란드어로 표기한다고 합니다. 재미있는 외국 드라마를 보기 위해서는 여러 나라의 외국어를 이해하거나 캡션기기를 통해 핀란드어를 빠른 속도로 읽어야 하는데, 그러자니 귀로는 외국어를 듣고 눈으로는 자국어를 보게 되는 희한한 경험을 어렸을 때부터 많이 하게 됩니다. 시각 정보로 의미를 이해하고, 청각 정보로 상황을 짐작하는 습관뿐 아니라 다양한 나라의 말을 한 번이라도 들어보는 것 자체가 아이들에게는 신선한 경험이 될 듯합니다. 어려서 한 번이라도 들어보고 경험해 본 나라의 말이라면 제대로 공부하게 될 때 더 친근하게 느껴질 테니까요.

◆ 잘 듣는 아이가 잘 소통하는 아이로 자라요.

다른 사람의 말을 잘 듣는 것은 개인의 행복한 삶을 위해 반드시 필요한 능력입니다. 우리 주변에는 다른 사람의 말을 제대로 듣지 못하는 가는귀먹은 어른들이 많이 있지요. 남의 말을 제대로 듣지 않고 서둘러 귀를 닫고 마음을 닫아버리기 때문에 벌어지는 실수나 감정 다툼을 볼 때마다 어린이 시절의 듣기 교육의 중요성을 다시 한 번 확인하게 됩니다. 아이가 의사소통에 불편을 느끼지 않게 하려면 먼저 '잘 듣는' 아이로 길러야 합니다. 그 다음에 말을 '잘 하는' 아이가 되게 하는 거지요. 잘 듣는 아이는 세상 사람들과 잘 통하는 사람이 됩니다. 행여 싸움을 할 때도 잘 듣는 사람이 유리하지요. 남의 말을 끝까지 잘 듣고 있다가 그 말들 속에서 논리적 약점을 찾아 차분하게 따지는 사람이 이기게 되어 있습니다.

저는 한글 읽기는 초등학교 입학 전까지만 가르치면 된다고 생각합니다. 아이가 세 살 무렵부터 문자에 관심을 갖게 됐는데, 아이가 궁금해서 묻는 글자만 하나씩 띄엄띄엄 가르쳐 주고 있습니다. 'ㄱ ㄴ ㄷ'과 'ㅏ ㅑ ㅓ'를 조합한다고 해서 글을 이해하는 것은 아니듯이, 글씨를 읽을 줄 안다고 해서 그림책 내용을 이해하거나 작가의 의도를 파악하기는 어렵습니다. 문자를 인지하는 것과 별개로 어휘력과 이해력이 뒷받침되지 않은 책은 수박 겉핥기로 읽을 따름이지요. 읽기보다 듣기가 먼저 입니다. 그래서 저는 쿠하가 문자에 관심을 보인다고 해서 글씨를 손가락으로 짚어가며 읽어주지는 않습니다. 그보다는 노래로 들려주며 그림을 보게 하는 편이 정서적으로나 이해력을 키우는 데 훨씬 도움이 된다고 생각합니다.

한동안 쿠하가 아침에 일어나자마자 제일 먼저 들려준 오디오북은 에릭 칼의 '베어 시리즈'입니다. 쿠하는 세 권을 매일 두세 시간씩 듣곤 했습니다. 브라운 베어, 판다 베어, 폴라 베어까지 최소 두세 번씩 들어야 다른 일정을 시작하곤 했습니다. 나중에는 제가 질려서 다른 것 좀 듣자고 할 정도로 아이가 좋아했지요. 들려준 지 두 달이 지나자 동물 울음소리부터 따라하더니, 언제부터인가 문장을 따라 했습니다.

『Brown Bear, Brown Bear, What Do You See?』, 『Panda Bear, Panda Bear, What Do You See?』, 『Polar Bear, Polar Bear, What Do You Hear?』는 에릭 칼 특유의 그림체로 다양한 동물을 보여줍니다. 색깔이 분명하면서도 우리 주변에서 흔히 볼 수 없는 동물들이 등장하기 때문에 오디오북으로 사는 것이 책만 사는 것보다 좋습니다. 바다코끼리(walrus)나 표범(leopard)이 내는 소리를 직접 들어본 적이 없어서 오디오북이 아니었다면 어떻게 우는지 알려주기 어려웠을 것 같습니다. 본문에는 'red wolf', 'green frog', 'purple cat'처럼 동물 이름 앞에 색깔 이름이 덧붙여져서 노래를 따라 부르다 보면 동물 이름을 배우면서 자연스레 영어로 색깔도 말할 수 있게 됩니다. 이 책은 아이와 까꿍 놀이나 가면 놀이를 하기에도 그만입니다. 책 속에 등장하는 동물 얼굴을 두꺼운 종이에 따라 그린 뒤, 가면 놀이를 하면 재미있어합니다. 이때 아이가 무서워하는 동물은 하지 마세요. 두세 살 아이들 중에는 어둡고 무서운 걸 싫어하는 아이들이 있습니다. 쿠하는 이 책에 나오는 동물을 모두 좋아해서 특별히 무서워한 동물은 없지만, 유난히 곰을 무서워하는 아이에게 곰이 나오는 책을 일부러 읽어줘서 공포감을 심어줄 필요는 없습니다.

잘 마른 스펀지처럼 가르쳐준 것을 그대로 흡수하는 아이의 학습 능력에 깜짝 놀랐던 때가 한두 번이 아니지만, '베어 시리즈'를 읽어주면서도 크게 놀랐던 적이 있습니다. 브라운 베어를 들으면서 'brown'과 'bear'를 한 묶음으로 알게 된 아이는 『곰 사냥을 떠나자』를 읽어줄 때 "엄마, 얘도 브라운 베어죠?" 하고 물었습니다. 'bear'가 우리말로 '곰'이라고 애써 가르쳐 주지 않았을 때였고, 헬린 옥슨버리가 그린 곰과 에릭 칼이 그린 곰이 전혀 다른 분위기인데도 아이는 갈색 곰 두 마리를 '브라운 베어'라는 같은 단어로 연결시켰지요. 일부러 영어를 가르치려고 하지 않아도 오디오북을 들으면서 자연스럽게 하나둘 알아가고, 사물과 낱말을 연결시키며 말을 배워갑니다.

요즘 쿠하는 일본어와 중국어를 몇 마디씩 배우는 재미에 푹 빠졌습니다. 물론 문자는 어떻게 생겼는지조차 모르는 채 순수하게 말로만 듣고 따라하는 거지요. 이모와 삼촌이 일본어 소설을 읽는 모임에 다니면서 쿠하에게 가끔 일본어 인사를 알려주었는데, 아이가 재미있어 해서, 일본 애니메이션 작품들을 보여주곤 합니다. '헤이세이 너구리 전쟁 폼포코'의 주제가와 '검은 고양이 네로'를 일본어로 부릅니다. 일본어를 배운 적이 없는 엄마라서 인터넷으로 검색해서 아이가 궁금해 하는 단어나 동요를 들려줍니다. 영어, 일본어, 중국어는 우리나라에 살면서 가장 자주 접하게 될 언어들이기에 쿠하가 물어보는 말을 얼른 검색해봅니다. 짧은 문장이나 익숙한 멜로디의 동요를 외국어로 들어보는 것은 별다른 비용을 들이지 않고 아이에게 외국어를 경험하게 해줍니다. 어릴 때 흥얼거리던 외국어 동요 한 소절이 아이에게 그 나라를 더 가깝게 느끼게 하면 좋겠습니다.

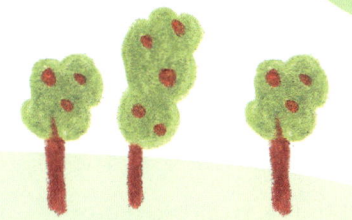

1. 지구본을 아이 손이 닿는 곳에 장난감처럼 놓아두세요.
2. 우리나라가 어디에 있는지 알려주고, 주변에 가까이 있는 나라 이름을 알려주세요. 조금 전에 들었던 내용이 책에 그대로 나오면 책에 관심을 갖게 되지요.
3. 그림책에 등장하는 동물 가면을 만들어 흉내 내며 놀아요.
4. 책에서 배운 색깔 이름을 집안에 물건에서 찾아보세요.
5. 에릭 칼의 그림은 따라 그리기 쉬우니 종이인형으로 만들어주세요.

엉덩이를 들썩이며
책장을 넘겨요

무료한 월요일 오후. 집에서 오디오북을 들으며 신나게 춤추며 놉니다. 주말 내내 할아버지 할머니를 만나 대가족 속에서 시끌벅적하게 보내고 월요일이 되면 다른 요일보다 유난히 더 심심하다고 보챘습니다. 도서관이나 미술관도 문을 닫기 때문에 날씨가 맑지 않으면 마땅히 갈 곳도 없어 집안에서 할 수 있는 놀이를 준비했습니다. 가장 간단한 놀이는 음악을 틀어 놓고 한바탕 춤추기였습니다. 동물 흉내를 내며 춤추기는 자주 해도 식상해 하지 않고 매번 재미있어 했던 놀이입니다.

오디오북 『The Animal Boogie』는 인도 정글이 배경입니다. 정글에 사는 동물들이 나오는데, 동물에 별로 관심이 없는 저는 개미핥기가 어떻게 생겼는지 이 책을 보고 처음 알게 되었지요. 사실 이 책은 쿠하가 별로 관심을 보이지 않았던 책입니다. 오디오북을 한꺼번에 여러 권 선물했는데 다른 책들은 쿠하가 먼저 틀어달라고 했는데, 이 책은 선물한 지 두 달이 지날 무렵에서야 관심을 보였습니다.

아이가 별로 관심을 보이지 않는 책은 작은 부분부터 접근합니다. 예를 들어 『연이네 설맞이』처럼 글이 어렵고 그림이 복잡한 그림책은 차례 음식 이름을 맞추는 게임을 하면서 책과 친해지게 하고, 시장에 가는 장면을 보면서 쿠하랑 엄마랑 사고 싶은 물건을 하나씩 찾는 놀이를 합니다. 그러면서 자연스럽게 책에 어떤 이야기가 숨어 있는지 궁금해 합니다. 아이 수준보다 어려운 책일수록 아이가 책을 들고 와서 읽어달라고 하기 전까지 한 달이고, 두 달이고 그냥 꽂아둡니다.

『The Animal Boogie』는 제가 적극적으로 읽어주려고 덤빈 첫 번째 책입니다. 책에 관심이 없는 쿠하에게 아프리카와 아시아가 지구본 어디에 있는 곳인지 먼저 알려주고 난 다음, 짐짓 정중하게 물었습니다.

"쿠하씨, 아프리카에 사는 코끼리와 인도에 사는 코끼리 귀 모양이 다른 거 알아요?"

"응? 뭐라고? 인도에 사는 코끼리요?"

"네, 아프리카 코끼리랑 아시아에 사는 코끼리는 귀 모양이 다르대요."

"왜요?"

"왜 다른지는 모르겠지만, 어쨌든 귀 모양이 다르게 생겼대요. 한 번 볼래요?"

"응, 보여줘. 보여줘."

　　동물을 좋아하는 아이에게 아시아 코끼리와 아프리카 코끼리의 차이점으로 이야기를 꺼내자 비로소 관심을 보이기 시작했습니다. 먼저 인터넷 검색으로 아프리카 코끼리와 아시아 코끼리를 검색해서, 귀 모양을 비교해서 보여준 뒤에 슬쩍 다른 동물들에게로 관심을 옮겼지요. 이 책은 본문이 여러 줄이고, 노래를 부르는 속도가 빨라서 어린 아이들에게는 꽤 어려운 책입니다. 책을 다 읽어주려고 욕심 부리지 말고, 한 장씩 넘기면서 숨어 있는 동물들부터 소개했습니다. 그런 다음 아이가 책에 관심을 보이면 무릎에 앉혀두고 함께 노래를 들었습니다.

　　네 살이 될 때까지 본문을 차근차근 읽어준 적은 없습니다. 노래를 듣고, 춤추고, 숨은 동물 찾기 놀이를 합니다. 퍼즐 조각 몇 개를 동물 위에 올려서 어떤 동물인지 가린 다음에 가위 바위 보를 이긴 사람이 퍼즐 한 조각을 들어냅니다. 남은 퍼즐은 만지면 안 되고, 일부만 보이는 동물 이름을 맞추면

이기는 게임입니다. 처음 했을 때는 세 개나 네 개쯤 걷어내야 어떤 동물인지 맞히더니, 여러 번 하다 보니 이제는 퍼즐 조각 한두 개만 치워도 금세 알아맞히는 선수가 다 됐습니다.

『The Animal Boogie』는 가만히 앉아서 듣지 않는 노래들입니다. 화려한 색으로 그려진 동물을 보다가도 신나는 노래가 나오면 엉덩이를 들썩이며 책을 내려놓습니다. 책에는 다양한 동물만큼이나 다양한 아이들이 등장합니다. 황인, 백인, 흑인은 물론 휠체어를 탄 장애아까지 등장합니다. 아직 흑인을 직접 만나본 적 없는 쿠하에게 피부가 이렇게 진한 사람들도 있다고 설명해줍니다. 조금 황당한 생각일지 모르지만, 인도 정글이 배경인 그림책에 산스크리트어나, 현지 문자로 동물 이름을 써두면 어떨까 싶어요. 읽기는 어렵겠지만, 동물뿐만 아니라 현지 사람들이 그 동물을 가리킬 때 쓰는 문자도 함께 구경해 볼 수 있으면 좋겠습니다. 『The Animal Boogie』는 세상에 다양한 생명이 산다는 것, 다양한 사람이 산다는 것, 그리고 그들은 각자의 언어로 서로 소통하며 어울려 산다는 것을 알려주고 싶을 때 따라 부르며 춤추게 하는 오디오북입니다.

　　쿠하는 엄마 아빠도 읽을 수 없는 그림책을 몇 권 갖고 있습니다. 어쩌다 다른 나라에 다녀오는 지인들이 받고 싶은 선물을 물을 때면, 쿠하 몸에 맞는 그 나라의 전통의상이나 고유어로 된 그림책을 사다달라고 합니다. 일본어, 스페인어, 캄보디아 크메르어, 동유럽의 여러 나라 글자로 된 책들은 그림으로 대충 이야기를 들려주면서, 지구본으로 그 언어를 쓰는 나라들 위치를 아이와 함께 짚어보곤 합니다.

1. 책을 보여주기 전에 흥겨운 음악부터 익숙하게 해주세요.
2. 가위, 바위, 보 놀이를 하며 숨은 동물 찾기 놀이를 해요.
3. 소파, 가구, 문 뒤에 숨어 있다가 동물들처럼 걸으며 엉덩이를 흔들어요.

동화구연가가 들려주는 뜨레풀 책놀이

아이에게 책을 잘 읽어주고 싶은 마음에 동화구연을 공부하는 엄마들이 있습니다. 문화센터에서 수업을 듣고 시험에 합격하거나 대회에서 입상하여 동화구연가로 활동하는 적극적인 엄마들이지요. 춘천 품앗이 육아 모임에 참여한 여섯 명의 엄마들 가운데 두 명이 동화구연을 배웠습니다. 정확한 발음으로 책의 내용을 잘 살펴 낭독하면 아이들은 귀를 쫑긋 세워 듣곤 했습니다. 쿠하도 집에서 엄마가 읽어주는 것보다 중훈이와 우혁이네 엄마가 읽어주는 것을 더 좋아하는 눈치였습니다. 동화구연가가 될 정도로 육아에 열의가 있는 엄마들은 도서관에서 주최하는 부모 강의에도 기저귀 가방을 메고 찾아다녔습니다.

2007년 가을, 도서관 북스타트 부모 강의는 동화구연가가 알려주는 영유아 책 놀이라고 해서 따라 나섰다가 깜짝 놀랐습니다. 제가 집에서 무덤덤하게 읽어주던 책들을 가지고 이송은 선생님은 두 살 아기들을 까르르 웃게 만들었습니다. 부모들에게 강의를 하면서도 아기들을 직접 참여하게 하여 시범수업을 하셨는데, 시간이 어떻게 가는지 모르게 재미있는 강의를 들으며 마음속으로 많이 반성했습니다. 그 때까지 저는 책을 좋아하는 아이로 기르고 싶다는 욕심만 있었지 어떻게 하면 아이가 책에서 재미를 느끼고 즐거워할지 고민하지 않았기 때문이지요. 물론 15개월 된 아기에게 독후활동을 해 줄 정도로 열성적인 면이 없지 않았지만, 책을 읽어주는 동안 아이의 반응을 살피는 기준과 방법에 대해서는 딱히 고려하지 않던 시기였습니다.

그날 이후 책 한 권을 읽어주더라도 아이의 기분, 장소, 시간, 날씨 등을 살피는 습관이 생겼습니다. 그리고 어린 아이에게 많은 양의 책을 읽어주는 것 못지않게 한 권을 제대로 읽어주는 게 중요하다는 것도 배울 수 있었습니다. 수박 겉핥기식으로 수 십, 수 백 권의 책을 빨리빨리 읽어주는 것보다 한 권을 만나게 하더라도 진지하고 재미있게 아이 마음에 남게 하는 편이 낫다는 것을 확인하는 자리이기도 했습니다.

책을 읽어주는 데서 끝나지 않고 놀이로 연결하는 것은 사실 여간 귀찮은 일이 아닙니다. 어떻게 놀 것인가에 대해 엄마 스스로 고민해야 하고, 아이디어를 생각해 냈다 해도 재료를 준비하고 놀고 난 이후에 치워야 하는 과정이 있으니까요. 하지만 엄마가 조금만 부지런해진다면 장난감이 없어도 엄마와 책을 사이에 두고 즐거운 한때를 보내는 아이로 자랄 수 있습니다. 이송은 선생님과 '동화가 있는 집' 연구원들이 제작한 『뜨레풀 책놀이』시리즈(이송은 외 지음|동심) 가운데 쿠하가 제일 좋아하는 노래는 '뚱땅 목수 아저씨'와 '세모야 어디 가니?', 그리고 '나는요 세 살이에요' 이렇게 세 곡입니다. 블록으로 집짓기를 좋아하는 아이에게 목수 아저씨가 얼렁뚱땅 집을 짓는 이야기는 아이에게 집을 둘러싼 환경을 살피게 했습니다. 문이 나오는 장면을 읽어주면 우리 집에 있는 문들을 하나씩 찾아보고, 책에 화장실이 나오면 얼른 달려가서 "엄마, 우리 화장실은 여기에요!"하고 말했지요. 그런가 하면 쿠하는 세모가 모여 훨훨 나는 나비가 되고, 세모들이 모여 네모가 되는 이야기를 너무너무 좋아해서 밤에 잘 때도 엄마에게 세모 이야기를 들려달라고 청했습니다. 쿠하는 낮에 읽어준 책들 중에서 유난히 마음에 들었던 것을 기억했다가 밤에 자기 전에 들려달라고 하는 습관이 있는데, 낮에 오디오북으로 들었던 내용을 엄마가 조금 풀어서 이해하기 쉽게 이야기로 들려주면 좋아했습니다.

『뜨레풀 책놀이』가운데 쿠하가 배낭 속에 넣어가지고 다닌 책은 『나

『나는요 세 살이에요』입니다. 지점토로 만든 인형과 소품이 귀여운 이 책에는 세 살 아이의 마음을 잘 살핀 글이 담겨 있습니다. 지나가는 어른들이 쿠하에게 나이가 몇 살이냐고 물으면 책에 나오는 아이 말을 흉내 내어, "나는요, 떡국 한 그릇 뚝딱 먹고 세 살이에요"라고 길게 대답을 해서 처음 보는 어른들을 놀라게 하고 웃게 만들었습니다. 『맛있는 동그라미』는 여섯 개 대륙의 음식 10가지를 소개하는 다문화 그림책입니다. 동그란 비빔밥과 피자, 네모난 베트남의 반쯩과 러시아의 샤슬릭을 쿠하는 가장 좋아합니다. 음식이 나오는 책을 읽을 때면 언제나 먹는 체를 하고, 책을 덮고 놀 때도 음식을 소재로 놉니다. 둥근 원기둥 같은 베개를 들고 우간다의 바나나 수프 마케토라고 하고, 진녹색 쿠션을 들고 바나나 잎으로 싼 반쯩이라며 커다란 음식들을 엄마더러 먹으라고 합니다.

『뜨레풀 책놀이』는 그림책, 동화구연가들이 읽어주는 오디오북, 어른과 아이가 부른 동요를 함께 들려주게 구성되어 있습니다. 쿠하는 동화구연가들이 차분한 목소리로 또박또박 낭독하는 스타일을 흉내 내어 엄마를 웃게 했습니다. 이 책은 독후 활동이나 책으로 노는 것이 익숙하지 않은 초보 엄마들이나, 집안일을 할 때 아이에게 텔레비전 대신 틀어줄 오디오북을 찾는 엄마들에게 반가운 책입니다.

 알아보아요!

1. 보자기를 가지고 책에 나오는 보자기 놀이를 따라 해요.
2. 동요를 여러 번 흘려듣게 해요. 동요에 관심을 보이기 시작할 때 책을 보여주세요. 조금 전에 들었던 내용이 책에 그대로 나오면 책에 관심을 갖게 되지요.
3. 오디오북이라 해도 아이 혼자 듣게 하지 말고, 아이 스스로 책장을 넘기며 볼 정도로 익숙해질 때까지는 어른이 함께 보고, 듣고, 노래하는 게 좋아요.

 그림책 보며 인터넷을 켜요

수호는 외로운 아이입니다. 몽고 초원에서 할머니와 단 둘이 사는 양치기 소년이지요. 수호는 늑대의 먹이가 될지도 모르는 하얀 망아지를 집으로 데리고 옵니다. 수호가 정성껏 돌본 덕에 망아지는 어느 새 하얀 말로 장성합니다. 『수호의 하얀말』(오츠카 유우조 글, 아카바 수에키치 그림|한림출판사)을 아이에게 읽어주며, 식물이나 동물도 사람이 온 마음을 다해서 대하면 우리 마음이 전해진다고 말해줍니다.

우승한 사람은 상으로 원님의 딸과 결혼할 수 있는 말 타기 대회가 열립니다. 수호도 하얀 말을 타고 대회에 참가하지요. 가난한 수호가 우승을 하자 원님은 딸과 결혼을 시키기는커녕 수호의 말을 빼앗아갑니다. 하얀 말만 빼앗고 수호를 쫓아낸 나쁜 원님이 나오면, 아이는 작은 주먹을 암팡지게 쥐고 있는 힘을 다해 책을 쾅쾅 내리칩니다.

"이 나쁜 원님아! 저리 나가!" 기분이 나쁘면 누구에게나 "나가!"라고 소리치는 버릇이 있는데 아이는 원님더러 그림책 밖으로 나가버리라고 큰 소리로 호통을 칩니다. 약속을 지키지 않는 사람이 나쁘다는 걸 어린 아이도 압니다. 은행에 갔다 오면서 사탕을 사주겠다거나 병원에서 오는 길에 음료수를 사주겠다고 해 놓고 다른 일정에 쫓겨 바쁘다며 그냥 지나쳐 온 적이 있습니다. 그럴 때마다 얼마나 화가 나는지 쿠하도 몇 번 경험한 적이 있기 때문에 원님이 약속을 지키지 않았을 때 수호의 마음을 이해할 수 있다고 합니다. 말 타기 대회에서 우승하는 바람에 가장 가까운 친구와 생이별을 하게 된 하얀 말은 수호를 그리워하다 원님으로부터 도망치려 합니다. 마음씨 고약한 원님이 가만히 도망가게 둘 리 없지요. 하얀 말을 향해 원님의 군사들이 활을 쏘아댑니다. 말은 온몸에 화살을 잔뜩 맞은 채 수호에게 돌아옵니다. 이튿날 죽은 하얀 말은 수호의 꿈속에 나타나서 말가죽으로 악기를 만들어 연주하라고 일러주지요. 그러면 영원히 수호와 함께 있을 수 있다고요.

  죽음에 대해 아이에게 설명하기란 참 어렵습니다. 다시 만날 수 없는 상태에 들어간다고 말하지만 아이가 이해할 리 만무하지요. 수호의 하얀 말을 읽을 때 살아있는 생명은 누구나 죽는다는 것을 이야기해 줍니다. 하얀 말처럼 죽어도 살아있을 때의 여운을 남길 수 있다는 말도 잊지 않고 들려줍니다. 물론 지금은 아이가 이해하기 어렵겠지만 언젠가 다시 들을 때를 생각해서 흘려듣게 합니다. 어린 아이지만 죽음에 대해 이야기 하면 진지하게 듣고 궁금한 것은 묻기도 합니다. 외증조 할아버지의 장례식에 다녀온 뒤로는 부쩍 죽음에 대해 호기심을 가져서 이 책을 자주 읽어주었습니다.

  수호는 꿈에서 깨어나자마자 악기를 만듭니다. 뼈와 가죽과 심줄과 털로 만들었는데, 맨 위쪽이 말머리 모양으로 장식되어 있다고 해서 '마두금'이라고 부릅니다. 몽고에서는 '모린호르Morin Khuur'라고 부르지요. 책을 읽어줄 때 포털사이트 다음 '마두금:모린호르' 카페 cafe.daum.net/MorinKhuur 에 로그인을 합니다. 마두금 카페에서 연주 동영상을 보여주면서 수호가 만든 악기가 이런 소리를 낸다고 알려줍니다. 마두금에 얽힌 슬픈 이야기를 담고 있는 그림책을 읽으며, '초원의 첼로'라 불리는 마두금 연주를 듣고 있으면 아이의 표정도 차분해 집니다. 주말 저녁, 온 가족이 모여 오래된 전설을 이야기하며 마두금 연주를 들어보세요. 악기에 관심을 보이지 않는 아이들에게는 먼저 마두금으로 내는 말 울음소리를 들려주세요. 정말 '히이이이이잉' 하는 울음소리 같아서 처음 듣는 사람들은 깜짝 놀라거든요.

♦ 농장 식구들 행진에 우리 걷는 소리를 더해요

하나 둘! 하나 둘! 하나 둘!

오늘도 거위들은 대장 이고르의 구령에 맞춰 연못을 향해 행진합니다. 왜 그래야 하는지 아무도 모르지만, 오랫동안 그렇게 해왔기 때문에 다들 따라갑니다. 하지만 꼬마 거위 지타는 발맞춰 걷는 게 힘듭니다. 농장에서 연못까지 내려가는 길. 다른 거위들이 발맞춰 걷는 소리 속에, 지타가 내는 철퍽대는 소리와 훌쩍이는 소리가 끼어들어요. 대장 이고르는 걸음을 멈추고 귀에 거슬리는 소리의 출처를 찾아내지요.

거위들이 왜 같은 속도로 발 맞춰 걷는지 농장에 사는 다른 동물들은 정확한 이유를 모릅니다. 대장을 따라 가는 거위들도 그 이유를 모르기는 마찬가지에요. 늘 하던 대로 대세를 따라 하는 것이 편하겠지요. 『발맞춰 걷는 건 싫어!』는 남과 다른 자신의 모습을 받아들이고 자기만의 개성을 발견하는 데서 기쁨을 얻는 꼬마 거위 지타의 이야기입니다.

아이는 주인공과 자신을 동일시합니다. 이 책을 읽을 때마다 쿠하는 지타가 되곤 하지요. 지타의 걸음걸이를 흉내 내기도 하고, 발걸음 소리를 따라 하기도 해요. 꼬마 거위와 자신을 동일시 할 때 꼭 들려주는 말이 있습니다. 누구나 자기만의 고유한 발걸음이 있고, 여러 사람의 고유한 발걸음들이 모일 때 서로 따돌리거나 놀리지 말아야 한다고요. 전체의 속도에 맞추기 위해 자신의 발걸음을 존중하지 않고 뜀박질하듯 쫓아갈 필요는 없다고 말해줍니다. 밖에서 보는 다른 사람의 시선이나 기준보다 자기 안에서 일어나는 자기만의 생각과 기준이 더 중요하다고요. 쿠하와 산책을 나서면 지타 이야기를 또 꺼냅니다. 지타처럼 쿠하도 자기만의 속도와 발걸음으로 가면 된다고 일러주지요. 어른들이 아이의 발걸음을 살피지 않고 바쁘게 걸어가면 아이는 뛸 듯이 따라가게 됩니다. 아이와 길을 나서면 꼬마 거위 지타를 떠올립니다. 엄마가 대장 이고르가 되어 있지는 않은지 살피게 됩니다.

다행히 농장에 사는 거위들에게 변화가 찾아옵니다. '철퍽 쿨쩍 철퍼덕 쿨쩍 철퍼덕' 하고 지타가 내는 소리에 청딱따구리가 관심을 갖게 되자 이내 '철철퍽 톡 쿨쩍 철퍼덕' 하고 새로운 소리가 납니다. 지타와 청딱따구리의 소리에 암탉이 내는 소리가 더해져 '철퍼덕 톡 꼬꼬꼬 쿨쩍 철퍼덕' 하고 변합니다. 꼬리에 꼬리를 물고 따라오며 제각각 소리를 내는 동물들의 행렬이 마치 합주처럼 들리지요.

딱따구리, 암탉, 당나귀, 암소, 돼지 등 온갖 동물들이 따라오며 내는 소리를 생생하게 들려주고 싶을 때 출판사 인터넷 홈페이지에 접속합니다. 홈페이지 www.miraei.co.kr 에서 『발맞춰 걷는 건 싫어!』에 대한 자료를 찾으면, 농장에 사는 여러 동물들의 발걸음 소리가 합주처럼 연주된 소리를 들을 수 있는 곳이 연결되어 있습니다. 농장 동물들의 발걸음 합주에 콩콩 쿵쿵 아이와 어른의 발걸음 소리를 덧붙이며 놀아보세요.

1. 그림책을 읽어주기 전에 음악을 먼저 들려주세요. 아이들은 소리에 민감하게 반응합니다. 반응을 보이지 않으면 일단 그냥 두세요. 아이가 심심해할 때 다시 한 번 시도합니다.
2. 듣기 싫어하는데 억지로 들려주지는 마세요. 그림책만 읽고 싶은데 자꾸 들으라고 강요하면 오히려 싫어하게 됩니다. 그림책을 먼저 읽고 싶은 아이에게는 책부터 읽어준 다음에 음악이 궁금하지 않은지 물어보고, 궁금해 하면 들려주세요.
3. 아이가 호기심을 갖고 있다가도 어른이 궁금증을 해결해주지 않으면 알아서 그냥 지나치는 태도로 굳어질 수 있어요. 그림책에 나오는 악기나 동물 소리는 그냥 지나치지 마세요.

그림으로 보고
음악으로 느껴요

둘째 아이 까이유를 임신했을 때 가장 많이 들었던 음악은 모차르트입니다. 태교에 좋은 효과를 보려고 일부러 찾은 것은 아니었지만, 모차르트 음악을 모아둔 개인 홈페이지에 마음이 끌려서 자주 찾아갔습니다. '고싱가 숲 www.gosinga.net'에서는 소나타, 실내악, 협주곡, 오페라 등 다양한 모차르트 음악을 들을 수 있습니다. 『모차르트의 마술피리』(앤 가티 글, 피터 말론 그림|미래아이)를 읽어줄 때 책에 포함된 음반으로 들려주기도 하지만, 이 홈페이지에 접속해서 그림책은 그림책대로 읽으며 '돈 조반니', '피가로의 결혼', '코시 판 투테' 등 다른 오페라도 흘려듣게 합니다. 아이가 장난감을 가지고 놀 때나, 그림을 그릴 때도 저는 '고싱가 숲'으로 들어갑니다.

사실 아이가 태어나기 전에는 클래식이나 국악을 챙겨듣지 않았습니

다. 임신을 한 뒤로 태교를 위해 국악과 클래식을 챙겨듣기 시작했는데, 마음이 편안해지는 음악은 아이가 태어난 뒤에도 즐겨 듣게 되었습니다. 쿠하가 말을 하기 시작하면서부터는 음악을 들려주면서 좋은지, 싫은지 아이의 의견을 묻곤 합니다. 아이가 좋다는 건 자주 들려주고, 싫다는 건 쿠하가 잘 때 저 혼자 듣습니다. 쿠하는 바이올린 소나타와 피아노 협주곡을 좋아하고 오페라는 싫어하는 편입니다. 기분이 나쁠 때는 시끄럽다면서 꺼버리라고 할 때도 있습니다. 그럴 때는 얼른 쿠하에게 선택권을 넘깁니다. 낮잠을 달게 자고 일어나서 기분이 좋을 때 다시 들려주면 한 시간이 넘는 '마술피리' 1막을 끝까지 들을 수도 있습니다. 『모차르트의 마술피리』는 그림만 보면서 음악을 듣는 책입니다. 억지로 음반을 틀어놓고 책을 읽어주려고 하면 거부하지만, 의식하지 못하게 틀어두면 어느 순간에 장난감을 가지고 놀다가도 가만히 앉아서 듣기도 합니다. 아이에게 좋은 음악을 많이 들려주고 싶습니다. 마음이 아프고 지칠 때 음악이 주는 위로는 어려서부터 음악을 가까이 한 사람들이 얻을 수 있는 선물입니다.

어린이집에 다니지 않는 쿠하는 누가 "넌 어디 어린이집 다니니?" 하고 물으면 "저는요, 피아노랑 바이올린 다녀요" 하고 대답합니다. 쿠하가 피아노와 바이올린을 배우게 된 건 한 방송사의 예능 프로그램 때문입니다. 바이올린 연주자 장영주가 〈무릎팍 도사〉에 나왔을 때 쿠하는 23개월 아기였는데, 화면에 장영주의 어린 시절 사진 몇 장이 공개됐지요. 세 살 때부터 바이올린을 가지고 놀았다는 이야기를 듣더니, 그 자리에서 바이올린을 사달라고 조르기 시작했습니다. 장난감 앞을 지나가도 인형 하나 사달라고 조른 적 없는 아이라 처음으로 뭔가 사달라고 조르는 모습이 은근히 귀여웠습니다. 며칠을 조르는데 그러다 말겠지 하고 넘겼습니다. 그런데 몇 달이 지나도록 바이올린 타령을 멈추지 않았습니다.

"엄마, 세 살 되면 저도 바이올린 사주실 거죠?"

"할머니, 저 바이올린이랑 첼로 사주실 거죠?"

"아빠, 크리스마스 선물로 바이올린이랑 첼로랑 다 사주실 거죠?" 겨우내 눈만 뜨면 악기를 사달라고 졸랐습니다.

아이가 태어나서 처음으로 사달라고 한 물건이 바이올린인데 버튼만 누르면 자동으로 소리가 나는 장난감을 사주고 싶지는 않았습니다. 그렇다고 주변에 바이올린을 배운 사람이 한 명도 없어서 무턱대고 사줄 수도 없었습니다. 최소한 잡는 방법은 알아야 할 것 같아서 집 근처에 있는 음악학원에 상담을 받으러 갔습니다. 네 군데를 찾아가 봤는데 모두 너무 어려서 곤란하다고 했지요. 2~3년 후에 다시 오라는 말만 들은 채 돌아오면서 솔직히 저는 마음속으로 다행이다 싶었습니다.

봄에는 할머니와 함께 담양 소쇄원, 장성 축령산 등 이리저리 소풍을 다니느라 바이올린을 잊고 지냈습니다. 여름에는 동생이 태어나는 바람에 쿠하도 엄마도 바이올린을 까맣게 잊고 지냈지요. 가을이 되자 바이올린 타령이 다시 시작됐습니다. 보름마다 춘천인형극장에서 새 공연이 시작될 때 인형극을 보여주었는데, 인형극장에서 집으로 오는 길에 나중에 오라던 학원 간판을 보았습니다. 갑자기 큰 소리로 피아노랑 바이올린 학원에 데려다 달라고 악을 쓰기 시작했습니다. 쿠하는 작정하면 목이 쉬도록 우는 아이입니다. 우는 아이를 달래는 것보다 학원에서 나중에 오라고 하는 게 빠르겠다 싶어서 마음 놓고 데리고 갔습니다. 헌데 봄에 왔던 꼬마가 다시 온 걸 기억한 바이올린 선생님이 "꼬마 아가씨, 열정에 반했다. 그럼 한 번 해보자"하고 받아주셨습니다. 도레미 글자도 못 읽는 아이에게 피아노와 바이올린을 가르치는 일이 얼마나 힘드셨을까 싶습니다만, 솔직히 학원에 보낸 뒤로 저는 조금 편안해졌습니다. 쿠하는 바이올린 연습을 한다고 오후 내내 혼자서도 잘 놀았으니까요.

◆ 판소리 들으며 옛 이야기를 들려줘요

『수궁가』는 판소리를 들으며 보는 그림책입니다. 세 살 아이가 듣기에는 아직 어렵지만 판소리라는 음악이 있다는 것 정도라도 알려주고 싶어서 흘려듣게 했습니다. 고어, 사투리, 추임새, 들어 본 적이 없는 높낮이의 말 등 온통 낯선 소리들이라 서너 곡만 들으면 다른 노래를 틀어달라고 해서 끝까지 들어 본 적은 없습니다. 그래도 판형이 커다란 책을 가져와서 아무데나 펼치며 읽어달라고 합니다. 쿠하가 소화하기 어려운 본문이라 두 세 줄로 요약해서 읽어주며 글보다 그림을 더 오래 보는 책입니다. 이 책 때문에 알게 된 토끼와 거북이 이야기를 좋아해서 밤마다 옛날이야기로 들려주기도 했습니다.

텔레비전에서 판소리 공연을 잠깐 보여준 적이 있는데, 한복을 입은 사람이 가만히 서서 노래를 부르는 모습이 아이 눈에 아주 신기하게 비쳤나 봅니다. 『수궁가』도 저렇게 한 사람은 북을 치고, 한 사람은 노래를 부른 것이라고 말해 주니 그림책을 찾아 와서 가만히 서서 저와 '레미니'(눈사람 인형에게 쿠하가 지어준 이름)를 관객으로 나란히 앉혀 놓고 공연을 시작했습니다. "산토끼 토끼야 어디를 가느냐? 깡충깡충 뛰면서 어디를 가느냐."하고 노래를 부르다 멈추고, "여러분, 토끼랑 바다거북이랑 친구래요. 바다거북이가 토끼를 태워줘요."라며 즉흥적으로 지어낸 이야기를 들려주었습니다. 한 번 본 공연을 따라하며 노는 모습에 웃음이 나는 걸 꾹 참으며 끝까지 쿠하의 첫 번째 판소리 공연을 보고 나서 박수를 힘껏 쳐주었습니다. 엄마의 반응에 기분이 한껏 좋아진 쿠하는 그동안 홀대하던 『수궁가』 책을 들고 하루 종일 공연 놀이를 했습니다.

쿠하가 16개월이 됐을 때, 목포에 사는 이모할머니가 실로폰, 리듬 악기 세트, 소고 등 아이가 음악 시간에 쓰던 악기들을 물려주셨습니다. 덕분에 심심할 때마다 쿠하와 제가 리듬 악기를 하나씩 맡아서 신나게 두드리며 한바탕 공연 놀이를 했습니다. 광주에 사는 할아버지 할머니가 춘천에 사는 쿠하네 집에 놀러 오시면 『어름뻬리: 줄 타는 아이』(신지은 글, 정지윤 그림 | 대교출판)를 읽어 주십사 하고 부탁드립니다. 엄마가 노래를 잘 못하기에 평소에는 글만 읽어주는데, 합창단원으로 활동하는 할머니는 노래하며 읽어주기 때문이지요. 소고는 쿠하가 두드리고, 책에 나오는 '쾌지나 칭칭나네'는 할머니가 부릅니다. "동해바다 용왕님네 쾌지나 칭칭나네~ 마을마다 풍년일세 쾌지나 칭칭나네~" 쿠하는 자기가 두드리는 북소리에 맞춰 할머니가 노래를 부르는 것이 마음에 들었던지, 책을 읽어줄 때마다 소고를 찾아 와서 두드립니다.

컴퓨터로 압축된 파일을 들려주는 것보다 라이브 음악을 들려주는 것이 가장 좋겠지만, 어린 아기들은 공연장에 갈 수 없지요. 그래서 결혼식에 가면 연주자들과 가장 가까운 자리에 앉습니다. 결혼식이 시작되기 전에 미리 가서 조율하는 모습도 보여줍니다. 부모가 음악 마니아라면 음반을 수집해서 들려주면 좋겠지만, 저희는 아이를 위해 수많은 음반을 전부 구입할 정도로 경제적으로 여유 있는 집은 아니에요. 먼저 인터넷 검색으로 들어 본 다음에 아이가 좋아하고 자주 듣게 되면 그때 음반을 하나둘 사모아도 늦지 않습니다. 사실 컴퓨터 압축 파일이 신경을 거스르게 하고 아이들의 예민한 귀에 좋지 않은 소리를 전달하는 게 마음 쓰이기는 합니다. 하지만 한 편으로는 몇 번 듣고 싫증낼지도 모르는 음반을 수집하느니 차라리 그 비용으로 악기를 직접 만져보고, 다뤄보게 하는 편이 나을 것 같습니다.

1. 돌 전후 아이들에게 악기를 선물하세요. 마라카스, 탬버린, 캐스터네츠, 트라이앵글, 실로폰, 소고 등 아이가 가지고 놀기 쉬운 악기를 준비해 주세요.
2. 손으로 물건을 쥘 수 있는 7~8개월 무렵부터 악기를 장난감처럼 가지고 놀게 해요.
3. 우리나라 악기뿐만 아니라 다른 나라 악기도 두루두루 경험하면 좋아요.
4. 자연물로 만든 악기라면 더 좋아요. 나무로 만든 악기교구로 리듬감을 키워주세요. (www.wholesee.com)
5. 가족이 모일 때 함께 들을 음악을 아이와 함께 고르고 준비해 보세요. 낮에 엄마와 아이가 같이 고른 음악을 다른 가족들에게 들려주며, 아이의 선택이라는 것을 알려주세요. 어깨가 으쓱 올라가고 뿌듯하고 자랑스러워하는 표정을 만날 수 있을 거예요.
6. 어른들 위주로 곡을 선정하지 말고, 아이가 좋아하는 동요와 할아버지가 좋아하는 트로트도 검색해서 들려주세요. 가족들의 개성이 묻어나는 '우리 집 작은 음악회'를 열어보세요.

영어 동요와 마더 구즈, 흘려듣게 해요

재료를 많이 넣는다고 해서 맛있는 음식이 되는 것은 아니지요. 적당히 넣고, 알맞은 조리법대로 만들어야 맛있게 먹을 수 있듯이 아이들 책 선택도 마찬가지입니다. 아이가 소화할 수 있게 아이의 상태를 살펴가며 책장을 넓혀주세요. 전집보다 단행본 위주로 사주는 이유는 단행본은 엄마가 책을 살펴본 뒤에 사게 되고, 아이의 수준을 참작해서 구입할 수 있어서입니다. 예를 들면, 같은 시공주니어에서 펴내는 '네버랜드 세계의 걸작 그림책' 시리즈라 하더라도 책 마다 수준 차이가 현격합니다. 같은 날 선물한 4권 가운데 『강물이 흘러가도록』(제인 욜런 글, 바버러 쿠니 그림 | 시공주니어)이나 『미스 럼피우스』(바버러 쿠니 글 | 시공주니어)는 쿠하의 관심을 끌지 못합니다. 쿠하보다 엄마가 더 좋아하는 책들이지요. 하지만 같은 시리즈 가운데 『피터의 의자』나 『크릭터』는 반응이 빨리 왔습니다. 뱀이 주인공인 『크릭터』의 깔끔하고 재치 있는 일러스트가 쿠하 마음에 쏙 들었나 봅니다. 『피터의 의자』는 동생이 생기면서 어른들의 관심이 동생에게 분산되는 것이 못마땅했던 쿠하 마음을 잘 드러낸 책이어서 그런지 단번에 좋아하게 됐습니다. 나중에 도서관에서 살펴봤지만 이 시리즈를 모두 사주었다면, 전집으로 들여 놓았다면 조금 후회했을 것 같습니다.

낱권으로 사는 것은 영어그림책과 영어동요에도 그대로 적용됩니다. 우리 집에는 영어동요만 모은 음반이 딱 두 개 뿐입니다. 『Wee Sing』 시리즈 가운데 『Wee Sing Children's Songs and Fingerplays』와 『Wee Sing for Baby』만 샀습니다. 『Wee Sing Children's Songs and Fingerplays』는 자동차에 두고, 집에는 『Wee Sing for Baby』를 두었습니다. 돌 무렵부터 동요는 Wee Sing 하나만 가지고 다닙니다. 일부러 작정하고 외워본 적은 없어서 그런지 24개월 동안 차에 탈 때마다 같은 노래를 들었는데도 불구하고 음반에 실린 74곡을 아직 외우지 못했습니다. 쿠하는 들려준 지 6개월 쯤 지나니까 쉬운 노래는 부분적으로 따라 부르고, 1년쯤 지났을 때 'Twinkle Twinkle Little Star'처럼 익숙한 곡을 몇 소절 외우게 됐습니다. 어느 날 도서관에 다녀오는 길에 노래를 듣다가 뜬금없이 물었습니다.

"엄마 험티가 누구야?"

"응? 뭐라고?"

"험티가 누구냐고?"

"글쎄. 험티가 누군지 엄마도 모르겠네. 어디서 들은 소리야?"

그러자 다시 쿠하가 "엄마, 험 해봐. 험!" 하고 새로운 낱말을 알려줄 때 엄마가 쓰던 방법을 따라하며 말하기 시작했습니다.

"엄마 따라 해봐, 허엄", "티이", "더엄", "티이"

"험", "티", "덤", "티."

"이번에는 '험티' 해봐. '험티', '덤티'"

"험티, 덤티"

"자, 이제 '험티덤티' 해봐."

"아하, 쿠하가 위씽에 나오는 '험티덤티' 말하는 구나."

집에 돌아와 음반을 살 때 받은 악보를 찾아 가사를 알려 주었습니다.

Humpty Dumpty sat on a wall,
Humpty Dumpty had a great fall.
All the king's horses and all the king's men
Couldn't put Humpty together again!
험티 덤티는 담 위에 앉아 있었네
험티 덤티는 떨어져 심하게 망가졌지
왕의 모든 말과 군사들도
험티를 원래대로 돌려놓지는 못했네

'Humpty Dumpty'는 달걀처럼 키가 작고 동글동글하게 생긴 땅딸막한 사람을 가리키는 표현입니다. 『이상한 나라의 앨리스』에도 나오는 캐릭터지요. Humpty Dumpty는 존재하거나 존재하지 않는 시를 모두 안다고 잘난 체하는 학자와 주어진 상황을 자기에게 유리하도록 해석하는 어른을 상징합니다. Humpty Dumpty처럼 영미 문화권에서 구전되어 내려오는 동요나 동시를 '마더 구즈(Mother Goose)'라고 하지요. 미국에서 주로 마더 구즈, 영국에서는 일반적으로 '너서리 라임(Nursery Rhyme)'이라고 부릅니다. 마더 구즈는 가사를 해석해 보면 무슨 말을 하고 싶은 것인지 알쏭달쏭한 내용이 많습니다. 교훈적이거나 지혜로운 내용도 있지만, 말장난 같은 가사를 보면 '대체 왜 아이들에게 이런 걸 불러줬을까'하는 의구심이 생기지요. 오랜 세월 구전되어온 노래와 시어들이기 때문에 그때그때 상황에 맞게 변형되었기 때문에 다양한 내용이 일관성 없이 전해진다고 합니다.

마더 구즈는 책보다 인터넷에서 동영상으로 보여주곤 합니다. 일일이 책을 사주는 것보다 English Soup www.englishsoup.com 홈페이지에서 자료를 찾은 다음, 동영상을 검색해서 보여줍니다. 쿠하가 밤마다 읽던 『잘 자요 달님』에 '달을 뛰어넘는 암소'가 나오듯이 영미 문화권에서 만든 문학에 마더 구즈가 인용되기 때문에 틈나는 대로 읽어주고 들려줍니다.

1. 새로운 낱말을 아이들에게 쉽게 알려주는 방법이에요.
"치-", "즈-", "김-", "밥!"
"치즈", "김밥"
"치즈 김밥"
한 글자씩 발음하게 하여 각각의 발음을 익숙하게 연습시켜요. 그런 다음에 두 글자를 연습시키고, 두 글자를 편안하게 발음할 때까지 서너 번 반복해요. 마지막에 네 글자를 한꺼번에 발음하며 치즈와 김밥을 더해서 만든 낱말이라고 설명해줍니다. 각각 다른 사물을 지칭하는 낱말을 이어붙이면 새로운 사물을 가리키는 말이 된다는 걸 일러주면서 낱말을 가르쳐주면 재미있어합니다.

2. 미국에 사는 김은아 님이 만든 사이트에요. 마더 구즈에 대한 자료는 물론 아이들 책과 영어교육 자료가 많은 홈페이지입니다. 새로 업데이트 되는 자료가 많으니 자주 들러보세요. www.mothergoose.pe.kr와 www.englishsoup.com 에서 접속 가능합니다.

5장
그림책 들고 소풍 가요

어린이대공원 동물원
강동어린이회관
삼성어린이박물관

그림책을 들고 가벼운 소풍을 떠나보세요. 갤러리나 박물관도 좋고 조용한 숲길도 좋아요. 아이가 좋아하는 간식과 그림책 두어 권 들고 길 위에 서면 어른도, 아이도 표정이 달라집니다. 온 가족이 즐겨 찾는 공간이 늘어나는 동안 아이는 몸도, 마음도 튼튼하게 자랄 거예요.

환기미술관:
쿵짝짝 소리 나는 그림 김환기

"할아버지, 미술관 가요~."

네 살이 된 손녀는 할아버지를 향해, 제 엄마가 미리 알려준 대사를 읊습니다. 두어 차례 같은 말을 반복해도 할아버지는 꿈쩍도 하지 않습니다. 계속 조르는 아이에게 마지못해 돌아오는 대답은 단 한 마디.

"뭔 놈의 미술관 타령이냐."

그때 할아버지의 잠자던 휴대전화 벨소리가 울립니다.

"쿵짝 쿵짝 쿵짜작 쿵짝 네 박자 속에~."

가수 송대관이 부른 '네 박자'가 나옵니다. 외갓집에 갈 때마다 전국노래자랑이나 성인가요 채널에서 얼마나 많이 들었던지, 쿠하도 벨소리에 맞춰 흥얼흥얼 네 박자 쿵짝을 뽑아대곤 합니다. 기회는 이때다 싶어 쿠하의 그림책 『쿵짝짝 소리 나는 그림 김환기』(김환기 그림, 문승연 글 | 천둥거인)를 펼칩니다.

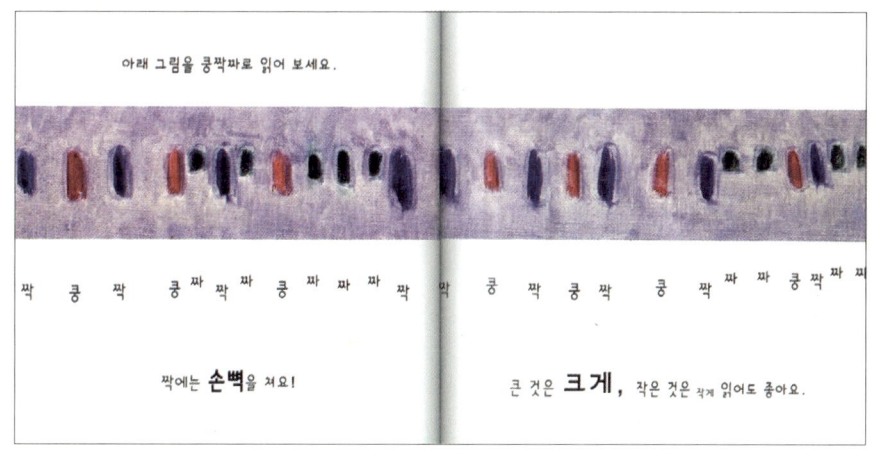

　　책을 펴면 빨간색, 파란색, 초록색 네모가 보입니다. 앞으로 하게 될 흥겨운 놀이의 재료입니다. 다음 장부터 연습게임 없이 바로 본 게임입니다. 놀이의 시작은 색깔 이름 바꿔 부르기. 빨간색은 '쿵', 파란색은 '짝', 초록색은 '짜'로 바꿔서 부릅니다. 책장을 넘길수록 '쿵짝짜 쿵짝짜' 리듬이 생겨납니다. 색의 차례를 바꾸거나 위치를 바꾸는 데에 따라 몸을 움직여가며 '쿵짝짜 쿵짝짜'를 충분히 연습해 둡니다. 제법 큰 소리로 쿵짝짜를 따라하며 책장을 넘기다 보면 어느덧 김환기의 추상 작품 '봄의 소리'를 완성하게 됩니다.

　　'무수히 많은 점'은 김환기의 대표적인 표현법입니다. 대형 캔버스에 그려진 작품을 직접 보면 깨알처럼 작은 점들이 모여 이루는 하모니에 아릿한 슬픔 같은 것을 느끼게 될지도 모르지만, 그림책으로 만나는 김환기의 점들은 즐겁기만 합니다. 어렵게 느껴지는 추상화를 쿵짝짜로 바꿔 부르는 경험은 어른, 아이 할 것 없이 미술관 가는 길을 신나게 도와줍니다.

　　이 책을 처음 읽어준 지 얼마 지나지 않았을 때의 일입니다. 신호 대기로 멈춰 있던 차 안에서 갑자기 아이가 흥분한 목소리로 외쳤습니다.

"엄마, 오른쪽에 쿵짝짜 있어~!!!"

고개를 돌려보니, 길가의 빵집 위층에 빨강, 파랑, 초록 구슬이 그려진 당구장 간판이 보였습니다. "쿠하하하하하하하하하하."

볼륨 21로 키워둔 원디시티의 노래 '엘리뇨 프로디고'보다 더 큰 소리로 엄마가 웃으니, 쿠하는 제가 엄마를 웃게 한 것에 신이 났습니다. 그 후로 한동안 차만 타면 거리의 간판에서 쿵짝짜를 찾느라 창에 코를 박고 관찰하곤 했습니다.

중학생 때부터 20년 넘게 김환기의 그림들을 보아 왔지만, 그림 안에서 김환기와 송대관이 함께 어울리는 것을 보게 된 건 이 책을 만난 뒤부터입니다. 우아한 미술관 나들이에서 입 안 가득 '뽕기' 다분한 '네 박자'를 흥얼거리곤 합니다. 스케치북을 '일기장'이라 부르며 날마다 크레파스로 그림을 그리는 '낙서그림의 대가' 쿠하는 '샤방샤방'이나 '쓰러집니다'를 불러서 어른들을 웃게 하지요. 빨강, 파랑, 초록, 노랑(쿠하는 노랑색은 '뽕'이라고 부릅니다)색 크레파스로 할머니와 할아버지를 행복하게 합니다. 손녀를 무릎에 앉혀두고 함께 쿵짝쿵짝 김환기의 그림들을 보고, 부암동 환기미술관으로 나들이를 다녀오면 어른도 아이도 그림책을 더 좋아하게 됩니다.

이 책은 서점에서는 4세 이상 유아부터 초등학교 저학년 아이들에게 추천합니다만, 제 생각에는 한글을 읽지 못하는 쿠하 또래의 아이와 부모님께 선물하는 것이 더 좋을 듯합니다. 글자를 읽을 줄 아는 아이들은 책을 할머니 할아버지께 읽어달라고 하지도 않을 뿐더러, 글을 후다닥 읽어버리면 몸에 쿵짝짜 리듬을 익힐 겨를이 없습니다. 한글을 모르는 아기들은 어른들이 일러주는 대로 빨강은 쿵, 파랑은

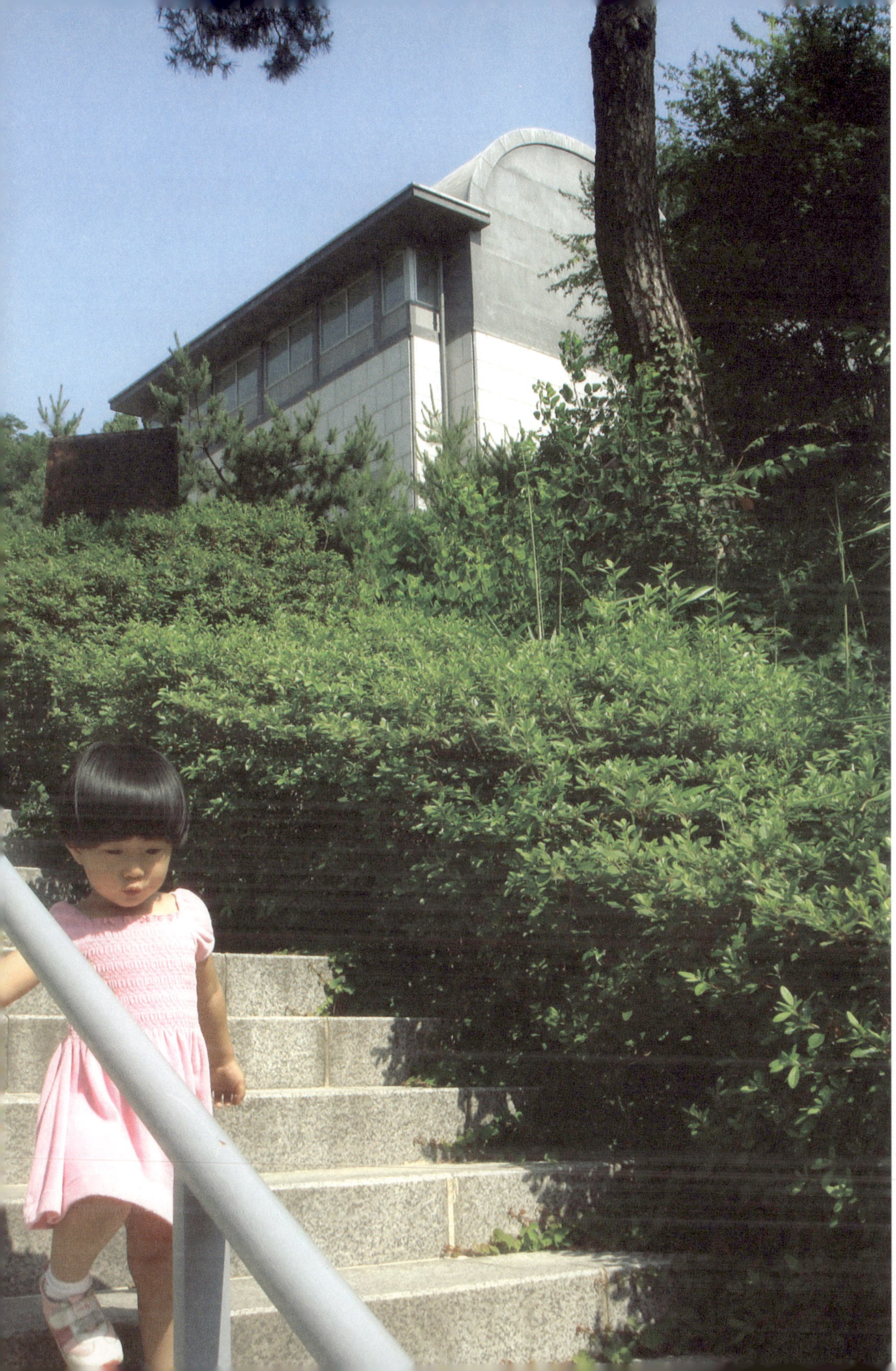

짝, 초록은 짜로 기억하며 온 세상을 쿵짝짜로 바꿔 부를 수 있습니다.

　　아이와 함께 하는 미술관 나들이는 수요일이 가장 좋습니다. 인사동에 모여 있는 갤러리들은 주로 수요일에 전시회를 시작해서, 다음 주 화요일 무렵에 전시를 마치는 경우가 많습니다. 새로운 전시가 시작되는 수요일 오후 다섯 시 무렵에는 대부분의 갤러리에서 전시 개관 행사가 열립니다. 전시회가 시작되는 날은 작가가 손님들에게 인사하기 위해 간단한 다과를 준비하고, 전시회장에서 먹고 마시고 인사 나누느라 일주일 가운데 가장 분주한 날이지요. 이런 날은 아이들을 데리고 가도 조용히 하라고 제지하거나 발걸음을 소리 내지 말고 걸으라고 주의를 줄 필요가 없습니다. 어른도 마음 편하게 작품을 볼 수 있고, 아이도 스트레스 없이 다녀올 수 있습니다. 게다가 운 좋으면 작가를 직접 볼 수 있는 기회이기도 하고, 짐스럽게 아이들 간식을 준비하지 않아도 되지요. 전시회를 주최하는 분들이 준비해준 음료수와 과자를 나눠 먹으면 되니까요.

tip 환기미술관 가는 길

- **위치** : 서울시 종로구 부암동 환기미술관 1길 23
- **문의** : 02-391-7701,2
- **시간** : 오전 10시~오후 6시
- **휴관** : 매주 월요일
- **요금** : 전시에 따라 변동
- **교통** : 경복궁역 ⋯ 3호선 3번 출구, 연계버스 7022, 1020, 0212 부암동사무소 하차.
　　　　 ⋯ 5호선 교보빌딩 앞, 연계버스 1020, 0212 부암동사무소 하차.

간송미술관

봄에 오르던 성북동 언덕을 가을에도 오릅니다. 아이 손을 잡고 긴 줄에 서는 것이 불편하지만 간송미술관의 정기 전시회를 거르고 싶지 않습니다. 운이 좋으면 30분쯤 기다리지만 사람이 많이 몰리는 시간에는 2시간도 넘게 서서 기다릴 수도 있습니다. 비 오는 평일 오후에도 관람객의 긴 줄이 큰길까지 이어집니다. 밀려드는 관람객을 소수의 안내자들이 감당하기 어려워 보일 때마다 이곳에서 자원봉사라도 해드리고 싶은 심정입니다.

간송미술관은 봄에 2주, 가을에 2주. 1년에 딱 한 달만 공개되는 우리나라 최초의 사립미술관입니다. 고미술품을 보관하기 위해 1936년에 지은 보화각 건물이 1971년 개관전시회부터 지금까지 전시실로 개방됩니다. 오래된 건물은 낡고 좁은 편입니다. 어떤 이는 조명이 너무 어둡다고 불만이고, 어떤 이는 국보급 문화재를 전시하면서 유리 전시관에 허술하게 보관한다고 야단입니다. 하지만 개인이 운영하는 곳에서 관람 요금도 받지 않고 국보급 문화재들을 무료로 개방하는 것만으로도 고마운 곳입니다.

교과서에서 보던 고가의 그림과 도자기를 직접 보기 위해서 긴 줄에 서는 것만은 아닙니다. 오래된 미술관에는 작은 숲을 이룬 정원이 있고, 정원에는 간송 전형필 선생의 흉상과 불상과 석탑이 있습니다. 살구가 익어가는 나무 그늘에 앉아 문화독립군 전형필 선생님 이야기를 들려줍니다.

"저기 있는 할아버지가 이 미술관을 만든 분이셔. 우리나라가 일본에 나라를 빼앗겼을 때 할아버지는 학생이었대. 일본에 가서 공부를 했는데, 그때 우리나라 그림을 좋아하게 됐대. 할아버지네 집은 아주 부자였는데, 오래된 그림이랑 도자기 같은 걸 사서 모으셨어. 할아버지가 사지 않으면 그걸 다른 나라 사람들이 사서 자기네 나라로 가지고 가거든. 우리 이 할아버지가 모은 그림들 구경할까?" 옛날이야기를 들려주듯 미술관에 대해 짧게 설명해주고 전시장으로 들어섭니다.

전형필 선생은 일제강점기에 10만석지기 대부호의 아들로 태어났습니다. 와세다 대학에 유학하면서 고문서를 보는 안목을 키우고, 당대 조선 최고의 안목으로 꼽혔던 스승 오세창의 지도로 조선 서화에 관심을 갖게 되었다고 합니다. 당시 서울에서 거래되는 큰 기와집 한 채가 1천 원이었는데, 기와집 스무 채가 넘는 돈을 들여 고려청자를 낙찰 받은 일화나, 아들처럼 여긴 최순우 선생님이 해외에 국보를 전시하러 가는 길에 끼고 있던 낡은 손목시계를 보고 자신의 론진 시계를 풀어주었다는 일화는 전설처럼 내려오는 이야기들이지요.

2008년 봄 전시는 '오원 장승업 화파전' 이었습니다. 아이와 전시장에 가면 아이 눈 높이에 맞는 위치에서 보기 위해 앉아서 한 번, 아이

162
163

를 안고 엄마의 시선으로 한 번, 작품을 두 번 보게 됩니다. 쿠하가 가장 관심을 보인 작품은 '불수앵무'와 배를 타고 집으로 가는 '귀거래도'입니다. 미술관 2층에 전시된 '불수앵무'는 바닥에 펼쳐진 작은 그림이라서 아이를 안아서 보여줘야 했는데, 사실적이고 세밀한 앤서니 브라운의 그림이 떠올랐습니다. 쿠하는 유리관에 손을 바짝 대고 살아있는 것처럼 눈에 힘이 들어간 새 두 마리를 보더니 "엄마 새가 나를 봐요." 하고 말해서 주변에 있던 관람객의 얼굴에 웃음이 번지게 했습니다.

『검피 아저씨의 뱃놀이』(존 버닝햄 지음ㅣ시공주니어) 때문에 아이는 배를 타고 가는 남자는 모두 '검피 아저씨'라 부릅니다. 북한강에서 모터보트를 봐도 "엄마 저기 검피 아저씨가 있나봐"하고 흥분하지요. 배를 타고 가는 그림을 발견할 때마다 줄곧 검피 아저씨 타령을 했습니다. 그림 구경을 마치고 다시 나무 그늘에 앉아 그림책을 폅니다. 『그림 잔치를 벌여보자』(조정육ㅣ대교출판)는 간송미술관, 국립중앙박물관, 삼성미술관 리움 등 오래된 그림을 보여줄 수 있는 미술관에 구경 가는 날 제격입니다. 책에 나오는 모든 그림을 보여주거나 내용을 다 읽어주기 보다는 아이가 관심을 갖는 한두 점만 보여주며 옛날이야기 하듯 그림에 얽힌 이야기를 들려주는 것이 아이의 호기심을 마르지 않게 하는 데 효과적입니다.

옛 그림에는 시를 적은 문인화가 많습니다. 그림에 글씨가 적힌 것을 보더니 그림책을 찢어 놓은 줄 알았는지, "엄마 빨리 저 그림책 읽어줘." 하고 조릅니다. 저는 해독 불기능한 한시가 적힌 그림들은 눈여겨보지 않고 스치듯 지나가는데, 쿠하는 마음에 드는 그림을 보면 한 번 더 보여 달라고 말합니다. 선입견 없이 눈에 보이는 대로 받아들이는 아이의 태도를 어른이 배워야겠습니다.

성북동에는 간송미술관뿐 아니라 아이와 산책하기 좋은 곳이 여럿 있습니다. 다가구주택을 지으려고 철거할 뻔 했던 한옥을 내셔널 트러스트 운동으로 살려낸 '최순우 옛집'과 요정으로 쓰이던 건물들이 '맑고 향기롭게' 절집으로 변신한 '길상사'까지. 아이와 하루에 소화하기엔 다소 빡빡한 일정이 될 만큼 좋은 곳이 많습니다. 최순우 옛집에는 정원 차탁에는 그림책을 놓아둔 바구니가 있습니다. 일부러 그림책을 들고 가지 않아도 우리나라 정서가 잘 표현된 『엄마 마중』이나 『손 큰 할머니의 만두 만들기』같은 책들을 읽어줄 수 있습니다.

tip 간송미술관 가는 길

위치 : 서울시 성북구 성북동 97-1
문의 : 02-762-0442
시간 : 오전 10시~오후 6시
요금 : 무료
교통 : * 버스 1111번, 2112번 성북초등학교 앞 하차
　　　 * 지하철 4호선 한성대입구역 ⇢ 10분 도보

성곡미술관

고층 건물이 빽빽하게 밀집해 있고 큰 도로에 차가 많이 지나가는 광화문 근처를 걷다보면 눈과 귀가 아픕니다. 그러다 서울역사박물관과 구세군회관 사이 골목길로 접어들면 일순간에 귀가 편안해지는 걸 느끼게 되지요. 자동차 소음이 잦아든 좁은 골목길을 따라 사직공원 방향으로 야트막한 언덕길을 오르면 성곡미술관이 나옵니다.

   도시 한복판에 간판 하나 보이지 않는 작은 숲이 있다는 사실에 미술관을 처음 찾은 사람들은 놀라곤 합니다. 성곡미술관 조각공원은 어느 계절이든 아이와 소풍가기 좋은 곳이지요. 연둣빛 새잎이 움트는 계절이면 봄을 봄답게 느낄 수 있어서 좋고, 여름이면 울울창창한 나뭇잎 아래에서 그림책을 읽어줄 수 있어 좋지요. 가을에는 갤러리 관람을 목적으로 하지 않고 처음부터 조각공원에 산책하기 위해 오는 손님들도 많습니다. 한겨울 눈 내

린 숲 속에서 따뜻한 커피 한 잔 하기 위해 일부러 들를 때도 있습니다.

쿠하가 태어나기 전에는 전시회를 볼 목적으로 성곡미술관에 갔지만, 아이와 함께 걷게 된 뒤로는 주변 풍경에도 눈길을 줍니다. 『나의 사직동』은 새문안교회 뒤 성곡미술관 근처가 배경인 그림책입니다. 오래된 집들이 헐리고 그 자리에 고층아파트가 들어서는 재개발 과정을 열 살 아이의 눈으로 그린 책입니다. 재개발을 겪어 본 사람이라면 이 책에 나온 이야기를 고개를 끄덕이며 공감할 테고, 재개발을 겪어 본 적 없는 사람이라도 구체적이고 세심하게 잘 표현한 이야기를 통해 어린 아이들에게 비치는 현실을 가늠해 볼 수 있을 것입니다.

재개발을 하면 오래된 동네가 사라집니다. 아이들에게 어른들 세계를 보여주는 것은 자칫 재미없고, 지루한 이야기가 되기 십상이지요. 그러나 아이들도 그런 현실 세계에 함께 발을 딛고 있는 존재인 만큼 설명하기 어렵더라도 현실의 한 단면을 이야기해줘야 할 때가 있습니다. 우리나라는 전 세계에서 찾아보기 힘들 정도로 아파트가 많이 지어진 나라입니다. 동네나 골목을 없애고 단지나 지구 단위로 개발을 해서 똑같은 구조의 집에서 사는 사람들이 전체 인구의 절반을 넘어섰다지요. 쿠하는 제가 어릴 때 누렸던 골목의 추억을 가질 수 없습니다. 대문을 활짝 열어젖히고, 친구를 불러내고, 고무줄놀이와 숨바꼭질 하던 해거름을 도시에 살면서 경험하기는 어려울 것입니다.

성곡미술관 정문 앞에는 1950~1960년대에 지어진 집들이 여러 채 남아있습니다. 『나의 사직동』에 등장하는 집들과 비슷하게 생긴 집들이지요. 미술관에서 사직공원 방향으로 몇 미터 가면 새로 지은 고층아파트들이 운집해 있습니다. 미술관 정문에서 출발해 사직공원 쪽으로 가면서 그림책 이야기를 들려줍니다. 잠깐 멈춰 서서 책에 등장하는 집들의 모습을 비교해가며 보여주면 더 좋겠지요. 2009년 2월, 쿠하가 즐겨보는 『자유낙하』와 『아기돼지 세 마리』의 작가 데이비드 위스너 특별전이 열린다기에 '제1회 CJ 그림책 축제'에 다녀왔습니다. 2008년 가을부터 2009년 봄까지 『나의 사직동』에 나오는 오래된 집들이 하나둘 카페나 식당으로 변하고 있었습니다.

　　　　『작은 집 이야기』도 성곡미술관 숲 속에서 읽어주기 좋은 책입니다. 버지니아 리 버튼은 만화에만 열중하는 자기 아이에게 책을 보여주기 위해 그림책을 만들기 시작했다고 하지요. 처음에는 아이의 관심을 끌지 못했지만, 아이가 재미있어 하는 만화의 이야기 전개 방식과 화면 구성을 그림책에 응용한 『말괄량이 기관차 치치』부터 인기를 얻게 되었다고 합니다. 『작은 집 이야기』는 조용하고 평화롭던 시골 언덕이 도시로 바뀌는 과정을 객관적인 목소리로 차분하게 그려낸 책입니다. 나선형으로 그려진 문장이 재미를 보태는 이 그림책은 사실 어린 아이들이 이해하기에는 어려운 책이지요. 하지만 집이 우리의 생활을 담는 그릇이고, 집을 둘러싼 주변 환경이 아이들 정서에 미치는 영향을 생각하면 아이들에게 집과 환경 이야기를 들려주는 게 필요합니다. 아이 그림책을 읽어주다가 어른이 집에 대해 다시 생각하게 되는 기회를 갖게 될 수도 있습니다.

　　　　쿠하가 집에 대해 갖는 관심은 할머니께 사달라고 조르는 장난감 인형 집과 『늑대가 들려주는 아기 돼지 삼형제』, 『아기 늑대 세 마리와 못된 돼지』에 나오는 집들뿐입니다. 엄마가 일부러 이야기하지 않으면 사진 위에 일러스트 작업을 덧댄 『나의 사직동』처럼 특이한 그림이나 『작은 집 이야기』처럼 사연이 긴 이야기가 나오는 집에는 관심을 갖지 않습니다. 풀로 엮은 집과 나뭇가지로 만든 집보다 막내 돼지가 벽돌로 지은 집이 제일 마음에 든다는 쿠하에게 어려운 집이야기가 담긴 그림책을 보여주는 것이 엄마의 욕심일 수 있습니다. 그렇지만 이해하지 못할 내용이라고 해도 반드시 말해줄 필요가 있다고 생각되는 가치들은 아이가 어렸을 때부터 조금씩 맛보게 하려고 합니다. 어느 날 갑자기 문제의식을 갖는 경우도 있겠지만 사람은 생활 주변에서 보고 듣고 겪은 일에 대해 생각하기 마련이니까요. 조금 더 편리한 집에 살기 위해 자연을 어떻게 파괴하는지 그림책으로 알려주려고 합니다. 어려서부터 공간에 대해 고민하고, 환경에 대해 생각하는 기준을 길러주고 싶습니다. 그림책을 보며 도시화가 진행되는 과정을 어른과 아이가 살펴보면 좋겠습니다.

 성곡미술관 가는 길

- **위치** : 서울 종로구 신문로2가 1-101
- **문의** : 02-737-7650
- **시간** : 오전 10시~오후 6시 (4~9월, 매주 목요일 오후 8시)
- **휴관** : 매주 월요일
- **요금** : 전시에 따라 변동
- **교통** : *지하철 5호선 광화문역 7번 출구 ⋯ 구세군회관 앞 우회전 400미터
  *버스 160, 260, 271, 273, 300, 370, 470, 471, 601, 720, 7019, 7023

 원당 종마목장

초등학교 1학년 때, 저는 뚝섬 경마장 옆에 살던 고모네 집에 놀러가는 게 너무 좋았습니다. 고모가 이제 막 걸음마를 시작하는 사촌동생을 데리고 산책하러 다니던 동네 한 바퀴 코스에 경마장이 포함돼 있었거든요. 경마가 열리는 날이면 관중석에 사람이 꽉 찼는데 그런 날보다 경마가 없는 날 텅 빈 객석에서 천천히 걷는 말을 구경하는 게 더 좋았습니다. 경마장에서 일하는 고모부 덕분에 말을 가까이서 볼 기회가 있었는데, 그때는 용기가 없어서 가만히 서 있는 말을 만져보라는데도 움찔하고 뒤로 물러섰던 기억이 납니다.

겁쟁이 엄마와 달리 쿠하는 말을 좋아합니다. 힘차게 달리는 모습과 조용히 풀을 뜯는 모습이 극단적으로 달라지는 이 동물은 쿠하의 관심을 끌기에 부족함이 없지요. 쿠하가 21개월이 되던 2007년 10월, 아이와 둘이서 제주 올레에 다녀왔습니다. 말미오름과 서귀포 바닷가를 걷는 1, 2코스를 걸었는데 말미오름에서 난생 처음 방목된 말들을 보게 됐습니다. 동물원에서 본 얼룩말은 울타리 밖으로 나오지 못하지만, 오름에서 만난 말들은 자기 마음대로 걸어 다니며 풀을 먹고 있었습니다.

쿠하는 동물원에서 얼룩말에게 뻥튀기를 주겠다고 호기롭게 울타리 곁으로 다가가 얼룩말에게 물릴 뻔했던 적이 있습니다. 어른들이 잠깐 방심한 사이에 큰 일이 날 뻔해서 오름에서는 아예 손을 잡고 걸었습니다. 엄마가 손을 잡아주니 든든했을 텐데 쿠하는 웬일인지 말 근처에도 가지 못했습니

다. 어미를 놓칠세라 종종 걸음으로 뒤따라가는 망아지가 귀여웠는지, 망아지한테 데려다 달라고만 했습니다. 그때, 쿠하에게 말이 흥분해서 놀라면 발로 찰 수 있으니 말 뒤에는 절대로 가면 안 된다고 일러주었지요.

도시에서 말을 볼 수 있는 곳은 흔치 않습니다. 동물원의 얼룩말은 좁은 우리에서 살기 때문에 뛰는 모습을 볼 수도 없습니다. 힘차게 뛰고, 한가롭게 걷고, 조용히 풀을 뜯어먹는 말을 보여주기에는 원당 종마목장이 제일 좋습니다. 종마목장은 약 11만 평의 대지에 초지 면적만 5만 평에 이르는 곳입니다. 마방, 말 병원, 말 수영장 등 경마용 말을 기르고 교육시키는 곳인데 무료로 개방합니다. 가벼운 간식과 함께 소꿉놀이나 모래놀이 장난감을 챙겨 가면 하루 종일 놀기 좋은 한적한 목장입니다. 월요일과 화요일을 제외한 평일 낮에 가면 사람이 별로 없어서 아이는 아이대로, 어른은 어른대로 쉬어갈 수 있습니다.

말 한 필의 몸무게가 보통 500킬로그램이라고 합니다. 체력을 유지하기 위해서는 하루에 16,000칼로리를 섭취해야 하는데, 우리가 먹는 밥 한 공기로 환산하면 약 35공기 정도나 된다고 합니다. 말이 흥분해서 갑자기 발로 차거나 물 수 있다는 경고문을 아이들에게 읽어주며 울타리에 매달리지 말라고 알려줘야 합니다. 종마목장은 평일에 가는 게 좋지만, 주말에 가게 된다면 출발을 조금 서두르세요. 오전에 종마목장을 구경하고, 사람이 많아지는 정오 무렵에 근처에 있는 서삼릉으로 이동하는 편이 낫습니다. 능 주변은 관광객이 적은데 비해 잔디가 잘 가꾸어져 있어서, 호젓하게 돗자리 펴놓고 그림책 읽어주기에 좋습니다.

방목하며 기르는 말을 만나는 날, 종마목장에서 『수호의 하얀말』을 읽어줍니다. 마두금 소리를 들으며 읽기에 좋은 그림책으로 4장에서 소개했던 책이지만, 직접 말을 보는 날 읽어줘도 좋아합니다. 이때 마두금이라는 악기보다는, 수호와 하얀 말이 서로를 아끼는 마음에 초점을 맞춰서 읽어줍니다.

말을 테마로 하는 박물관으로 과천마사박물관이 있습니다. 말안장, 발걸이, 말방울, 말 조각, 말 그림 등 민속자료와 선사시대의 유물이 다양하게 전시돼 있지만 어린 아이들이 보기에는 조금 심심한 자료들이지요. 아이들에게는 유리관 속에 든 유물보다는 직접 걸어 다니는 말을 보여주는 게 좋습니다.

tip 종마목장 가는 길

- **위치** : 경기도 고양시 덕양구 원당동 201-79
- **문의** : 02-509-1682~4
- **시간** : 오전 9시~오후 5시
- **휴관** : 매주 월, 화요일
- **요금** : 무료
- **교통** : * 지하철 3호선 삼송역 하차 ⋯ 5번 출구 앞 마을버스 041번 승차 ⋯ 서삼릉, 경마교육원(종마목장) 하차.(종점)
  * 고양IC (외곽순환도로)에서 원당역 방면으로 2km 직진 ⋯ 농협대학, 서삼릉, 경마교육원 이정표 삼거리에서 좌회전 ⋯ 1.5Km 직진
  * 화정지구에서 원당역을 끼고 우회전 ⋯ 1km 직진 ⋯ 서삼릉, 농협대학, 경마교육원 이정표 삼거리에서 좌회전 ⋯ 1.5km 직진

농업박물관

봄비 다녀가신 농촌에는 갈아놓은 뽀얀 밭이 씨앗을 기다립니다. 춘천 서면의 배추밭과 복숭아밭을 지날 때였습니다. 아무것도 자라지 않은 휑한 배추밭을 보더니 쿠하가 "엄마, 저기는 뭐하는 데야?"하고 물었습니다. 이 끝에서 저 끝까지 닿는 데 쿠하 걸음으로 한참 걸리는 땅에 흙 밖에 없으니 꽤 궁금했던 모양입니다. 저 밭에서 새싹이 움트고, 식물이 자라면 우리가 먹을 채소가 되는데, 밭이 건강해야 채소도 건강하다고 말해 주었습니다. 그러면서 덧붙였지요. 쿠하가 먹는 밥을 한 그릇을 만들려면 봄부터 가을까지 농부가 수십 번도 넘게 곡식을 들여다보고 살피면서 땀을 흘려야 한다고요.

2월 25일은 강원도에 사는 김용학 할머니가 된장을 담그는 날입니다. 3월 5일, 개구리가 잠에서 깬다는 경칩이면 수정이네 할아버지의 도움을 받아 밭을 갑니다. 기계 대신 소가 쟁기를 끌고 밭을 갈지요. 『할머니 농사일기』는 농촌에 사는 할머니들의 일 년 농사 모습을 고스란히 담은 그림책입니다. 농사짓는 사람들이 하는 일을 한 달에 한 가지의 이야기로 설명해주는 이 그림책은 판형이 커서 농촌 풍경을 시원스럽게 보여줍니다. 『할머니 농사일기』는 할머니의 말투로 쓰여 있어서 마치 손자들에게 이야기해 주는 듯합니다. 벼농사, 고추농사, 된장과 간장 담그기, 농기구 이야기를 비롯해, 젊은 엄마들이 챙겨서 이야기 해주기 어려운 절기와 세시 풍속 이야기도 담겨 있습니다.

농촌이 배경인 『심심해서 그랬어』는 심심한 아이가 집에서 키우는 가축들을 풀어줘서 밭을 엉망으로 만들어버리는 이야기지요. 아이의 눈으로 보는 농촌을 이야기해 주고 싶을 때는 『심심해서 그랬어』를, 일하는 어른들의 모습을 자세하게 보여주고 싶을 때는 『할머니 농사일기』를 읽어줍니다. 본문이 짧지 않은 편이어서 여섯 살 이상 아이들이나 초등학교 저학년 친구들에게 읽어주면 적당할 것 같은 책이지만, 두 돌이 지날 무렵부터 읽어주기 시작했습니다.

밥투정을 할 때 "김용학 할머니가 힘들게 농사지은 밥을 남기면 안 되겠지?"하고 달래면 얼른 한 입 꿀꺽 받아먹곤 했습니다. 쿠하가 좋아하는 백김치를 담글 때 옆에서 지켜봐서 그런지 밥상에서 백김치만큼은 남기지 않고 먹었습니다. 된장국을 끓일 때 옆에서 호기심 가득한 눈빛으로 쳐다보는 아이에게 느타리버섯을 찢게 하면서 책에 나오는 된장 만드는 장면에 대해 이야기합니다. 그리고는 "엄마, 된장은 할머니들이 선물로 주는 거야?"하고 질문을 해서 늘 받아먹기만 하는 엄마를 부끄럽게 만들었습니다. 쿠하가 음식을 귀하게 여기는 사람이 되도록 언젠가는 된장이나 고추장도 제가 직접 담그는 모습을 보여주고 싶습니다.

시골 풍경은 우리나라나 미국이나 모두 정겹기 마련인가 봅니다. 『달구지를 끌고서』는 미국 뉴잉글랜드 지방의 19세기 농장이 배경입니다. 이 책에도 일 년 농사가 담겨 있습니다. 10월이 되어 그동안 키운 농산물들을 달구지에 가득 싣는 모습과 농부가 깎은 양털, 아내가 짠 숄, 딸이 짠 장갑 등 온가족이 만든 농산물과 수공예품을 시장에 가서 팔고 가족들에게 필요한 물건을 사옵니다. 그리고 또 농가의 한 해가 시작되지요. 간결하고 예쁜 그림으로 백 년도 전에 살던 미국 농부의 생활을 엿볼 수 있습니다. 버몬트 농장에서 정원을 가꾸면서 어린이 책 일러스트레이터로 활동한 타샤 튜더는 백여 년 전 스타일로 생활하는 것으로 유명하지요. 손으로 만들어 쓰는 기쁨을 이야기하는 타샤 튜더의 생활을 그림책에서 엿볼 수 있습니다.

『바빠요 바빠』는 변산반도에서 '변산공동체'를 운영하는 윤구병 선생님이 글을 쓰고, 이태수 선생이 그림을 그렸습니다. 윤구병 선생님은 대학에서 철학교수로 일하다가 십 수 년 전 유기농 공동체를 만들었지요. 농부로 일해 본 사람이 지은 그림책답게 우리나라 농촌 풍경과 정서는 물론 일하는 사람들의 표정이 살갑게 담겨 있습니다. 사계절 시리즈 가운데 가을 편인 이 책에는 가을걷이로 한창 바쁜 마루네와 산속 동물들 이야기가 함께 나옵니다. 할아버지는 옥수수를 말리고, 할머니는 참깨를 터느라 바쁜 가을날의 일상이 정겹게 그려져 있습니다. 『바빠요 바빠』는 어른과 아이가 우리 농촌과 농사 이야기를 함께 나누기에 좋은 책입니다.

가을걷이가 한창인 들에 데리고 가서 누렇게 익은 벼를 직접 보여주면 좋겠지만, 도시에 살면서 아이들에게 농사짓는 모습을 보여주는 것이 쉬운 일은 아니지요. 농업박물관은 도시에서 농촌의 역사를 한눈에 보여주기에 좋은 곳입니다. 선사시대부터 지금까지 우리 조상들이 이 땅에 뿌리내리고 살기 위해 어떻게 곡식을 길렀는지 살펴볼 수 있습니다. 농업이 곧 생명을 살리는 일임을 아이들에게 알려주면 좋겠습니다.

위치 : 서울시 중구 충정로 1가 75번지 농협중앙회
문의 : 02-2080-5727~8
시간 : 오전 9시 30분~오후 6시 (단, 11~2월은 오후 5시30분)
휴관 : 매주 월요일
요금 : 무료
교통 : * 지하철 5호선 서대문역 5번 출구 ⋯ 광화문사거리 방향
   * 버스 160, 260, 270, 273, 470, 471, 600, 602, 720, 7019, 9701, 9709

 체험 박물관으로
오감 발달 키워요

전시물을 손으로 만져볼 수 있는 어린이 박물관은 쿠하에게 언제나 인기 만점입니다. 박물관이나 미술관에 가면 전시품을 만지지 말라고 끊임없이 주의를 주게 되는데, 그런 날은 어른도 피곤하지만 모처럼 나들이 나선 쿠하도 기분이 좋지 않아 보입니다.

전시회를 볼 때, 어른 중심으로 세 번쯤 가면, 한 번은 어린이 체험 박물관으로 가려고 합니다. 어른들이 보기에는 별 것 아닌 것 같아도 아이들은 또래 눈높이에 맞춘 박물관에서 스트레스 없이 신나게 놀고 직접 만져보고 두드려본 기억을 오래 갖고 있습니다.

삼성어린이박물관은 아이들이 좋아하는 분위기와 눈높이로 꾸며져 있어서 한 번 가면 3~4시간은 금세 지나갑니다. 일정 기간에만 체험할 수 있는 기획전시가 바뀔 때마다 익숙한 공간에서 새로운 경험을 하게 됩니다. 삼성어린이박물관에 갈 때 홈페이지에 들러 기획전 주제도 살펴보고, 주제에 어울리는 그림책이 있다면 챙겨 갑니다. 박물관 체험이 끝나고 실내 놀이터에서 두어 권 읽어줍니다. 물론 박물관에 비치된 그림책도 많아서 특별히 어울리는 책이 없으면 현장에서 아이에게 선택권을 줍니다. 실컷 놀다가 지치면 그때서야 그림책을 들고 오는 걸 보면 아직 쿠하에게 책이란 녹초가 되었을 때 잠시 쉬는 시간에 불과한 가 봅니다.

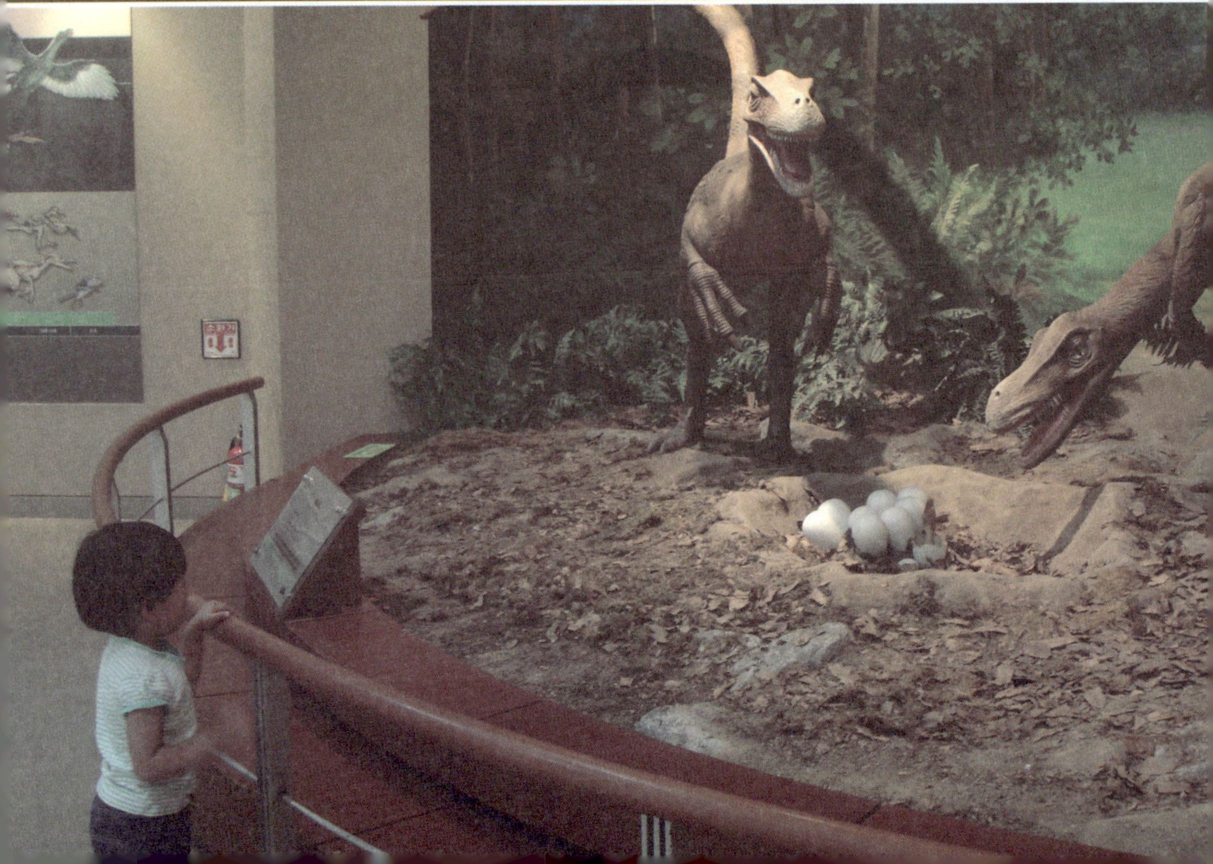

세형 공을
위에 올려놓아 보세요.

강동구에서 운영하는 강동어린이회관에 처음 갔을 때, 쿠하는 다른 아이들과 어울리지 못하고 엄마 뒤만 졸졸 따라다녔습니다. 동동 실내 놀이터, 요리체험, 장난감 대여, 방송국, 극장, 옥상 정원 등 건물 하나에 빡빡하고 알차게 차려져 있는 강동어린이회관에서는 『우리 몸의 구멍』이 제일 잘 어울립니다. 동동 실내 놀이터에 우리 몸속을 아이들이 직접 드나들며 알아볼 수 있게 설계했기 때문이지요.

『우리 몸의 구멍』은 터널과 콧구멍을 재치 있게 연결시켜 보여주는 신체관찰 책입니다. 몸에 관심을 보이기 시작하는 24개월 이후에 꾸준히 읽어주는 책이기도 합니다. 『우리 몸의 구멍』은 지식 전달 그림책이지만 어렵거나 지루하지 않습니다.

샤워기 구멍을 볼 때마다 쿠하는 우리 몸에 있는 구멍들을 찾으며, "엄마, 이것도 구멍 맞지요?"하고 확인합니다.

청바지에 구멍이 뚫린 걸 봐도 쿠하는 "이것도 구멍이야?"하고 물으면서, "엄마, 내가 발견한 구멍이야."라며 주변에서 볼 수 있는 구멍들을 찾는 놀이에 빠지곤 합니다.

손으로 만져볼 수 있는 어린이 박물관은 시간별 정원제로 운영하는 곳이 많습니다. 강동어린이회관도 인터넷으로 미리 예약을 하고 가는 게 좋습니다.

쿠하가 제일 좋아하는 공룡 책은 『고 녀석 맛있겠다!』입니다. 아기 안킬로사우루스는 알에서 깨어나자마자 처음으로 만난 티라노사우루스를 아빠로 임명합니다. 안킬로사우루스를 잡아먹으려고 "고 녀석 맛있겠다."고 한 티라노사우루스의 말을 아기 공룡이 마음대로 해석한 탓이지요. 이름을 알고 있으니 아빠가 분명하다는 아기 공룡 때문에, 초식공룡과 육식공룡의 어색한 부자관계가 맺어집니다.

쿠하가 공룡에 푹 빠져있을 때, 서대문자연사박물관으로 갑니다. 서대문자연사박물관 옥상에는 공룡 공원이 있습니다. 자연사박물관에서는 티라노사우루스나 안킬로사우루스처럼 발음이 어려운 공룡 이름도 척척 외우며 놀고 있는 아이들을 쉽게 만날 수 있습니다. 지구가 생겨난 시간의 흐름에 따라 3층에서부터 관람을 시작하여 1층으로 내려오면서 우리가 살고 있는 지구별에 어떤 생명체들이 있었는지 살펴보게 됩니다. 표본이나 박제한 동물을 보여주면 평면 책으로 보는 것보다 생생하게 느껴지겠지요.

고슴도치 박제 앞에서 쿠하는 "엄마, 얘는 어떻게 울어?" 하고 물었습니다. 고슴도치 울음소리를 들어본 적이 없어서 "나중에 쿠하가 사과나무 아래서 들으면 엄마한테 알려줄래?" 하고 부탁했지요. 마술피리 꼬마 전집에 포함된 『사과 따러 가요』는 고슴도치 가족 다섯 명이 달밤에 사과를 따러 가는 이야기입니다. 쿠하는 고슴도치를 가리키며 "엄마, 돌돌 말아서 저 끝에 사과를 끼우는 거 맞지?" 하고 그림책에서 본 장면을 다시 확인합니다.

처음 보는 동물은 그냥 지나치다가, 생김새나 이름을 아는 동물 앞에서는 발걸음을 멈춥니다. 두 돌이 지나면서 부쩍 자연관찰 책에 관심을 보이기 시작한 아이는 아는 동물 앞에서는 기어코 아는 체를 하고 가야 직성이 풀립니다. 자연관찰 책에는 일상적으로 사용하지 않는 생소한 단어들이 등장해서 읽어주는 엄마도 주의 깊게 읽어주게 되지요. 새로운 낱말을 많이 들려줄 수 있고, 현실에서 보기 힘든 장면들을 보여줄 수 있어서 호기심이 왕성한 시기에 읽어주기 좋습니다.

아이와 함께 가기 좋은 박물관 가운데 하나인 국립중앙어린이박물관은 시간대 별로 입장객을 철저히 관리해서 좋습니다. 현장에서도 입장권을 받을 수 있지만, 예약자 우선으로 운영되기 때문에 인터넷으로 미리 예약을 하는 편이 안심이 되지요.

국립중앙어린이박물관에서는 모형으로 만든 빗살무늬토기와 팔주령을 장난감처럼 가지고 놀 수 있는데, 장난감으로 만들어서 판다면 사주고 싶습니다. 어려서부터 문화유산을 손끝으로 가지고 놀면서 자라면 옛사람들의 예술감각을 일부러 가르치지 않아도 체득하게 되겠지요.

박물관은 옛 사람들이 어떤 집에 살았는지, 어떻게 음식을 만들어 먹었는지, 어떤 악기를 연주했는지, 전쟁할 때 갖춘 장비는 무엇인지 주제별로 체험하며 알아 볼 수 있게 꾸며져 있습니다. 농사에 쓰인 도구를 만져보고, 부엌에서 쓰던 여러 가지 토기에 모형 음식을 담아볼 수도 있고, 장수들이 썼던 투구와 임금님만 쓸 수 있던 화려한 신라 금관도 써 볼 수 있습니다. 교과서에서만 보던 백제시대 금동대향로의 실물 크기 모형 앞에서는 저도 깜짝 놀랐습니다. 향로 겉면에 새겨진 산수문전이 너무나 아름다웠거든요. 책에서 볼 때는 조각의 질감을 느낄 수 없었는데, 실물 모형을 보니 무늬 하나하나가 예술이었습니다. 쿠 하는 태극권을 가르쳐주는 애니메이션을 보면서 동작을 따라 하기도 하고, 몇 조각으로 나뉜 토기를 맞추는 퍼즐도 하며 시간 가는 줄 모르고 놀았습니다. 국립중앙어린이박물관에 갈 때는 따로 그림책을 챙겨가지 않아도 됩니다. 체험학습이 끝나는 지점에 다양한 연령층을 대상으로 준비해둔 책들이 많습니다. 푹신한 의자에 앉아 조금 전에 체험해본 주제들이 담긴 그림책을 찾아 읽어주세요.

tip 서대문자연사박물관 가는 길

- **위치** : 서울 서대문구 연희3동 산 5-58
- **문의** : 02-330-8899
- **시간** : 3~10월 오전 9시~오후 6시, 11~2월 오전 9시~오후 5시 (1시간 전까지 입장)
- **휴관** : 매주 월요일, 신정, 설날, 추석 당일. (단, 월요일이 공휴일이면 다음날 휴관)
- **요금** : 어른 3,000원 어린이 1,000원, 5세 이하 무료
- **교통** : * 지하철 2호선 신촌역 → 1번 출구 → 110, 7720번 버스로 환승
  → 3번 출구 → 마을버스 03
  * 지하철 3호선 홍제역 3번 출구 → 7738, 7739 대림아파트 하차
  * 버스 : 110, 153, 7720, 7739

tip 삼성어린이박물관 가는 길

- **위치** : 서울시 송파구 신천동 7-26
- **문의** : 02-2143-3600
- **시간** : 오전 10시~오후 6시
- **휴관** : 매주 월요일 및 명절
- **요금** : 중학생 이상 일반 5,000원, 36개월 이상 어린이 6,000원, 12~36개월 미만 3,000원, 12개월 미만 무료
- **교통** : 지하철 2, 8호선 잠실역 → 2호선 8번 출구 교통회관 방향 50m
  → 8호선 9번 출구 잠실역 사거리 방향 100m

tip 강동어린이회관 가는 길

- **위치** : 서울시 강동구 성내동 556-1
- **문의** : 02-486-3516~8
- **시간** : 오전 10시~오후 6시 (프로그램은 오후 5시 종료)
- **휴관** : 매주 월요일, 국경일 (단, 영화 및 연극은 명절을 제외한 국경일 관람 가능)
- **요금** : 동동놀이체험관 5,000원
  (유아 3,000원 보호자 2,000원, 장애영유아 50%할인)
- **교통** : * 지하철 8호선 강동구청역 2번 또는 3번 출구 … 강동구청 삼거리에서 올림픽 공원 방향으로 도보 2분
  * 버스 112, 112-1 영파여고 강동구청역 하차 … 도보 5분.
  * 버스 3220, 4313 강동구청역 하차 … 도보 5분

tip 국립중앙어린이박물관 가는 길

- **위치** : 서울 용산구 서빙고로 135번지
- **문의** : 02-2077-9000
- **시간** : 오전 9시~오후 6시
  (하루 6회, 회당 90분. 인터넷 예약 100명, 현장 선착순 관람 70명)
- **휴관** : 매주 월요일, 1월 1일
- **요금** : 무료
- **교통** : * 지하철 1, 4호선 이촌역 2번 출구 … 용산가족공원 방향
  * 버스 0211, 9502

 동물원

날씨 맑은 봄날이나 바람이 차지 않은 가을날, 쿠하는 할아버지 할머니 손 잡고 동물원에 갑니다. 삼대가 다 같이 모여 놀러가기에는 평지에 있는 공원이 좋지요. 할아버지 할머니와 함께 동물원에 갈 때 쿠하는 고추와 오이를 챙겨가자고 합니다. 쿠하가 처음 동물원에 갔을 때, 원숭이 우리 앞에서 고추를 던져주는 아저씨를 만난 적이 있습니다. 매콤한 맛이 싫지 않았던지 아저씨가 던지는 풋고추를 원숭이들이 앞 다퉈 받아먹고 있었지요. 그림책에서는 바나나를 즐겨 먹는다고 보아왔는데 매운 고추를 넙죽넙죽 잘 받아먹는 모습을 보니, 쿠하처럼 어린 아이들이 신기해했던 것은 물론이고, 저를 비롯해 주변에 있던 어른들도 신기한 눈빛으로 고추를 던지는 아저씨를 쳐다봤습니다.

그날 이후 쿠하는 동물원에 놀러 갈 때마다 잊지 않고

고추를 가져가자고 조릅니다. 고추가 매울 것 같아서 오이를 가지고 간 적도 있는데, 원숭이들은 오이도 와삭와삭 소리 내며 맛있게 먹었습니다. 하지만 동물원에 가서 먹이를 주는 건 좋은 습관이 아닙니다. 관람객들이 던져주는 음식에 동물들이 흥분할 수 있기 때문에 조심해야 합니다. 특히 맹수들에게는 함부로 장난을 치거나 먹을거리를 던져주지 않도록 주의를 줘야 합니다.

『고릴라』는 아빠와 함께 동물원에 가고 싶은 아이의 마음이 잘 나타난 작품입니다. 한나네 아빠는 늘 바쁘지요. 식사를 할 때도 신문을 들고 볼 정도로 바쁩니다. 아이는 아빠와 고릴라 이야기를 하며 놀고 싶지만, 주말에도 아빠는 일에 파묻혀 지냅니다. 그러던 어느 날, 한나의 생일 전날 밤에 놀라운 일이 벌어집

니다. 아빠가 한나에게 선물한 고릴라 인형이 점점 커지더니, 아빠만큼 커졌습니다. 고릴라는 한나와 함께 동물원에 갑니다. 고릴라와 한나는 문이 닫힌 동물원의 담장을 넘어 들어가서 오랑우탄과 침팬지를 만납니다. 돌아오는 길에 슈퍼맨 고릴라가 나오는 영화도 보고, 맛있는 것도 먹고, 춤도 추지요. 드디어 생일날 아침, 한나는 아빠와 함께 동물원에 갑니다. 아빠 뒷주머니에 꽂힌 바나나가 간밤의 환상적인 데이트를 아리송하게 합니다.

앤서니 브라운은 촘촘히 구성한 그림으로 책을 읽어주는 어른들의 눈도 즐겁게 하는 작가입니다. 젊은 시절에 의학서적에 인체를 그리는 일을 했었기 때문에 세세하게 그린다고 합니다. 현실과 환상을 자유자재로 넘나드는 그의 그림들은 르네 마그리트의 영향을 많이 받았다고 합니다. 그래서 그림책에서도 사실주의적인 기법을 바탕으로 초현실주의적인 이미지를 만들어 내는 표현을 자주 볼 수 있습니다.

그림책 속 배경에 걸려있는 그림들도 자세히 보면 재미있습니다. 한나네 집 현관에는 제임스 맥닐 휘슬러가 그린 '회색과 검은색 옷을 입은 화가의 어머니'가 걸려있고, 2층으로 가는 계단 벽에는 레오나르도 다빈치가 그린 '모나리자'가 걸려 있습니다. 한나와 고릴라가 지나가는 길에 붙은 '체 게바라' 벽보가 고릴라로 바뀌어 있는 등 고릴라 이미지로 패러디한 유명 작품들을 볼 때마다 작가의 재치에 웃음이 납니다.

그림책을 볼 때 배경에 그려진 포스터까지 자세히 설명해주는 습관 때문에 일어난 일입니다. 쿠하가 경춘선에서 만난 청년의 티셔츠에 그려져 있던 '체 게바라'를 보고 "엄마, 체 게바라다~"하고 큰 소리로 말했습니다. 옷을 입고 있던 청년도 깜짝 놀랐고, 주변 승객들 모두 웃었습니다. 겨우 18개월 밖에 안 된 아이가 '체 게바라'를 알아 봤기 때문이지요.

앤서니 브라운의 그림책을 보면, '어디서 많이 본 듯한' 그림들이 자주 나옵니다. 그냥 지나치지 말고 원작과 함께 보여줍니다. 미술사책이나 『내 손 안의 미술관』같은 책에서 찾아 보여줍니다.

　　　　동물원에 갈 때 쿠하 배낭에 『보리 세밀화 아기 그림책』과 『Dear Zoo』를 넣어갑니다. 호랑이나 곰을 그림책으로 보여줄 때랑 동물원에서 직접 보여줄 때랑 얼마나 느낌이 다른지 알게 되지요. 두 돌 이전에는 그림책을 직접 들고 가서 보여주면서 우리 안에 있는 동물과 비교해 보게 했습니다. 세 살이 된 뒤로는 굳이 그렇게까지 하지 않아도 호랑이나 사자가 얼마나 큰 동물인지, 얼마나 큰 소리로 포효하는지 알지만 돗자리 펴 놓고 밖에서 읽어주는 그림책은 집안에서 읽을 때와 또 다른 기분이 드나 봅니다.

　　　　아이가 좋아해서 동물원에 한 계절에 한 번 꼴로 가는 편입니다. 하지만 『야, 우리 기차에서 내려!』를 읽어줄 때면 동물원에 가기 미안해집니다. 자연에 살던 동물들을 사람들이 잡아다 가둬놓고 구경하는 곳이라는 걸 아이가 좀 더 자라면 알게 되겠지요. 강아지 잠옷집에서 잠옷을 꺼내 입은 아이는 잠자리 듭니다. 아이는 어느 새 강아지 잠옷집과 함께 침대 밑에 있던 기차에 타고 있습니다. 아이와 강아지 잠옷집에게 코끼리가 말하지요.

　　　　"제발, 나도 기차에 태워줘.
　　　　사람들이 내 상아를 잘라가려고 해.
　　　　자꾸 이러다간 우리 코끼리들은 살아남지 못할 거야."

　　　　아이와 강아지는 코끼리를 태워주고, 셋은 친구가 되지요. 책에는 물개, 두루미, 호랑이, 북극 곰 등 저마다 목숨을 위협받고 있는 동물들이 나옵니다. 동물원에 갈 때 읽어주기에는 민망하지만 『야, 우리 기차에서 내려!』는 반복되는 패턴의 대사와 고통 받는 동물들의 처지를 아이들에게 알려주는데 필요한 책입니다. 기차에 태워준 동물들이 각자의 특기를 살려 아이와 강아지 잠옷집과 함께 노는 장면을 보면서 쿠하는 자기도 연 날리기와 눈싸움을 하고 싶다고 하지요. 존 버닝햄은 환상과 현실을 자유자재로 드나들며 아이들의 마음을 즐겁게 합니다. 아침에 일어나자 아이 어머니가 집안 곳곳에 코끼리와 물개와 호랑이가 있다고 말해줍니다. 간밤에 동물들과 함께 떠난 기차 여행이 진짜였던 걸까요?

 어린이대공원 동물원 가는 길

위치 : 서울시 광진구 능동 18번지
문의 : 02-450-9311
시간 : 공원 오전 5시~오후 10시, 동물원 오전 10시~오후 5시
휴관 : 연중무휴. 폐장 한 시간 전까지 입장가능.
요금 : 어른 3,000원, 어린이 1,000원, 3세 이하 무료.
교통 : * 지하철 5호선 아차산역 4번 출구 어린이대공원 후문.
       * 지하철 7호선 어린이대공원역 1번 출구 어린이대공원 정문.
       * 버스 3216, 4212, 2217, 2222, 2413, 302, 371

서울대공원 가는 길

위치 : 경기도 과천시 막계동 159-1
문의 : 02-500-7338
시간 : 3월~10월 오전 9시~오후 7시, 1월~2월 오전 9시~오후 6시
휴관 : 연중무휴. 폐장 한 시간 전까지 입장가능.
요금 : 어른 3,000원, 어린이 1,000원, 3세 이하 무료.
교통 : 지하철 4호선 대공원역

 가회박물관

한옥이 밀집한 서울 북촌에는 오래된 한옥을 그대로 살려 박물관으로 개방하는 곳들이 있습니다. '가회박물관'은 평범한 주택가 골목 안쪽에 있습니다. 저는 길눈이 밝은 편인데도 처음 찾아가던 날은 잠깐 헤맸던 기억이 납니다. 세월의 흐름을 말없이 보여주는 기와가 수 백, 수천 장 모여 있는 가회동은 언덕 위에서 내려다보는 지붕 위 풍경이 그윽한 동네입니다. 북촌 산책에는 『쪽빛을 찾아서』, 『집짓기』, 『떡잔치』 등 우리나라 전통 문화를 소개하는 그림책이 잘 어울립니다.

가회박물관의 반쯤 열린 대문 안으로 들어서면, 왼쪽 책장에 우리나라 그림과 전통 문화를 소재로 한 그림책들이 전시되어 있었는데, 그렇게 다양한 책들이 있는 줄 미처 몰랐습니다. 박물관이라고 하면 으레 큰 건물만 떠올리기 쉽지만, 가회동에는 개인이 운영하는 작은 박물관들이 여러 군데 있습니다. 가회박물관은 'ㄱ자' 모양의 안채를 박물관으로 사용하고, 부속 건물에 사무실을 두었습니다. 조선시대 민화와 부적을 중심으로 서민들이 사용하던 소품들이 전시되어 있습니다.

방에 들어가듯 댓돌에 신을 벗어 놓고 들어가는 박물관은 저도 처음 갔습니다. 박물관에서는 우리나라 호랑이 그림과 중국이니 일본의 호랑이 그림이 어떻게 다른지 설명해 줍니다. 눈에 힘이 서려 있으면서도 귀여운 이미지로 그려진 호랑이가 우리나라 호랑이라고 합니다. 가회박물관에서는 아이가 그림에 손대지 않게 주의해야 됩니다. 신을 벗고 들어가서 바로 코앞에서 그림을 보기 때문에 자칫 아이가 흥분해서 뛰어다니다가 그림을 손상시킬 수도 있습니다.

'ㄱ자' 한옥의 끝자리에 닿으면 차탁이 있습니다. 어린아이라도 빼놓지 않고 받침을 깔고 차를 줍니다. 쿠하와 함께 간 날은 구수한 메밀차를 마셨습니다. 가정집을 개조해서 가까운 거리에서 그림을 구경할 수 있는 가회박물관처럼 작고 개성 있는 박물관이 많아졌으면 좋겠습니다. 집 근처에 그런 곳이 있다면 종종 아이들과 함께 동네 산보하듯 오가면서 관람객이 뜸한 평일 오후에 툇마루에 앉아 그림책을 읽으며 전통 문화를 알려주고 싶습니다. 가회박물관에서는 부적 찍기, 귀면와 탁본하기, 민화 그리기, 문자도 그리기, 민화부채 그리기, 모란 티셔츠 만들기 등 박물관에 전시된 작품과 연계된 다양한 체험활동을 할 수 있습니다.

tip 가회박물관 가는 길

- **위치** : 서울 종로구 가회동 11-103
- **문의** : 02-741-0466
- **시간** : 오전 10시~오후 6시
- **휴관** : 매주 월요일
- **요금** : 어른 3,000원, 학생 2,000원
- **교통** : 지하철 3호선 안국역.
  * 2번 출구 500미터 직진 ⇢ 전통병과교육원 옆 가회어린이집 골목 30미터.
  * 2번 출구 앞 ⇢ 2번 마을버스 승차 ⇢ 전통병과교육원 앞 하차 ⇢ 도보 1분.

192
193

그림책
들고
떠나는
소풍

친정이나 시댁에 갈 때도 우리는 삼대가 함께 가는 나들이 코스를 물색해 보곤 합니다. 할아버지 할머니와 집안에서 지내는 것보다 가까운 곳으로 가볍게 소풍을 가는 편이 어르신들 건강이나 아이들 기분에 더 좋기 때문이지요. 서울 친정에서 멀지 않은 파주출판도시, 헤이리 아트밸리, 남이섬, 근교의 박물관과 미술관 등 길이 막히지 않으면 한 시간 이내에 닿을 수 있는 거리면 어디든 합격입니다. 길 위에서 어른이 편안해야 아이에게 친절할 수 있기에 떠나기 전에 소요 시간, 이동 경로, 필요한 비용 등을 미리 조사해보고 가는 편입니다.

파주출판도시는 출판사들이 모여 있는 동네입니다. 평일에는 일하는 사람들이 출근하는 곳이지만, 주말이면 가족 단위의 방문객들이 찾아옵니다. 어린이책을 펴내는 출판사들이 무료로 개방하는 북 카페도 있고, 인형극이나 마술공연을 볼 수 있는 공연장도 있습니다. 회사건물 한 층을 서점으로 운영하며 저렴한 가격에 책을 파는 곳이 많습니다. 도서관에서 읽어주며 사주려고 마음먹었던 책들을 파주에서 발견하면 그 자리에서 기분 좋게 선물합니다.

헤이리 아트밸리도 자주 가는 동네입니다. 갤러리만큼이나 카페도 많은데, 커피를 좋아하는 우리 부부는 집에서 55킬로미터나 떨어져 있는 그곳이 멀게 느껴지지 않습니다. 헤이리에 가면 제일 먼저 쿠하가 좋아하는 '딸기가 좋아'에 들릅니다. 그런 다음 엄마 아빠가 보고 싶은 갤러리들을 찾아다닙니다. 하루 종일 돌아다녀도 다 못 보고 올 만큼 여러 곳이어서 우선순위를 두고 둘러볼 곳을 정하고 갑니다. 출판도시처럼 헤이리에도 출판사에서 운영하는 어린이책 할인 서점이 있습니다. 파주에 갈 때는 그림책을 따로 준비해 가지 않아도 됩니다. 현장에서 아이 눈길을 사로잡은 새 책을 반값으로 선물하는 알뜰한 즐거움이 있으니까요.

호수 위로 리프트를 타고 가는 건 조금 아찔한 일이지요. 그렇지만 계절에 따라 모습을 달리하는 숲과 호수를 내려다보는 재미를 알게 되면 과천 국립현대미술관에 갈 때마다 리프트를 타게 됩니다. 게다가 놀이공원과 동물원이 있어서 어른들 취미에 맞는 미술관 구경을 마치고 아이들 흥미에 맞는 동물원 구경을 가면 어른과 아이가 모두 만족하는 주말을 보낼 수 있습니다. 과천이나 천안 아라리오 갤러리로 현대 미술을 보러 가는 날이면 『우리 삼촌은 앤디 워홀』(제임스 워홀라 글, 그림 | 바다어린이)이나 『마법의 저녁 식사』(마이클 갈런드 글, 그림, 보림)를 보여줍니다. 『마법의 저녁 식사』는 르네 마그리트의 그림을 소재로 아이의 환상적인 경험을 그린 책입니다. 쿠하는 이 책의 내용을 이해하지 못하고 재미없어 해서 본문은 아예 읽어주지 않고 그림만 보여줍니다. 이 때 미술 책이나 인터넷 검색을 해서 마그리트의 원래 작품을 비교하여 보여줍니다. 엄마가 보는 책에 나온 그림이 자기가 보는 책에도 나온다는 사실만으로도 아이는 어깨가 우쭐해집니다. 엄

마가 아는 화가 이름을 자기도 안다는 걸 은근히 알리고 싶은지 그림책 제목 대신 '마그리트 그림책을 보자'고 먼저 청하기도 합니다.

아이의 시선으로 그린 『우리 삼촌은 앤디 워홀』은 쿠하가 꺼내 와서 자주 읽어달라고 하는 책입니다. 앤디 워홀의 조카인 제임스 워홀라가 어렸을 때 삼촌네 집에 놀러갔던 추억을 그린 책입니다. 고물 수집을 하는 제임스의 아빠는 앤디 워홀의 맏형입니다. 유명한 팝 아트 작가의 집에 대가족이 놀러간 이야기에는 앤디 워홀의 작품이 많이 등장합니다. 캠벨 수프 박스, 엘비스 프레슬리, 마를린 먼로의 초상 같은 미술작품 뿐만 아니라 독특한 하얀색 가발이나 집 안에서 기르던 수십 마리의 고양이 등 사소한 일상을 소개합니다. 아이들에게 앤디 워홀이 어떤 그림을 그린 화가인지 이야기해 주고, 작품은 알아도 화가에 대해서는 별로 관심 없던 어른들에게 유명화가에 대한 관심을 불러일으키는 책입니다.

쿠하도 그림 그리기를 좋아하는 삼촌이랑 스케치북에 낙서하며 노는 걸 좋아하는데, 제임스가 앤디 삼촌과 같이 그림 그리는 장면을 제일 좋아합니다. 책을 읽고 나면 아이는 어김없이 그림을 그리자고 합니다. 뒷정리를 해야 하는 물감놀이가 귀찮을 때가 많지만 책에 보인 관심을 꺾게 될까봐 아이가 하고 싶은 미술 놀이를 마음껏 하도록 둡니다.

남편의 고향인 광주에 가면 20~30분 거리에 장성 축령산 자연휴양림과 홍길동 테마파크, 담양 소쇄원과 명지미술관, 조금 멀게는 장흥 억불산 편백우드랜드와 정남진 천문대, 강진 영랑 생가와 백련사까지 나들이 갈 곳이 너무너무 많습니다. 산사 음악회가 열리는 무등산 증심사와 의재 허백련을 기념하는 의재미술관은 도심 한가운데서 문화와 자연의 혜택을 동시에 누릴 수 있는 고마운 공간들입니다. 미술관의 한 쪽 벽은 전체가 유리로 마감되어 있습니다. 미술관 찻집에 앉아 철따라 바뀌는 진경산수화 같은 무등산 풍경을 감상할 수 있습니다. 산의 지형을 잘 살려 지은 집이라는 걸 확연히 알수 있는 곳은 화장실입니다. 의재미술관 화장실은 크기와 모양이 모두 다릅니다. 어떤 칸은 좁고, 어떤 칸은 넓습니다. 아이 손을 잡고 모든 칸에 들어갔다 나오면서 왜 모양과 크기가 다른지 이유를 설명해 줍니다. 아이는 엄마가 하는 말이 무슨 뜻인지 전부 알아듣지는 못해도 최소한 화장실 모양이 다르다는 것은 알게 됩니다. 고속도로 휴게소 화장실이나 일반적인 미술관 화장실에 갈 때 의재미술관 화장실 이야기를 꺼냅니다. 아이는 엄마랑 칸칸이 다 들어가 본 특이한 경험을 잊지 않고 기억합니다. 언젠가 아이 혼자 산이 생긴 모양을 따라 지은 건축가의 설계의도를 알아챌 날이 있겠지요?

숲 해설사로 활동하는 시어머니 덕분에 우리 가족은 남도의 이름난 숲을 찾아다니며 생태 해설을 들을 수 있습니다. 무엇보다 도시에서 흔히 볼 수 없는 탁 트인 시야를 아이에게 선물할 수 있어서 좋았습니다. 눈이 가장 즐거웠던 곳은 고창군 공음면 학원농장 보리밭입니다. 30만 평에 이르는 넓은 땅에 보리가 자라는데, 해마다 4월 중순부터 한 달간 청보리밭 축제가 열립니다. 초록 물결로 넘실대는 보리밭 사이로 아이와 산책하는 기분은 말로 표현하기 어렵습니다. 상쾌하다거나 시원하다는 말로 설명하고 말기에는 부족합니다. 겨우내 찬바람 맞으며 자란 씩씩한 보리들에게 미안할 정도지요. 할아버지 할머니가 어렸을 때 장난감이 없어서 보리피리를 불고 놀았다고 말씀해주시면, 아이는 소리가 잘 나지 않아도 보리 줄기를 입에 물고 피리 부는 흉내를 내며 놉니다. 인근 주민들이 천막을 치고 각종 농산물을 저렴하게 팔기도 하고, 방문객을 위한 체험 이벤트도 열기 때문에 보리밭 산책이 끝나도 아이와 참여해 볼만 합니다.

쿠하는 꽁보리밥을 맛보다 책 때문에 더 좋아합니다. 아이들은 똥이나 방귀 이야기가 나오는 책을 유난히 재미있어 하지요. 『방귀쟁이 며느리』

(신세정 글, 그림 | 사계절)는 신윤복의 민화 같은 그림에 전라도 사투리로 이야기를 풀어가는 옛이야기 그림책입니다. 사흘에 한 번씩 방귀를 뀌지 않으면 못 견디는 처자가 이웃 마을 부잣집으로 시집을 갔는데, 시어른과 서방님 앞에서 귀를 참다가 얼굴이 점점 누런 메주처럼 변하지요. 보다 못한 시아버지가 며느리에게 무슨 까닭인지 묻습니다. "방귀를 참으면 쓰간디? 쒸어라, 뀌어."하고 시아버지가 방귀를 뀌라고 하자, 며느리는 "그라면 방귀를 뀔라니께, 아버님은 가마솥 저놈을 꽉 붙잡고 어머님은 저기 문고리 꽉 붙잡고 서방님도 아무거나 꽉 붙잡고 계시오, 잉!"하고 참았던 방귀를 뀝니다. '뿌웅, 뽕, 빵, 뺑, 삥.' 다양한 자세로 바꿔가며 방귀 뀌듯 읽어주면 아이는 코를 막고 웃으며 "그만! 그만!"하라며 웃어댑니다.

　　며느리 방귀 이야기로 보리에 관심이 생긴 아이에게는 보리농사를 짓는 과정과 보리밥에 얽힌 옛 추억들을 들려주는 『뿌웅 보리 방귀』도 반가운 책입니다. 세밀화로 그린 이 책은 보리농사에 얽힌 정보를 이야기 형식으로 풀어서 알려줍니다. 농사를 지어본 적 있는 할아버지 할머니들이 보시면 당신들이 잘 아는 이야기인지라 다른 책보다 훨씬 실감나게 설명하며 읽어주시지요. 농사를 지어본 적 없는 저는 가을에 씨를 뿌려 겨울에 얼지 말라고 보리밟기를 해 주고, 유월에 보리가 다 여물면 보리타작을 하기까지의 과정을 그림에 의지해 설명을 곁들여 읽어줍니

다. 책에 나오는 대로 보리밥을 방귀가 뀌는 이야기와 물속에서 방귀를 뀌면 거품이 뽀글뽀글 올라간다는 것까지 말해주면 아이는 "정말? 그럴까?"하며 깔깔깔 소리 내어 웃곤 합니다.

아이가 걸음마에 재미를 붙이기 시작하자 집 밖으로 외출하는 시간이 늘었습니다. 나들이 준비에 간식보다 그림책을 먼저 챙긴 건 어쩌면 엄마 자신을 위한 배려였는지도 모릅니다. 먹을거리는 길가의 편의점이나 과일가게에서 쉽게 구할 수 있지만, 읽을거리는 거리에 서점이 흔치 않아서 갑자기 구하기 어렵습니다. 집 밖에서 아이가 심심해할 때 그림책 두어 권만 있으면 걱정이 없습니다. 심심하다고 보챌 때마다 참 요긴하게 썼습니다. 책을 몇 차례 읽어주며 심심함을 달랠 수 있고, 책에 나온 이야기나 소재를 활용해 독후 활동을 하며 놀며 무료함을 달랠 수도 있습니다. 게다가 나들이 하는 장소에 잘 어울리는 책으로 고르면 평소에 집에서 읽어줄 때 보이지 않았던 새로운 반응을 보이기도 해서 책을 읽어주는 엄마의 입장에서는 의외의 수확도 얻을 수 있습니다.

집집마다 즐겨 찾는 나들이 장소가 다르고, 아이마다 좋아하는 그림책이 다릅니다. 아이가 자주 보는 그림책이 어떤 내용인지 살펴보고 그림책과 연결시킬 만한 요소가 있는 곳을 주변에서 찾아보세요. 그림책을 사이에 두고 어른과 아이가 기분 좋은 추억을 만들 수 있습니다. 설령 노느라 정신없어서 그림책은 까맣게 잊고 가방 속에서 잠자게 할 수도 있겠지만, 놀다가 잠깐 쉴 때, 그림책 한 권 읽는데 필요한 5분만 짬을 내면 책과 공간이 만나서 아이의 간접 경험과 직접 경험이 촘촘히 짜인 날줄과 씨줄이 되도록 도와줄 것입니다.

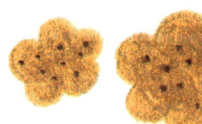

6장
책으로 만나는 가족

육아(育兒)는 육아(育我)입니다. 아이를 키우는 것은 곧 어른들의 마음을 키우는 일이기도 합니다. 아기가 태어나면 온 가족이 아기를 중심으로 모일 수 있습니다. 그때 그림책을 사이에 두고 이야기해보세요. 함께 같은 책을 읽으면 마음 나누기가 수월해집니다. 책으로 소통하는 가족의 힘은 어려운 상황에서 빛을 발합니다. 서로 응원하고 위로할 수 있도록 어른과 아이가 책으로 가득한 정원을 함께 가꿔보세요.

온 가족이 함께 읽어요

책은 힘이 셉니다. 사람이 만들지만, 어느 서점의 외벽에 적힌 것처럼, 책이 사람을 만들기도 하니까요. 제가 어렸을 때는 이렇게 다양한 그림책을 볼 수 없었습니다. 초등학교에 입학한 뒤로 글씨가 깨알처럼 많고 가끔 삽화가 나오는 동화책부터 읽었는데, 그때 우리 엄마는 방학만 되면 전집을 사주셨습니다. 전집을 들여놓으면 방학이 끝나기 전에 60권 혹은 120권을 다 읽고 독후감을 썼습니다. 그렇게 몇 번의 방학이 지나고 나니 저는 교실에서 글짓기를 잘하는 축에 속하게 됐고, 상장이라는 칭찬이 콩나물시루의 물처럼 제게 뿌려져, 점점 더 책과 친한 아이로 자라게 했습니다. 저는 형제가 네 명이라 책을 한 권 살 때 책값을 사등분 하는 습관이 있습니다. 한 사람이 보면 1만 원이지만, 우리 넷이 돌려서 보면 2천 5백 원이니까, 책값이 그리 아깝지 않다는 셈법입니다. 그 계산법은 지금도 유효합니다. 요즘도 우리 형제들은 한 사람의 책을 돌려 읽곤 합니다. 심지어 도서관에서 빌린 책도 서로 돌려가며 읽기도 하지요. 집을 떠나 새로운 가정을 이룬 뒤에도 저에게 괜찮은 책은 형제에게도 읽게 하는 데 그 까닭은 아주 경제적인 이유입니다.

의사소통을 빠르고, 편하게 하기 위해서는 책만큼 좋은 도구가 없습니다. 어려서부터 같은 책을 읽으며 자란 형제들은 함께 본 책에서 예를 들어서 설명해주기에 무슨 말을 하고 싶은 지, 진심은 무엇인지 금세 알 수 있습니다. 의사소통이 잘 되면 시간 낭비를 줄일 수 있습니다. 잔소리 하거나 쓸데 없는 부연 설명을 줄일 수 있기 때문에 말이 잘 통합니다. 말이 잘 통하니 의견 조율도 쉽고, 힘든 일 앞에서 마음을 모으기도 어렵지 않습니다.

　　　　십 여 년 전, IMF구제금융 시기에 온 나라가 어렵다고 아우성일 때, 우리 집도 예외는 아니었습니다. 세입자가 많은 다가구 주택에서 단체로 이사를 가겠다며 전세보증금을 빼달라고 하고, 설상가상으로 아버지의 쌀가게가 문을 닫는 바람에 살던 집을 세 주고 여섯 식구가 옥탑으로 이사했습니다. 여름에는 덥고, 겨울에는 추운 옥탑 생활은 2003년 여름까지 이어졌습니다. 처음에는 한두 해만 살 줄 알았는데 다시 아래층으로 내려와서 헤아려보니 어느새 7년이 지났다는 사실에 모두 깜짝 놀랐습니다. 옥탑에서의 7년은 경제적으로는 괴로웠지만, 서로에게 응원가를 불러주는 든든한 가족이 있어 견딜 만 했습니다. 그때 우리는 소설가 조헌용과 함께 하는 독서토론회에 형제들이 단체로 참여했습니다. 남들은 20대 초반의 대학생 누나들과 고등학생 남동생이 늘 붙어 다니는 게 신기하다고, 집에서 볼 거면서 왜 밖에서도 같이 노느냐고, 차라리 독서토론회를 너희들끼리 집에서 하라고 놀리기도 했습니다. 어려운 시기에도 우리는 4분의 1값으로, 혹은 정가의 4배로 부풀려가며 책을 읽었습니다.

　　　　어려서부터 책을 가까이 하는 아이로 자란 저는 지금도 책을 좋아합니다. 책을 좋아하는 사람은 설령 잘못된 길로 가더라도 돌아설 기회가 그만큼 많아진다고 생각합니다. 좋은 선생님들이 정제된 생각과 말들로 잘 타일러주기 때문이지요. 아이를 낳고 기르면서 언제까지나 제 손으로 아이를 보살필 수는 없기에 아주 어릴 때부터 책을 가까이 하는 아이로 기르고 싶습니다. 제가 돌볼 수 없는 상황에서도 책은 아이를 다독이고, 응원하고, 야단칠 것입니다.

아이가 태어나 처음으로 만나는 사람들은 가족입니다. 새로 만나는 세상과 사람들 사이에서 아이는 말과 행동을 배워갑니다. 그리고 생각을 키워갑니다. 아이는 엄마 혼자 키우는 게 아니지요. 온 가족이 함께 기릅니다. 아이를 기르는 사람들의 생각과 가치관이 공유되지 않으면 두고두고 불편합니다. 의견이 엇갈리면 서로에게 원망과 타박을 하게 됩니다. 그래서 아이가 태어나면 가족들이 아이를 중심으로 모여, 아이에게 읽어주는 그림책으로 서로의 생각과 말과 행동을 살펴보는 게 좋습니다.

가족이 함께 그림책을 읽으며 아이의 인성을 잘 키워주자는 말에 동의한다면, 먼저 어른들부터 살펴봐야 합니다. 아이들에게 심어줄 가치관을 어른들이 행동으로 옮기고 있는지 말입니다. 육아(育兒)는 육아(育我)입니다. 아이를 키우는 것은 곧 어른들의 마음을 키우는 일이기도 하지요. 아기가 태어난 뒤 최초의 3년이 가족 화합에 가장 좋은 기회입니다. 어른들 스스로 말과 행동을 돌아보고, 가족의 마음을 살피는 태도가 몸에 배는 데 아기가 태어난 뒤 최초 3년은 결코 짧은 시간이 아닙니다. 몸무게 3킬로그램으로 태어난 쿠하가 13킬로그램이 되는 3년 동안, 누워 있기만 하던 아기는 배를 밀며 기어가고, 혼자 앉고, 소파를 짚고 일어나 걷고, 제 발로 뛰어다니게 됐습니다. 몸무게 10킬로그램이 성장하는 동안 아이에게 일어난 신체적, 언어적 변화는 정말 놀랍습니다. 그 변화의 순간마다 아이가 온 힘을 다해 애쓰는 모습을 보면서, 곁에서 어른들의 마음도 함께 성장하기를 바랐습니다.

아이를 낳은 뒤 3년간 온 가족이 아이와 함께 자라겠다는 소박한 목표를 세워보세요. 아이와 마음이 잘 통하는 어른이 되려면, 아이의 눈으로 세상을 보는 일은 연습이 필요합니다. 대부분의 그림책은 아이들에게 읽힐 목적으로 만들어진 책입니다. 아이들이 읽는 책을 어른들이 함께 읽으면서 어린아이의 마음으로, 고정관념이 없는 눈으로 세상을 보면 좋겠습니다. 저는 쿠하가 강한 사람 앞에서 약한 모습을 보이지도, 약한 사람 앞에서 강한 모습을 보이지도 않는 사람으로 자라기를 바랍니다. 공평하고 당당한 사람이기를 희망합니다. 그러기 위해서는 집안에서부터 평등한 분위기, 공평한 기준을 보여줘야 합니다.

가족에 대한 그림책 가운데 『돼지책』은 제게 실질적인 도움을 주는 책입니다. 남자와 여자가 집안에서 하는 역할을 돌아보게 합니다. 이 책은 특별히 집안 남자어른들이 자주 읽어주게 하는 책입니다.

피곳씨와 두 아들은 매일 아침 '아주 중요한 회사'와 '아주 중요한 학교'에 갑니다. 피곳부인이 차려주는 밥을 먹고, 이부자리 정리도 하지 않은 채 말이지요. 피곳부인은 침대 정리를 하고, 설거지를 하고, 청소를 하고 그리고 나서 일을 하러 갑니다. 저녁이면 그들은 '아주 중요한 회사'에서 돌아와 "여보 밥 줘"라고 말하면 그만입니다. 심지어 저녁마다 돌아와 "어이, 아줌마, 빨리 밥 줘."라고 하지요. 피곳씨와 두 아들이 저녁을 먹고 소파에 늘어져 텔레비전을 보는 동안 피곳부인은 설거지를 하고, 빨래를 하고, 다림질을 합니다.

그러던 어느 날, 피곳씨와 아이들이 집으로 돌아왔을 때, 집에는 아무도 없었습니다. 피곳부인이 사라진 집에서 모든 것이 점점 돼지로 변해 갑니다. 벽지의 꽃도 돼지 얼굴로 변하고, 수도꼭지도 돼지 모양으로, 피곳씨와 아이들도 돼지로 바뀌지요. 먹을거리가 떨어지고 집안이 더러워진 저녁, 피곳부인이 나타납니다. 피곳씨와 아이들은 무릎을 꿇고 용서를 빌지요. 피곳씨는 요리를 하고, 다림질을 합니다. 아이들도 이부자리를 스스로 정리하고, 아빠를 도와 음식을 만들지요. 피곳부인도 남편을 도와줍니다. 자동차 수리를 마친 피곳부인의 얼굴에 미소가 번집니다. 무표정한 얼굴로 설거지와 청소를 하던 예전의 피곳부인이 아닙니다.

이 책을 남편에게 건네며, 쿠하에게 읽어주라고 했을 때, 남편은 대뜸 "섬뜩해지는 책이다."라고 말했습니다. 집안일은 잘하면 본전인 일입니다. 하지만 누군가 끊임없이 손을 쓰지 않으면 금세 사람 없는 티가 나는 일이기도 합니다. 엄마 혼자 감당하기에는 힘에 부치지만 매번 도와달라고 말하는 것도 치사해서 묵묵히 하게 되는 일이지요. 아이가 태어나면 일은 두 배, 세 배로 늘어납니다. 피곳씨 가족처럼 같이 하면 4분의 1로 줄어들지만, 혼자 하면 4배나 되는 일을 엄마가 해야 합니다.

　　즐거움은 더하고, 괴로움은 빼고, 기쁨은 곱하고, 고통은 나누어 짊어지는 사람들이 가족입니다. 쿠하가 태어난 뒤로 『돼지책』은 우리 집 스테디셀러입니다. 꾸준히 읽어주며 게으른 어른들은 각성하고, 쿠하와 까이유에게 가족이 한마음으로 사는 지름길을 보여줍니다.

쓸쓸한 빈자리

얼마 전, 쿠하가 '왕 할아버지'라고 부르던 시외조부께서 돌아가셨습니다. 시댁에 가면 멀지 않은 곳에 사시는 시어머니의 친정아버지께 찾아가 한나절을 보내곤 해서 그런지 쿠하는 아흔을 바라보는 할아버지 앞에서도 낯가림을 하지 않았습니다. 할아버지는 쿠하가 자주 뵙던 분들 가운데 처음으로 돌아가신 분입니다. 장례식장에서 영정사진을 보며, "엄마, 왕 할아버지다. 할아버지 어디 있지?"하고 큰소리로 물었습니다. 어른들이 하얀 한복으로 갈아입자, 자기도 설날 입던 한복을 입겠다며 떼를 피웠습니다. 네 살 아이에게 죽음에 대해 설명하는 일은 쉽지 않았습니다.

"쿠하야, 이제 누구도 다시는 할아버지를 만날 수 없어. 『아버지와 딸』 생각나니? 거기서 아버지랑 딸이랑 나중에 다시 만나잖아. 쿠하랑 할아버지도 언젠가 하늘나라에서 다시 만나게 될 거야. 그때까지는 못 만난다는 얘기야."

"왕 할아버지가 어디 가는데?"

"하늘나라로 가실거야. 『구름 나라』에서 아이들이 구름을 타고 노는 것 봤지? 그 아이들처럼 할아버지도 이제 구름을 타고 노실 거야. 이제 더 이상 우리하고 놀 수는 없어."

"왜?"

"돌아가셨으니까."

"왜 돌아가셨는데?"

"……."

끝도 없이 이어지는 아이의 질문에 몇 권의 그림책으로 궁색한 답을 들려줍니다. 『구름나라』는 엄마 아빠와 등산을 간 아이가 하산 길에 발을 헛디디며, 그만 절벽 아래로 떨어졌을 때 겪은 이야기입니다. 앨버트의 엄마 아빠는 샅샅이 찾았지만 아이를 찾을 수 없었고, 깊은 슬픔에 빠졌지요. 구름 위에서 편안하게 잠든 앨버트의 모습과 가벼운 깃털 같은 몸이 되어 구름나라 아이들과 빗속에서 수영하고 무지개를 그리며 노는 모습을 보면서, 저는 쿠하에게 세상을 떠난 사람들이 그렇게 지낸다고 말해 주었습니다. 아이들과 재미있게 놀던 앨버트는 문득 엄마 아빠와 자기의 작은 침대가 생각났고, 구름나라 여왕님이 들을 만큼 큰 소리로 "집에 가고 싶다."고 말하지요. 여왕님의 도움으로 구름나라 아이들과 작별 인사를 하고 집으로 돌아온 앨버트가 깨어났을 때, 엄마 아빠가 다행스러운 표정으로 아이 볼에 입을 맞춥니다. 『구름나라』는 존 버닝햄 특유의 장난스러움과 쾌활함으로 무겁지 않게 삶과 죽음의 경계에 대해 이야기합니다. 그에 비해 『아버지와 딸』은 차분하고 애잔한 풍경화로 죽음을 묘사합니다. 아버지와 딸이 간척지를 개간해서 만든 평지에서 자전거를 타는 그림을 가까운 하늘 위에서 내려보거나 멀리서 바라보는 시선으로 보여줍니다. 나무 곁에 자전거를 세우고 아버지는 어린 딸에게 마지막 인사를 건넵니다.

"잘 있거라. 아가야."

"잘 가요, 아빠."

아버지는 천천히 수평선을 향해 작은 배를 타고 노를 저어 갑니다. 여러 해가 지나가고 나무들은 자라지만, 아버지는 돌아오지 않지요. 그림은 점점 자라는 딸과 커지는 자전거를 차분하게 보여줍니다. 친구들과 웃고, 애인과 데이트를 하고, 어느 새 어머니가 되어 아이들을 데리고 아버지와 자전거를 타던 곳으로 놀러 옵니다. 세월이 흘러 딸은 나이 든 여자가 되어 제방을 걸어갑니다. 갈대밭 사이에 있는 작은 배 안에 살포시 누운 모습이 마치 태아가 엄마 뱃속에 있는 모습처럼 보입니다. 무언가 변한 것을 느낀 그녀가 일어나 달리기 시작하자 늙은 딸이 점점 젊어집니다. 갈대밭을 달려가는 그녀 앞에 나타난 그림자는 바로 아버지였습니다. 그토록 그리던 아버지를 다시 만난 거지요.

『아버지와 딸』은 단편 애니메이션으로 제작된 그림책입니다. 약 8분 동안 대사 없이 배경음악과 그림으로 아버지를 그리워하는 딸의 마음을 표현한 작품입니다. 『아버지와 딸』은 2001년 안시 영화제 그랑프리 수상작이기도 하지요. 그림책에서는 평면적인 갈대밭으로 표현되지만 애니메이션에서는 갈대밭을 뚫고 검은 길을 내며 가는 늙은 딸의 모습과 달려가면서 젊어지는 딸의 모습을 더 생생하게 볼 수 있습니다.

『오른발, 왼발』은 본문 내용이 길어서 아주 어린 아이들은 가만히 앉아서 다 듣기에도 벅찬 책입니다. 이런 책을 읽어줄 때는 책장을 펴기 전에 할머니나 할아버지 이야기로 관심을 유도하거나, 처음부터 읽어주기 보다는 관심을 보이는 부분만 찾아서 읽어주는 게 좋습니다. 이 책에는 뇌졸중이라는 병명이 나옵니다. 팔다리도 움직이지 못하시고, 아무 말씀도 할 수 없다는 증세를 설명하는 부분을 찾아서 몇 줄 읽어줍니다. '뇌졸중'이라는 생경한 단어만으로도 쿠하는 귀를 쫑긋 세웁니다.

『오른발, 왼발』은 보비와 보브 할아버지가 나눈 정이 담긴 그림책입니다. '보비'라는 이름도 보브 할아버지의 이름에서 따서 지은 것이지요. 보비가 아직 아기였을 때, 할아버지는 "보비한테 할아버지 소릴 들으려면 삼 년은 더 기다려야 할 거야. 그러니까 나를 그냥 '보브'라고 부르도록 가르쳐야겠어."라고 말합니다. 할아버지의 진심이 통했는지, 보비가 세상에 태어나 처음으로 한 말은 "보브"였습니다. 할아버지는 보비에게 "오른발, 왼발"이라고 말하며 걸음마를 가르쳐 주었고, 낡은 나무 블록으로 쌓기 놀이를 하곤 했습니다.

보비가 다섯 살이 됐을 때, 할아버지는 뇌졸중으로 병원에 입원을 했습니다. 할아버지가 움직이지도 못하고, 사람들을 알아보지도 못하셨을 때 보비는 놀라고 밤에 잠도 잘 자지 못했지요. 어린 보비가 침대에 앉아 창밖을 바라보는 장면에서 저는 옛 생각에 코끝이 찡했습니다. 제 어머니는 마흔아홉에 당뇨 합병증으로 뇌졸중을 앓았습니다. 자존심이 강한 어머니는 이모들의 병문안조차도 허락하지 않는데, 병실 창문 밖으로 달을 쳐다보면서 어머니가 얼른 자리를 털고 일어나시기를 기도했던 기억이 떠올랐습니다. 보브 할아버지가 조금씩 말을 하게 되고, 밥을 혼자서 숟가락으로 드시게 됐지만 아직 걸을 수는 없었습니다. 다섯 살 보비는 할아버지와 함께 잔디밭에서 걸음마 연습을 하지요. 이번에는 보비가 할아버지에게 걸음마를 가르쳐줍니다.

아이와 할아버지의 사랑을 그린 존 버닝햄의 『우리 할아버지』도 할아버지의 쓸쓸한 빈자리를 대신하기 좋은 그림책입니다. 할아버지와 아이가 사계절을 지내며 함께 노는 모습을 담은 『우리 할아버지』는 천진난만한 아이의 언어와 손녀를 바라보면서 자신의 어린 시절을 회상하는 할아버지의 추억이 한 화면에서 그려지는 구성이 돋보이는 책입니다. 흑백 그림 속 할아버지의 귀여운 모습에서, 누구에게나 어린 날의 추억이 있다는 것을 새삼 느끼게 되지요. 어느 날 병석에 누운 할아버지는 더 이상 손녀와 놀아주지 못하게 됩니다. 할아버지가 자신의 말을 잘 알아듣지 못할 때 짜증을 내기도 하지만 아이는 할아버지와 많은 시간을 보냅니다.

"이거 참 맛있는 초코 아이스크림이구나."

"초콜릿이 아니라, 딸기 아이스크림인데요."

"물고기를 잡으면 저녁에 요리를 해먹자."

"근데 할아버지, 고래를 잡으면 어떻게 하죠?"

할아버지와 손녀의 대화는 천천히 읽어줘야 합니다. 아이들은 성대모사를 하지 않은 이상, 이어지는 두 문장을 혼동할 수 있거든요. 문맥을 이해하는 나이라면 상관없지만 두세 살 아이들에게는 할아버지의 대사와 손녀의 대답을 분명하게 맺고 끊어주며 읽어주세요.

마지막 부분에 할아버지의 텅 빈 초록색 소파가 그려져 있는데, 저는 빈 의자를 보며 가슴이 철렁 내려앉았습니다. 별다른 고민 없이 아이의 할아버지가 돌아가셨다고 생각했거든요. 빈자리를 보자마자 죽음을 연상하는 엄마와 달리 "쿠하야, 여기 있던 할아버지가 어디에 갔을까?"하고 물으면, 쿠하는 매번 다른 대답을 합니다. 어떤 날은 할아버지가 아이에게 줄 사탕을 사러 가셨다고 하고, 어느 날은 아이스크림을 사러 가셨다고 하지요. 주로 먹을거리를 사러 가셨다고 대답하지만, 가끔은 여행을 가셨다고 하거나 강가에 산책하러 가셨다고 하기도 합니다.

어린 아이에게 늙고, 병들고, 죽는 자연스러운 과정을 설명하기 난해한 날, 그림책을 읽으며 할아버지 할머니도 언젠가 쿠하 곁을 떠나게 된다는 이야기를 들려줍니다. 늙는다는 것과 죽는다는 것이 인간이 겪어야 할 자연스러운 일임을 그림책 몇 권을 통해 알려줍니다.

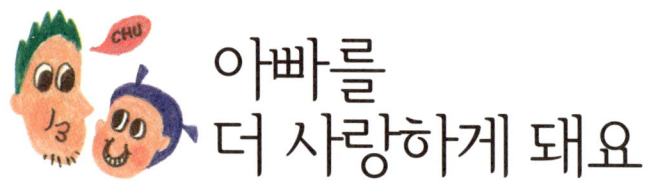

아빠를 더 사랑하게 돼요

쿠하는 아빠와 보내는 시간이 너무너무 귀한 아이입니다. 춘천에서 일하던 아빠가 강릉으로 떠난 뒤로 보름에 한 번꼴로 만나게 됐거든요. 그래서인지 아빠가 화를 내거나 야단을 치면 엄마가 그렇게 했을 때보다 더 서운해 하고, 더 서러워하는 경향이 있습니다. 엄마가 야단을 치면 삐쳤다가도 금세 헤헤 웃으며 장난을 치는데, 아빠가 혼내면 서럽게 울면서 아빠를 때리거나 꼬집으면서 자기가 화가 났다는 걸 분명하게 표시합니다. 그래서 가끔은 남편이 서운해 할 때도 있습니다. 쿠하가 급할 때 엄마만 찾는다는 거지요. 오줌이나 똥이 급할 때 엄마가 동생에게 젖을 먹이고 있는 걸 보면서도, 기어이 엄마랑 가겠다고 우길 때 손이 가지 않아 편하면서도 괜히 서운한 감정이 드나 봅니다. 아무리 달래도 그치지 않던 아이가 제 엄마에게 안겨 울음을 뚝 그칠 때도 그렇고, 잘 자고 일어난 일요일 아침, 엄마 먼저 찾을 때도 그렇습니다. 엄마와 아이가 갖는 친밀감이 부럽다면 아빠들도 엄마들만큼 아이와 살 부비며 더 많은 시간과 정성을 들여야지요. 쉬는 날, 아빠의 취미생활이나 휴식 대신 아이와 단둘이 데이트해보세요. 멀리 가지 않아도 됩니다. 집에서 가까운 데 있는 도서관이나 서점 나들이만으로도 아이들은 즐거워합니다. 엄마 없이 아빠와 단둘이서 집 밖으로 나서는 순간, 아이에게는 특별한 하루가 됩니다.

평소에 엄마와 늘 다니던 길도, 아빠와 걸으면 뭔가 새로운 기분이 들 수 있습니다. 목마를 태우고 걸어가도 좋겠지요. 엄마에게 선물할 가로수 잎을 한 장 뗄 수 있게 해 주면 의기양양한 표정으로 높은 데 있는 나뭇잎을 땄노라고 자랑할지도 모릅니다. 도서관 가는 길에 엄마가 잘 사주지 않는 솜사탕이나 아이스크림을 주거나, 엄마 키가 닿지 않는 높은 책장에 꽂힌 책을 꺼내주면 아이는 아빠만이 할 수 있는 일들이 있다는 사실에 아빠와 하는 가벼운 나들이에 재미를 붙일 겁니다. 도서관에서는 이웃에게 피해를 주지 않는 선에서 아이와 놀고 오세요. 비눗방울 놀이 세트를 챙겨가서 도서관 마당이나 쉼터에서 아이와 아빠가 교대로 비눗방울을 불어도 좋고, 고무풍선 몇 개를 준비해서 다른 집 아이들과 함께 풍선 피구를 해도 좋지요.

말이 잘 통하는 아이라면 먼저 아이들에게 아빠와 하고 싶은 게 뭔지 물어보세요. 아빠가 쉬는 날 하루쯤 엄마도 쉬게 해 주세요. 한 달에 한 번이라도 아빠와 아이들만의 외출로 엄마들에게 혼자만의 시간을 만들어 주면 좋겠습니다. 그럴 때 엄마도 음악이 좋은 동네 카페에 가서 커피도 마시고, 소설책도 읽고, 영화도 한 편 보게요.

『고릴라』는 아빠에 대한 쿠하의 마음을 그대로 대변하는 책입니다. 『고릴라』에는 우리 주변에서 흔히 볼 수 있는 아빠와 딸이 나옵니다. 고릴라를 좋아하는 한나는 한 번도 동물원에 가서 직접 본 적이 없어요. 그림책이나 비디오로 고릴라를 보며 혼자 놀지요. 아빠는 늘 바쁩니다. 주말에도 한나와 놀 시간이 없어요. 창백한 얼굴로 식탁에 앉아 신문을 보는 아빠의 모습은 밥을 먹는 시간조차 아이와 함께 하지 않는 바쁜 아빠들의 태도를 잘 보여줍니다. 고릴라를 좋아하는 한나를 위해 아빠는 잠든 딸아이 곁에 작은 고릴라 인형을 선물하지요. 그날 밤, 한나에게 엄청난 사건이 벌어집니다.

고릴라 인형이 점점 자라나 큰 고릴라로 변신하지요. 같이 동물원에 가고, 영화도 보고, 맛있는 것도 먹고, 춤도 춥니다. 아이가 아빠와 하고 싶었던 일들을 고릴라가 모두 해주는 셈이지요. 고릴라와 헤어진 뒤, 아이는 이 엄청난 사실을 아빠에게 말해주러 아래층으로 달려갑니다. 생일케이크에 촛불을 켜고 축하해주는 아빠의 바지 뒷주머니에 시선이 갑니다. 간밤에 고릴라와 있었던 일들이 그저 꿈이라는 어른들의 틀에 박힌 해석을 잠깐 보류하라는 듯 앤서니 브라운은 아빠의 주머니에 바나나 한 개를 넣어두었지요.

아이들이 아빠에게 바라는 것이 맛있는 외식이나 값비싼 장난감만은 아닙니다. 함께 이불을 김으로, 베개를 단무지로, 주황색 옷을 입은 아이들을 당근으로 하는 김밥놀이를 하고, 아빠보다 더 큰 키로 멀리 보도록 목마를 태워주고, 그림책 속 공룡 이름을 같이 외우는 아주 가볍고 사소한 일상들이지요. 『고릴라』 외에도 앤서니 브라운의 『우리 아빠가 최고야』와 『우리 엄마』는 엄마 아빠의 소중함을 전해주는 그림책입니다. 아이들 눈에 비친 아빠 엄마의 모습을 엿볼 수 있는 이 책들은 앤서니 브라운 특유의 재치와 유머가 멋지게 묘사되어 있어 어른들이 보기에도 재미있습니다. 아빠나 엄마가 시간이 없어서 그렇지 우리 아이들과 함께 하기 싫어서가 아니라는 사실을 깨닫게 하고, 가족이 서로 칭찬하고 응원하는 분위기 안에서 아이들을 키우면 좋겠습니다.

할머니와 더 친해져요

　어린 손녀를 기다리는 할머니의 마음은 분주합니다. 아이가 잘 먹는 간식을 미리 챙겨 두고, 아이 머리에 꽂아 줄 헤어핀이며 가지고 놀 장난감도 한두 개 준비해 둡니다. 할머니 집에 오는 걸 싫어하지는 않을까 한 회도 빼먹지 않고 보시던 일일드라마도 미뤄두고 손녀가 좋아하는 어린이 프로그램에 채널을 고정시켜 놓습니다. 그런 할머니 마음을 어린 손녀가 알 리 있나요? 아이는 간식을 먹는 둥 마는 둥 놓아두고 집에서 엄마가 틀어주지 않는 만화 영화를 보는 재미에 푹 빠져 할머니가 들었다 놓았다 고르고 골랐을 선물들은 안중에도 없습니다.

　　할머니를 만나는 날. 아이들이 낯가림을 심하게 하면 엄마는 잘못한 것도 없이 괜히 미안해집니다. 더구나 낯가림을 하는 시기가 지난 서너 살 아이들이 할머니께 다가가지 않으면 민망한 마음마저 들지요. 아이와 할머니를 가장 가깝게 하는 순간은 그림책 읽기 시간입니다. 엄마가 나서서 텔레비전을 끄고 그림책을 들고 옵니다.

　　할머니와 손녀 사이를 가장 가깝게 하는 방법은 할머니 무릎에서 그림책을 읽는 것입니다. 돌 전후의 아이들이라면 헝겊책, 사물 인지, 까꿍 놀이 그림책 등 아이와 쉽게 교감할 수 있는 쉬운 책들을 준비해 주세요. 글 내용이 많거나 아이가 어렵게 느끼는 책은 익숙한 환경에서 편하게 보게 하고 집 밖에 책을 가지고 갈 때는 아이가 유난히 재미있게 반응하는 책으로 고릅

니다. 제법 본문이 긴 내용도 소화할 수 있는 아이라면 할머니를 소재로 한 그림책들을 준비하세요. 러시아 전설을 담은 『바바야가 할머니』(페트리샤 폴라코|시공주니어)는 마녀에 대한 편견과 오해를 버리고 마음씨 따뜻한 숲 속의 마녀가 마을 사람들과 어울리게 되는 과정을 그린 책입니다. 작가의 독특한 그림이 돋보이는 이 책은 숲을 다스리며 혼자 사는 마녀가 일하러 간 어머니를 대신해 어린아이 빅터를 돌봐주는 이야기입니다. 겉모습이 무서운 마녀지만 빅터를 사랑하는 마음을 아이는 알아채지요. 마녀라고 수군거리며 아이들에게 겁을 주던 마을 사람들은 마녀의 참 모습을 오해한 자신들의 잘못을 뒤늦게 깨닫고 바바야가 할머니를 위한 잔치를 열어줍니다. 행복한 결말로 끝나는 마녀 이야기를 통해 무서운 것을 싫어하는 3~4세 아이들에게 무서움의 원인이 대개는 정확히 잘 몰라서 오해하기 때문에 생기는 것이라고 설명해 줍니다. 전개와 절정과 결말이 완결된 구조를 가진 『바바야가 할머니』는 할머니가 아이들을 위하는 마음을 엿볼 수 있습니다. 어린 손자를 위하는 할머니의 마음이 다 똑같다는 것을 할머니의 음성으로 전해 듣습니다.

　　　　혼자 사는 할머니의 모습은 그림책에서 어렵지 않게 볼 수 있습니다. 『책 읽기를 좋아하는 할머니』(존 윈치|주니어파랑새), 『할머니의 감자』(파멜라 엘렌|풀빛), 『이름 짓기를 좋아하는 할머니』(신시아 라일런트|보물창고), 『손 큰 할머니의 만두 만들기』(채인선|재미마주) 모두 할머니 혼자 살지요.

　　　　이름 짓기를 좋아하는 할머니는 로잰느에서 잠을 자고, 베치를 타고 다니며, 프레드에 앉습니다. 그 모든 것들은 프랭클린 안에 들어 있지요. 가구나 자동차에게까지 이름을 지어주었다고 해서 할머니가 아무한테나 이름을 지어주는 것은 아닙니다. 할머니 보다 오래 살 것들에게만 지어주는 할머니만의 원칙이 있습니다. 그러던 어느 날, 갈색 강아지가 매일 할머니의 집 앞을 서성입니다. 할머니가 햄 한 덩어리를 주면 받아먹는 강아지인데, 정이 들어도 할머니는 원칙대로 강아지에게 이름을 지어주지 않습니다. 강아지가 할머니 집에 더 이상 찾아오지 않자 이번에는 할머니가 강아지를 찾아 나섭니다. 떠돌이 개를 보호하는 사육장까지 찾아간 할머니. 사육사가 잃어버린 개의 이름을 묻자 머뭇거립니다. 할머니보다 먼저 세상을 떠난 친구들을 떠올랐기 때문이지요. 외로워서 침대를 로잰느로, 자동차를 베치로, 의자를 프레드로, 집을 프랭클린이라 부르고 살던 할머니는 친구들의 얼굴을 떠올리며 그들과 만난 것이 얼마 큰 행운이었는지 깨닫게 됩니다. 그리고 사육사에게 대답하지요. "우리 개 이름은 '러키'랍니다! 행운이라는 뜻이 담긴 이름이죠."

이 책을 알게 된 뒤로 쿠하는 주변에 있는 많은 물건들에 새 이름을 지어주었습니다. 처음 읽어준 게 두 돌이 되기 전이었는데, 크리스마스 선물로 받은 눈사람 인형은 레미니로, 잠잘 때 켜두는 작은 조명은 정미로, 상근아 하고 부르면 멍멍 대답을 하는 강아지 인형은 린으로 불립니다. 아이는 자기가 붙여준 별명을 열심히 부르고, 무엇이든 자기 마음에 드는 것은 새 이름을 지어주곤 합니다. 이름을 지어주는 것이 마치 친밀한 그 무엇을 공유하기라도 하는 듯 이름 짓기에 열심입니다.

『할머니의 감자』는 독후활동을 하며 할머니와 더 친하게 되는 책입니다. 잭의 엄마는 금요일마다 아이를 맡기고 일을 하러 갑니다. 잭은 할머니와 책도 읽고 바닥을 뒹굴며 레슬링도 하고 케이크도 먹고 놉니다. 심심해 하는 아이를 위해 할머니는 감자 네 알로 남자 여자 인형을 만듭니다. 어느 날부터인가 잭이 오지 않았고, 감자인형에는 싹이 돋아났지요. 점점 자라는 뿔을 가만히 보고만 있을 수 없어 할머니는 작별 인사를 하고 감자 인형들을 퇴비 더미에 묻었습니다. 잭은 그 자리에 없어서 몰랐지만 감자 싹은 거대한 숲처럼 자랍니다. 『잭과 콩나무』가 떠오르는 장면이 지나면 잭이 할머니를 보러 옵니다. 둘이 꼭 껴안는 장면을 일부러 오래 보여줍니다. 쿠하에게 할머니한테 가면 잭처럼 할머니를 안아주라는 말도 잊지 않고 당부하지요. 할머니와 잭은 수천 수백 개의 감자를 상자에 담고 감자인형을 또 만드는 것으로 이야기는 끝이 납니다. 털실과 단추 몇 개로 감자인형을 만들어 줍니다. 책에는 나오지 않지만 하얀 솜을 덧붙여 할아버지 할머니 감자인형을 만들어 주어도 좋아합니다.

아이는 직접 만들어 본 음식을 잘 기억합니다. 우리나이로 네 살이 되는 동안 만두를 딱 세 번 만들어 봤는데 그림책으로 자주 보아서 그런지 만드는 과정을 모두 알고 있습니다. 『손 큰 할머니의 만두 만들기』의 할머니도 숲 근처 외딴 집에 혼자 살아요. 할머니는 숲 속 동물들과 나누어 먹으려고 해마다 엄청나게 많이 만듭니다. 김치, 두부, 고기, 숙주나물을 듬뿍 넣은 만두소를 만들고 밀가루 반죽이 방문턱을 넘고 툇마루를 지나 울타리 밖으로 한없이 밀려가도록 많이 만들지요. 앞집에 사는 할머니와 만두를 만들던 날, 다람쥐는 다람쥐 만두를, 호랑이는 호랑이 만두를, 너구리는 너구리 만두를 만들면서 저마다 자기 것이 예쁘다고 하는 대목을 이야기 했습니다. "쿠하는 쿠하 만두를, 할머니는 할머니 만두를, 엄마는 엄마 만두를 만들어요!" 무슨 말인지 영문을 모르는 앞집 할머니께 얼른 책을 보여드렸습니다. 손자들이 대학생인 할머니는 "요새는 만두 만드는 책이 다 있네."하시며 신기해 하셨습니다. 겨우내 만둣국을 끓여 먹을 때마다 아이는 그림책을 꺼내와 앞집 할머니한테 읽어달라고 하겠다며 나서는 바람에 설거지를 하다 말고 물 묻은 손으로 책을 읽어주어야 했습니다. 할머니가 주인공으로 나오는 그림책을 읽고 나면 저는 시골에 계신 할머니가 보고 싶어집니다. 이런 책들로 아이가 할머니와 한 뼘 더 가까워지면 좋겠습니다.

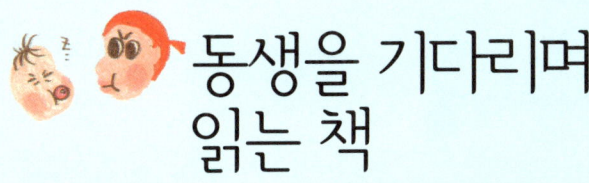# 동생을 기다리며 읽는 책

요즘 쿠하는 모든 존재를 남자와 여자로 구분합니다. 이 시기의 아이들에게 남성형, 여성형이 있는 언어를 가르치면 좋겠다는 생각이 들 정도로, 쿠하는 눈에 보이는 모든 것을 남자와 여자로 가릅니다. 30개월에 남동생이 태어나면서부터는 아무나 보면 "여자는 보지가 있고, 남자는 고추가 있어요. 아저씨는 여자예요, 남자예요?" 하고 민망하게 묻곤 했지요.

동생이 태어나면 질투심 때문에 첫아이들이 힘든 시기를 보낸다는 걸 알고 있었지만, 막상 쿠하가 한여름에 끙끙 앓으며 동생이 태어난 사실을 힘겹게 받아들이는 모습을 보면서 무척 안쓰러웠습니다. 동생 까이유가 태어나던 날은 예정일을 보름이나 남겨둔 상태였습니다. 도서관에 책을 반납하러 가는 길에 산부인과에 들렀는데, 갑자기 아이가 나올 것 같다며 바로 입원하라는 거예요. 늦게 먹은 아침밥 설거지도 하지 않고 나온 길이었기 때문에 기가 막혔습니다. 서둘러 양가 어머니와 남편에게 알리고 분만대기실로 갔지요.

빨리 도서관에 가자는 쿠하에게 곧 동생이 태어난다고 일러주고, 쿠하가 엄마를 도와주면 좋겠다고 부탁했습니다. 다른 가족들이 도착할 때까지 따로 돌봐줄 사람이 없어서 분만대기실에 함께 데리고 들어가게 됐지요. 쿠하는 제 손을 꼭 잡고서 "엄마 내가 도와줄게요. 안 아프게 해 줄게요." 하고 아이답지 않은 말들로 위로와 응원을 아끼지 않았어요. 동생이 태어나 신생아실로 옮겨질 때 이모와 쿠하도 아기를 볼 수 있었는데, 모두가 있는 자리에서 쿠하는 "엄마, 우리 동생 참 예뻐요!" 하고 말하더니, 이모와 밖에 나자자마자, "아기 미워!!!" 하고 눈에 힘을 주고 말했다고 합니다. 온 가족이 모여 신생아실 유리창에 코를 박고 아기를 볼 때 쿠하의 과잉 행동은 두드러졌습니다. 기다리는 동안 어른들한테 아기가 예쁘다고 큰 소리로 말하다가도, 정작 간호사 선생님이 아기를 안고 나타나면 딴 짓을 하며 아기를 쳐다보지도 않았지요. 아기가 태어난 날부터 한여름에 감기를 앓으며 엄마와 자겠다고 해서 산후조리원 규칙을 어기고 아이와 함께 지냈습니다. 산후조리원에 그림책도 한 살림 가져와서 젖을 먹이러 수유실에 가지 않는 시간에는 쿠하와 그림책을 읽곤 했습니다. 산후조리는커녕 아픈 아이를 달래주느라, 한여름에 땀을 뻘뻘 흘리면서 긴팔 옷을 입고 지내느라 고통스러운 시간을 보냈지요.

어느 날, 둘째 아이 까이유가 낮잠을 잘 때였습니다. 여느 때처럼 쿠하와 책을 읽고 있었는데 갑자기 아이가 등을 돌리더니 엄마를 부둥켜안았어요. 큰 소리로 "엄마, 사랑해요! 낳아줘서 고마워요!"하더니, "Hug~!"라고 말하며 한참 동안 저를 꼭 껴안고 있었어요. 아이가 얼마나 외롭고 질투하고 있었는지 온몸으로 전해졌습니다. 꼭 부둥켜안은 채 가슴에 파묻혀 있던 아이가 고개를 들어 저를 바라보며, "엄마는 세상에서 누가 제일 좋아요?"하고 물었습니다. 순간 당황했지만, "엄마가 가장 사랑하는 사람은 쿠하 너야."라고 분명하게 말해 주었지요. 그러자 아이는 "치이. 거짓말! 엄마는 나보다 까이유를 더 많이 안아주면서!"라고 하더니 벽 쪽으로 달아나버렸습니다. 아이의 이상한 행동에 화를 내야 할지, 말아야 할지 판단이 서지 않아 멍하니 바라보고 있으려니 제 눈에도 눈물이 맺혔습니다. 쿠하 눈에 동생만 안아주는 엄마가 얼마나 밉고 서운했을지 미처 살피지 못했을 때였습니다. 그런 일이 있는 후부터 까이유가 잘 때는 되도록 밀린 집안일을 제쳐두고 쿠하와 놀았습니다. 물감 옷을 입고 물감놀이도 하고, 방에 크레파스와 색연필로 벽화도 그리고, 만두를 만들어 먹기도 했습니다. 그렇게 노력해도 매일 밤 쿠하의 서러움은 가시지 않았습니다. 젖을 물고 자려는 동생을 엄마에게서 떼어 내기도 하고, 자기를 먼저 안고 재워달라고 잠투정을 부리기도 했지요. 눈에 쌍꺼풀이 진하게 새겨질 때까지 잠을 참아가며 엄마와 단둘이 책을 읽으며 동생을 기다리게 만들었습니다. 그럴 때 쿠하를 제쳐두고 까이유를 안아 주거나 젖을 물리면 "치사해. 나 혼자 자면 돼!"라고 소리치고는 방 한 구석으로 가서 새우처럼 등을 구부리고 눕곤 해서 저를 힘들게 했습니다. 그런 날은 피곤해 하는 남편에게 젖먹이 아이를 맡기고 쿠하를 꼭 안아서 재우곤 했지요. 『잘자요 달님』을 읽어주면서요.

동생이 태어난 아이들에게 읽어주면 좋은 책들은 임신 막달이 가까워질 무렵에 자주 읽어주었습니다. 『엄마가 알을 낳았대』는 아기가 태어나는 것에 대해 아이들이 오히려 어른들을 가르치는 이야기입니다.

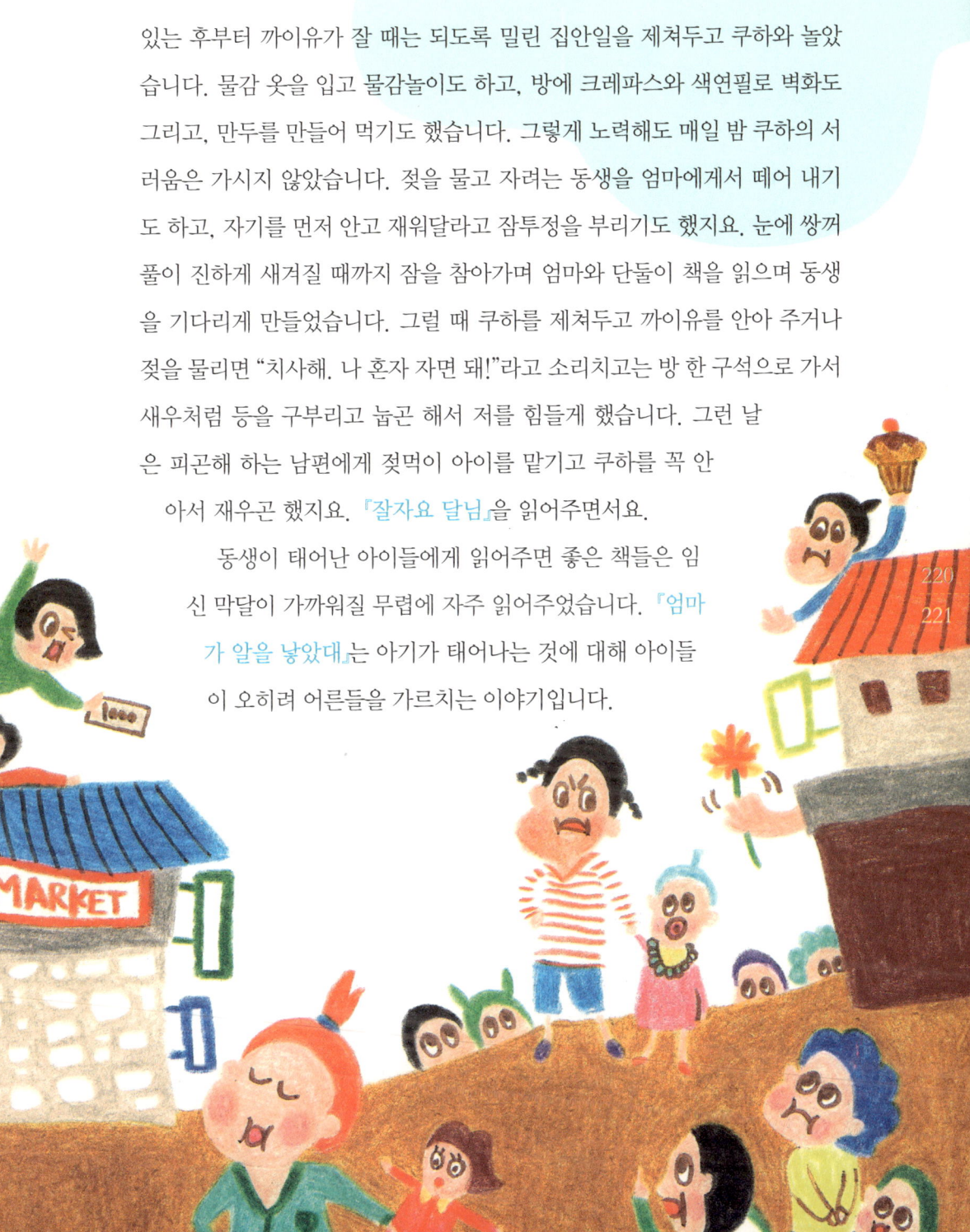

아이를 튜브에서 짜내거나 엄마가 소파 위에서 알을 낳을 수도 있다는 내용이 웃음을 자아냅니다. 이 책을 읽어주면 쿠하는 제가 웃는 부분에서 따라 웃었는데, 이제와 돌이켜보니 그 책이 별로 달갑지 않았을 것 같습니다. 쿠하는 제가 의도적으로 읽어주는 책을 기가 막히게 알아차리는 녀석이니까요.

동생이 태어나자 쿠하는 심하게 퇴행현상을 보이기 시작했습니다. 잘 가리던 오줌을 일부러 못 가리는 척 했고, 멀쩡하게 팬티를 내리고는 이불에 싸거나, 바지에 흠뻑 싼 뒤에 "엄마 쌌어"라고 말했지요. 그러다가도 아기놀이를 하자면서 이불에 아기처럼 자기를 싸달라고 하고는, "애에~"소리만 내고 이름을 물어도, 나이를 물어도 대답 대신 "애에~"만 했어요. 아기놀이가 끝난 다음에 그런 이유를 설명해 주었습니다. 자기는 아기라서 말을 할 수가 없었다나요. 그럴 때 『나는 여자, 내 동생은 남자』와 『내 동생이 태어났어』를 읽어주었습니다. 동생이 태어나면 어떻게 하는 게 좋은지 편안한 그림체로 알려주는 책이지요. 동생이 태어난다는 건, 어쩌면 세상이 반으로 갈라지는 그런 끔찍하고 아찔한 경험일지도 모릅니다.

독차지 하던 사랑을 반으로 나눠야 한다는 스트레스를 최소화 할 수 있게 어른들이 세심하게 신경 써주어야 합니다. 동생에 관한 책 중에 『내 동생 싸게 팔아요』는 초등학교 저학년에게 읽히면 좋을 책이지만, 쿠하에게도 읽어줍니다. 글이 많은 부분은 듬성듬성 건너뛰고 주인공 짱짱이의 마음이 바뀌는 대목은 분명하게 읽어주었지요.

"짱짱이가 시장가요.
동생팔러 시장가요."

똑같은 리듬을 실어 앞부분 '짱짱이가'와 '동생 팔러'를 엄마가 하면 쿠하는 "시장가요~", "시장가요~"를 합니다. 『내 동생 싸게 팔아요』는 누나를 괴롭히는 먹보, 고자질쟁이 남동생을 팔러 시장에 가는 내용입니다. 장난감 가게 언니에게 인형 하나랑 바꾸자 하고, 꽃집 할아버지에게 장미 한 송이만 주면 동생을 팔겠다고 합니다. 빵집에 가서는 빵 한 개랑 바꾸겠다고 하지만 아무도 말썽꾸러기 동생을 사려고 하지 않지요. 친구 순이가 왕자님 역할도 잘 한다는 동생을 거저 달라고 하자, 짱짱이의 마음이 바뀝니다. 아무리 자기를 괴롭히고 못살게 구는 동생이라도 거저 주기는 아까웠던 모양이지요. 글이 꽤 많아서 쿠하에게는 어려운 책이지만, 내용을 파악할 수 있게 요약해서 읽어주거나 줄거리를 이야기해주면서 점점 책에 재미를 붙이게 했습니다.

지금은 다행히 동생을 귀여워하지만 여전히 누군가 쿠하보다 동생에게 더 관심을 보이면 이내 심통을 부리거나 침울해합니다. 쿠하가 동생을 좋아하기를 바라고, 마음에 상처받지 않게 하려고 읽어주는 그림책들이 하루빨리 효과를 발휘했으면 좋겠습니다.

1 『엄마가 알을 낳았대』 배빗 콜 지음, 고정아 옮김 | 보림
2 『나는 여자, 내 동생은 남자』 정지영 글, 정혜영 그림 | 비룡소
3 『내 동생이 태어났어』 정지영 글 | 비룡소
4 『내 동생 싸게 팔아요』 임정자 글, 김영수 그림 | 아이세움

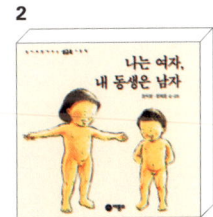

아이들과 집 이야기를 나눠보세요

오후 내내 햇볕이 따뜻하게 온 방안을 감싸는 남향집이거나, 집 앞에 큰 도로가 없어서 자동차 소음이 들리지 않는다면 일단 편안한 집입니다. 아이가 태어나기 전에는 집이란 그저 일하고 돌아와 쉬는 공간에 불과했지요. 하지만 쿠하가 태어나면서부터 좋은 집에 대한 기준이 분명해졌습니다. 신생아실에서 퇴원한 아기가 두세 달이 지날 때까지는 거의 집 안에서 하루 24시간을 보내게 됩니다. 집은 아이가 태어나 학교에 다니기 전까지 가장 많은 시간을 보낼 공간이자 가족의 생활을 담는 그릇이지요.

『나의 사직동』, 『만희네 집』, 『일과 도구』, 『작은 집 이야기』에는 다양한 집들이 나옵니다.

『만희네 집』은 집의 구조와 쓰임새를 차근차근 볼 수 있는 그림책입니다. 나열하여 보여주는 그림들에 어른들은 정신없다는 반응을 보이지만, 쿠하는 숨은 그림 찾기 놀이를 하며 재미있게 봅니다.

『일과 도구』에는 일곱 가지 일하는 집들이 등장합니다. 각 장에는 모양이 다른 시계가 숨겨져 있는데, 농장에 있는 둥근 벽시계는 열한 시를 가리키고, 치과 병원 책상에 있는 연필꽂이 한 면의 전자시계는 열두 시를 가리킵니다. 구두 공장에는 한 시, 의상실에는 두 시, 중국집에는 세 시, 목공소 벽에는 네 시, 화실 손목시계에는 오후 다섯 시가 그려져 있어요. 무심코 지나가면 보기 어려운 위치에 꼭꼭 숨겨두었지요. 아이와 고양이가 농장, 병원, 공장, 의상실, 중국집, 목공소, 화실에 가서 그 곳에서 쓰이는 도구를 살펴보고 일하는 모습을 보면서 숨은 그림 찾기 놀이를 합니다.

『작은 집 이야기』는 도시화가 진행되는 과정을 보여줍니다. 겉표지를 넘기면 열여덟 개의 작은 집이 하나의 그림에 나옵니다. 말을 타고 가는 사람이 마차, 자전거, 자동차, 전차, 트럭, 자가용 등으로 바뀌고 집 주변이 농촌이었다가 대도시로 바뀌는 모습을 갓난아이 손바닥 크기로 그려둔 그림입니다. 책을 읽어주기 전에 작은 그림들이 변하는 과정을 이야기 해 본 뒤에 아이가 관심을 갖게 되면 책을 읽어줍니다. 본문이 길고, 사계절이 바뀌고, 농

촌마을이 대도시가 되는 동안 일어난 일들을 이야기하기 때문에 어린 아이들이 이해하기 어렵습니다. 해가 뜨고 지는 과정을 윙크하고 웃고 하품하는 등 다양한 표정을 짓는 장면이 쿠하를 웃게 합니다. 사계절을 몇 차례 겪어본 아이라면 『작은 집 이야기』에 나오는 계절의 변화를 표현한 그림을 좋아할 거예요. 이어지는 그림은 점점 도로가 늘어나고 마을이 조각조각 나뉘고 아파트와 연립 주택이 늘어가지요. 작은 집은 데이지 꽃이 핀 들판과 달빛 아래서 춤추는 사과나무들이 그리워합니다.

　　책을 덮고 지금 우리가 살고 있는 아파트는 언제 어떻게 지어진 집인지, 엄마 아빠는 어떤 집에 살고 싶은지, 쿠하가 좋아하는 집은 어떤 집인지 이야기합니다. 쿠하는 『늑대가 들려주는 아기돼지 삼형제 이야기』에 나오는 벽돌집을 짓고 싶다고 하지요. 그래서 늑대 할머니의 생일 케이크에 넣을 설탕 한 컵을 빌려주겠다고 이야기 합니다. 아이들과 집에 대해 이야기하며 집 안팎 구석구석 관찰해보세요. 그림책을 읽을 때도 책 속에 나오는 집들에 더 호기심을 갖고 읽게 될 거예요.

……………………………………………………………………………………

1 『나의 사직동』 김서정 글, 한성옥 그림 | 보림
2 『만희네 집』 권윤덕 글·그림 | 길벗어린이
3 『일과 도구』 권윤덕 글·그림 | 길벗어린이
4 『작은 집 이야기』 버지니아 리 버튼 지음 | 시공주니어
5 『늑대가 들려주는 아기돼지 삼형제 이야기』 존 셰스카 글, 레인 스미스 그림 | 보림

 아이와 함께
사라진 마을들을 보세요

춘천을 '호반의 도시'라고들 합니다. 댐에 모인 물로 발전기를 돌려 전기를 만들고 거대한 물 위에 유람선을 띄워 관광객을 실어 나르지요. 우리 집은 의암호 바로 앞에 있었습니다. 의암호는 의암댐을 지은 뒤에 북한강과 소양강에서 흘러든 물들이 잔잔하게 모여든 곳입니다. 호수 안에는 중도와 상중도라는 섬이 있는데, 관광지로 개발된 중도에는 펜션과 수영장이 있습니다. 쿠하와 저는 관광객 유람선 대신 중도 주민선착장에서 배를 탑니다. 주민선착장에서 관광지로 가는 길에는 배추밭과 고추밭이 있고 오래된 마을회관이 아직 남아 있습니다. 몇 가구 남지 않아 가로등마저 드문드문 켜진 중도는 펜션이 있는 중도와 같은 섬이라는 게 믿기지 않을 정도로 분위기가 다릅니다. 우리가 사는 호반아파트에는 의암호에 집과 밭이 잠긴 할머니나 할아버지들이 살고 계시는데, 댐이 생길 때 집과 마을을 잃은 사람들이 많이 이사를 왔다고 합니다. 물에 잠기지 않고 중도와 상중도가 되어 남은 땅에 배추나 고추를 심는 분들이 있는데, 물에 잠긴 집과 마을을 매일 바라보고 사는 마음이 어떨지 이곳에 살게 되기 전까지 미처 상상해 본 적이 없습니다.

『강물이 흘러가도록』에는 댐 건설로 수몰된 마을이 등장합니다. 이 책은 뉴잉글랜드에 있는 쿼빈 저수지가 만들어진 과정을 담은 그림책입니다. 1927년부터 1946년까지 물이 차올라 집과 교회와 학교 등 온갖 삶의 흔적들이 영원히 잠겨버렸습니다. 물이 필요한 대도시 근처에서 일어나는 일이기에 농촌이나 도시에 사는 아이들 모두에게 읽어줄 필요가 있다고 생각합니다.

물이 맑기로 이름난 스위프트 강에서 핀과 실 한 오라기로 만든 낚싯대로 갈색 송어를 낚고, 여름날 밤이면 단풍나무 그늘 아래에 잠자리를 펴고 야영을 하던 마을에 갑자기 보스턴에서 양복 입은 사람들이 와서 물이 부족하다고, 물을 주는 조건으로 돈과 새로운 집을 주겠다고 하지요. 맨 먼저 무덤을 옮기고, 나무를 베어 내고, 집들을 무너뜨리고 새 집터로 이사했습니다. 댐에 물길이 막히자 강물이 소리 없이 천천히 흘러들었지요. 강물들은 여러 마을을 삼켰고 7년이라는 세월이 흘렀습니다. 그림책의 화자인 제인은 어른이 되어 배를 타고 프레스콧 마을이 있던 곳으로 가봅니다. 제인과 아빠는 세례를 받은 교회가 있던 자리와 오래 된 돌집 방앗간이 있던 자리를 찾았지만 옛 모습을 읽어내긴 어려웠노라고 말합니다.

인사동과 광화문 근처를 지나다보면 검은 비석에 'ㅇㅇ터'라고 새겨진 것을 쉽게 찾아볼 수 있습니다. 높은 건물을 짓기 위해 옛 건물을 헐어낸 자리를 볼 때마다 『강물이 흘러가도록』이 생각납니다. 흔적도 없이 사라진 공간들이 죽은 것처럼 검은 비석을 세워둔 거리에서 사람들이 단체로 기억상실 중에 걸리는 것만 같습니다.

『세상에서 가장 아름다운 나의 마을』(고바야시 유타카 글, 그림 | 미래아이)은 해마다 봄이면 자두나무, 벚나무, 배나무, 피스타치오나무가 환하게 피는 파구만 마을 이야기입니다. 주인공 야모네 집은 살구와 버찌와 자두를 따서 시장에 내다 팔지요. 아버지와 함께 야모가 자두와 버찌를 팔러 간 아프가니스탄의 시장은 쿠하에게도, 저에게도 낯선 풍경입니다. 쟁반에 차 두 잔을 얹어 배달 가는 사람, 양탄자를 파는 가게, 양을 파는 시장 등 한 번도 본 적 없는 이국적인 시장입니다. 야모는 자두와 버찌를 팔아서 번 돈으로 하얀 양 한 마리를 삽니다. 새끼 양에게 '봄'이라는 뜻의 '바할'이라는 이름을 지어주었지요. 하지만 새 봄이 오기도 전에 마을은 전쟁으로 아무도 남지 않는 폐허가 되고 맙니다.

도시에서 태어나 도시에서 자란 저에게 '고향'이라는 단어가 주는 의미나 향수는 거의 없습니다. 제가 태어나고 자란 도시 보다는 할머니가 살고 계시는, 아버지의 고향이기도 하고 제 본적지이기도 한 시골이 고향이라는 단어와 함께 떠오르는 이미지이죠. 쿠하에게 고향이라는 단어와 함께 떠오르는 장소는 어디일까요? 걸음마를 배운 공지천이나 매일 바라보는 의암호가 있는 춘천이거나 아니면 자주 찾아가는 서울 아니면 광주의 어디쯤인지 알고 싶습니다. 어린 시절을 보낸 추억의 장소가 고향이라면 앞으로는 쿠하에게 좋은 고향을 만들어주고 싶습니다.

『강물이 흘러가도록』과 『세상에서 가장 아름다운 나의 마을』은 쿠하보다 어른들이 더 좋아할 만한 책입니다. 어렸을 때 뛰어 놀던 고향 생각이 간절해서인지 할아버지 할머니께 읽어달라고 하면, 어른들이 책을 읽다 말고 한참을 말없이 그림만 보기도 합니다.

이 책을 읽어줄 때 쿠하는 책 내용과 상관없는 이야기도 꺼냅니다. 부르카 이야기입니다. 아프가니스탄 여자들은 밖에 다닐 때 부르카를 써야 합니다. 온몸에 뒤집어쓰는 부르카를 쓰는 것이 그 나라의 전통입니다. 물론 남자들은 쓰지 않는 물건입니다. 그림책 속에도 여자들은 부르카를 쓰고 있는데, 이 책 전체를 따져보면 여자보다는 남자가 훨씬 많이 등장합니다. 일부러 여자를 세어 보기도 했는데, 버스 안에 모두 남자만 타고 있고, 식당에도 남자들만 있습니다. 쿠하에게 아프가니스탄은 여자들이 살기 힘든 나라라는 이야기를 해주려는데, 아이는 제가 설명해준 부르카가 어떤 것인지 궁금했는지, 자기도 부르카를 쓰고 싶다고 조릅니다. 언젠가 쿠하가 자라면 어린 시절에 즐겨 보던 그림책 속에 슬픈 표정을 한 사람들이 있다는 것을 알게 되겠지요. 저는 논쟁거리가 많은 그림책을 보면, 쿠하와 까이유가 자라서 진지하게 사회 문제를 이야기할 수 있는 날이 오기를 기다립니다.

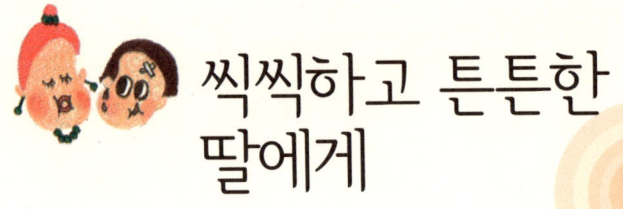

씩씩하고 튼튼한 딸에게

쿠하가 33개월 무렵, 2008년 추석 때 일입니다. 둘째 아이를 낳은 지 100일이 지나기 전이었기에 광주에 사는 시부모님이 춘천으로 역귀성을 하시기로 했지요. 오랜만에 만난 할아버지, 할머니, 고모와 헤어지기 싫었는지 쿠하는 광주에 따라가겠다고 졸랐습니다. 딱 일주일 후에 할머니가 다시 데려다주시기로 약속하고 갔는데, 고모는 심심해하는 아이를 위해 서점에서 디즈니 그림책을 선물했습니다. 피노키오와 함께 백설공주, 신데렐라, 인어공주 등 여자아이에게 필수품처럼 인식된 책들이었지요. 책을 사주기 전에 우리 집에 그런 책들이 있는지 없는지 전화로 물어왔는데, 저는 다른 책을 사주면 좋겠다고 우회적으로 거절했습니다. 그러자 고모는 "이런 기본적인 것들은 다 알아야죠"라며 몇 권만 사주겠다고 했지요. 더 이야기하면 선물하는 사람의 기분을 상하게 할 것 같아서 고맙다는 말로 통화를 마쳤습니다.

일주일 만에 광주에서 춘천으로 돌아온 쿠하는 놀라울 만큼 취향이 바뀌어 있었습니다. 화장을 하지 않는 제 엄마보다 정성껏 화장을 하고 귀걸이와 반지를 끼는 고모가 예뻐 보였나 봅니다.

"엄마, 엄마는 왜 반지랑 목걸이랑 귀걸이가 없어요?"

"쿠하야, 아기가 어릴 때는 목걸이나 귀걸이를 하면 위험해. 눈에 보

이는 대로 막 잡아당기거든. 까이유는 아직 어려서 목걸이나 귀걸이가 뭔지 몰라. 그래서 안 하는 거야."

"엄마도 고모처럼 립스틱 바르면 안돼요?"

"쿠하야, 여기 엄마 볼에 네 볼을 딱 붙여봐. 기분이 어때? 좋지?"

그림책 『딱 붙었네』(미우라 타로 글 | 북뱅크)를 흉내 내며,

"응, 좋아. 엄마랑 나랑 '딱 붙었네.'"

"너나 까이유처럼 순한 아기 볼에 화장품 독이 묻으면 좋지 않거든. 엄마가 화장을 하면 쿠하가 엄마랑 '딱 붙었네'도 못 하고, 뽀뽀도 못해. 그래서 아기가 어린 엄마들은 화장 안 하는 게 좋은 거야."

차근차근 설명해주니 알아듣는 눈치였습니다. 그런 말이 오갔어도 쿠하의 공주타령은 끊이지 않았고, 하루에도 몇 번씩 서랍을 뒤지며 패션 쇼 놀이를 하고, 장난감 화장대를 가지고 놀았어요. 백설공주, 신데렐라, 미녀와 야수에 나오는 벨은 예쁜데 자기는 못생겼다면서, "엄마, 나도 이다음에 크면 신데렐라랑 벨처럼 예뻐질 수 있죠?" 하고 묻곤 했어요. 11월 중순, 두 달 동안 공주 타령에 지친 저는 급기야 쿠하가 좋아하는 금발미녀들이 나오는 책들을 아이 손이 닿지 않는 곳에 숨겨 버렸습니다. 책을 선물한 아이 고모에게는 미안하지만, 쿠하가 서양 미녀들에게 주눅 들거나 금발머리 글래머만 아름다운 몸이라고 배우는 걸 가만히 보고만 있을 수가 없었습니다.

24개월 때부터 『리디아의 정원』(사라 스튜어트 글, 데이비드 스몰 그림 | 시공주니어)을 읽어주기 시작했습니다. 『리디아의 정원』은 어린 아이들이 이해하기 어려운 책이지만, 그림만 보여주면서 줄거리를 압축하며 읽어줍니다. 리디아는 할머니와 꽃 가꾸기를 좋아하는 꼬마 원예사입니다. 시대 배경은 미국의 대공황. 아버지가 일자리를 잃자, 리디아를 먼 도시에 혼자 사는 삼촌에게 부탁합니다. 커다란 트렁크를 들고 어두운 기차역에 도착한 리

디아는 삼촌의 빵가게에서 일손을 거들며 함께 살게 되지요.

할머니와 엄마 아빠에게 보내는 편지 형식으로 이루어진 이 책에는 힘겨운 시절을 보내는 어린 소녀의 마음이 잘 드러나 있습니다. 맨 처음 이 책을 읽었을 때, 춘천시립도서관에서 눈물을 펑펑 쏟았습니다. 상황이 악화된 현실을 차분하게 견디면서, 그 안에서 자신이 할 수 있는 꽃 가꾸기로 주변 사람들을 기쁘게 하는 리디아가 너무 예쁘고 사랑스러웠습니다. 리디아처럼 꿋꿋하지 못하고 견디기 어려우면 남의 탓을 하거나 자학을 하는 제 자신이 부끄러워서 한참 동안 울었습니다. 경제적인 어려움을 극복하는데 필요한 것은 물질 뿐만 아니라, 이웃을 살피는 배려와 리디아의 옥상 정원 같은 깜짝 선물이라는 것을 배웠지요. 근처에서 책을 읽어주던 몇몇 어머니들이 무슨 일인가 하고 궁금해 하거나말거나 쿠하를 꼭 껴안고 "이 언니처럼 살아줘" 하고 속삭였습니다.

저는 쿠하가 디즈니 만화 속 미녀보다는 리디아를 닮은 아이로 자라면 좋겠습니다. 깨진 화분이 뒹구는 버려진 공간을 환하게 가꿀 줄 아는 사람으로 자라면 더 바랄 것이 없겠습니다. 『리디아의 정원』을 읽어줄 때마다 깨진 화분이 뒹굴던 옥상과 리디아의 정원이 된 옥상을 비교하며 달라진 모습을 보여주곤 합니다. 사람의 마음과 손길이 닿으면 어떻게 달라지는지 두 그림처럼 명확하게 보여주는 그림도 흔치 않을 거예요.

『미스 럼피우스』와 『도서관』(사라 스튜어트 글, 데이비드 스몰 그림 | 시공주니어)도 쿠하에게 자주 읽어주는 책입니다. 남들이 뭐라 하던 괘념치 않고 길가에 꽃씨를 뿌리고 다닌 미스 럼피우스가 있었기에 사람들은 황홀한 꽃들을 볼 수 있었고, 책을 좋아하는 아이가 정착해서 이웃이 된 덕에 사람들은 마을 도서관을 누릴 수 있게 되었지요. 맑은 수채화 그림책들을 읽어주면서, 쿠하가 세상을 아름답게 하는 데 힘을 보태는 진정 쓸모 있는 사람이 되

기를 바랍니다.

목수정의 『뼛속까지 자유롭고 치맛속까지 정치적인』(목수정 글, 희완 트호뫼흐 사진 | 레디앙)에는 기저귀를 떼는 딸아이의 팬티를 사기 위해 거의 한 달을 보냈다는 이야기가 나옵니다. 월트 디즈니의 캐릭터로 도배되거나, 무의미한 알파벳들이 나열 되어있는 팬티를 피하느라 걸린 시간이라지요. '전 국민의 습관대로 이마트에 가서 눈앞에 있는 평범한 아기의 팬티를 고르는 일은 순순히 월트 디즈니의 마수에 투항하는 일'이라며 두세 살짜리 아기들에게조차 글로벌한 미국 캐릭터로 도배하는 것에 반대하는데, 저도 같은 생각입니다. 자라는 동안 가장 많은 영향을 받게 되는 건 아빠 엄마 취향이겠지요. 부모의 선택이 아이의 취향을 형성하기에 아이가 쓰는 물건 하나를 살 때마다 되도록 대량 생산된 제품이나 획일적인 디자인을 피하려고 노력합니다.

쿠하는 비교적 다양한 나라의 전통 옷을 입고 자란 편이에요. 제가 네팔에서 사온 '꾸르따 쓰루왈'이라 부르는 네팔 전통 옷을 입고 길에 나서면 사람들의 이목을 끌었지요. 네팔은 낮에는 따뜻하고 밤에는 갑자기 추워지는 환경에 필요한 디자인이 발달했습니다. 일교차가 큰 이른 봄날이나 바람이 억새를 세차게 흔드는 가을 저녁에 네팔 전통 옷을 입히면 따뜻하게 바람을 막아주어 실용적이었습니다.

첫째 이모가 선물해 준 일본 옷 유카타도 자주 입혔습니다. 아이들이 활동하기 편한 디자인에 바람이 잘 통하는 소재로 되어 있어 오월부터 한여름이 되기 전까지 입히기 좋았지요. 둘째 이모가 에콰도르에 보내온 옷은 너무 화려해서 특별한 날에만 입혔습니다. 남미 사람들의 흥겨운 분위기가 화려한 레이스에 전해져 오는 디자인이었지요. 할머니가 중국 여행길에서 선물한 공단 드레스는 이이의 마음을 사로잡았습니다. 한복 역시 굳이 명절이 아니더라도 아이가 입고 싶다면 언제든지 입게 해줬습니다. 『솔이의 추석 이야기』, 『어름뻬리: 줄 타는 아이』, 『연이네 설맞이』 등 한복을 입은 그림책을 볼 때나, '김유정 문학촌'처럼 옛집에 가는 날 기분 좋게 입혀주었지요. 한복을 입으면 누가 제지하지 않아도 자연히 행동이 차분해졌습니다.

『치마를 입어야지, 아멜리아 블루머!』(섀너 코리 글, 체슬리 맥라렌 그림|아이세움)는 서대문자연사박물관에서 처음 읽었습니다. 자연사박물관을 구경하고 내려와 다리도 쉴 겸 1층 도서실에서 쿠하에게 마음에 드는 책을 골라 오라고 했더니, 판형이 넓고 큰 이 책을 가져왔지요. 슬쩍 제목만 보고 '공주 타령'하는 책인 줄 알고, 다른 책을 가져오라고 했는데, 큰 목소리로 읽어달라고 우기는 바람에 하는 수 없이 펼치게 됐습니다. 아멜리아 블루머는 바닥에 질질 끌리는 드레스와 코르셋을 입고 살던 시대에 미국에서 실존했던 인물이에요. 블루머는 치마 밑에 입는 짧은 바지를 일컫는 말이지요. 아멜리아는 일하기에 편리한 디자인의 치마와 짧은 바지를 만들어 입었는데, 그녀가 펴내는 여성들을 위한 신문과 함께 널리 퍼지게 되지요.

『종이 봉지 공주』는 제가 사준 유일한 공주 책입니다. 어느 날 불을 뿜는 무시무시한 용이 공주가 사는 성에 찾아와 모든 것을 잿더미로 만들어 버립니다. 공주가 입고 있던 드레스도 홀랑 불에 타버리고 결혼을 약속한 왕자는 용에게 납치를 당하지요. 공주는 종이봉지를 주워 원피스로 입고 왕자를 구하러 가서, 용을 칭찬하며 지구를 몇 바퀴나 돌게 하고, 불을 내뿜게 해서 지치게 한 다음, 왕자를 구해냅니다. 종이봉지를 입고 서 있는 지저분한 공주를 본 왕자는 탐탁찮아 합니다. 공주는 그런 왕자와 결혼하지 않은 걸 다행으로 알며 제 갈 길을 가지요. 처음 이 책을 봤을 때, '옳거니! 결혼을 앞둔 여자들에게 반드시 읽으라고 해야지!' 하고 생각했습니다. 남자 보는 눈을 키워주는 것은 물론이거니와 아니다 싶은 상대와 시원하게 작별하는 방법을 일러주는 책이니까요.

저는 쿠하가 딸이라고 해서 예쁘고 얌전하게 키우고 싶지 않습니다. 주체적이고 건강한 한 사람, 밝고 맑고 명랑한 한 사람으로 키우고 싶습니다. 제 딸이 상황에 휘둘리지 않고 자기가 할 수 있는 일로 이웃을 기쁘게 하는 사람, 힘든 일도 웃으면서 헤쳐나갈 수 있는 순수한 사람, 손으로 일하며 세상을 살만한 곳으로 만드는 데 애쓰는 사람이 되었으면 좋겠습니다.

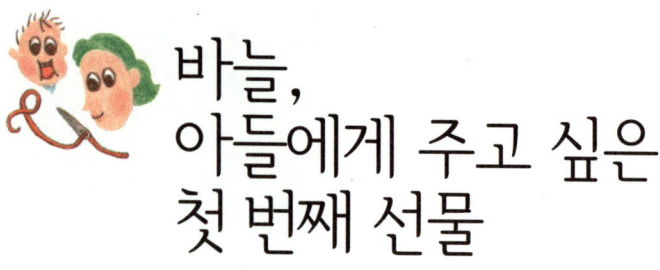
바늘,
아들에게 주고 싶은
첫 번째 선물

쿠하가 이해하기에는 당연히 어려운 내용이라는 걸 알면서도 읽어주는 책들이 있습니다. 『토끼들』,『프레드릭』,『헨리의 자유상자』,『모네의 정원에서』 같은 책들은 몇 해를 더 기다려야 겨우 이해될까말까 한 책입니다만, 종종 펼쳐 놓고 이야기를 들려주곤 합니다. 아이 수준에 맞지 않게 어려운 책들이지만 훑어보면서 새로운 단어를 맛보게 하고, 쿠하에게 심어주고 싶은 가치관을 엿보게 하려는 의도입니다. 그런 책들일수록 아이 손이 잘 닿는 곳에 꽂아둡니다.

쿠하 동생 까이유는 사내아이입니다. 『엄마라는 행복한 직업』에서 서형숙 선생님은 아들에게 선물한 휴대용 반짇고리를 소개합니다. 어머니가 손수 만들어준 반짇고리에 아이의 이름을 수놓아 주는 멋진 선물을 언젠가 저도 따라하고 싶습니다. 저는 까이유에게 『할머니의 조각보』와 『조각이불』을 자주 읽어주려 합니다. 남자건 여자건 바느질을 배워서 자기가 쓰는 작은 물건들을 직접 만들어 썼으면 좋겠습니다.

『할머니의 조각보』는 러시아에서 미국으로 이민 올 때 입고 있던 옷과 머리에 쓰는 '바부슈카'가 조각보로 만들어져 5대에 걸쳐 대물림되는 이야기를 담은 책입니다. 목탄과 연필 느낌이 나는 흑백 그림에 안나 증조할머니가 러시아에서부터 입고 미국으로 온 원피스와 바부슈카만 초록색과 빨간색으로 생동감 있어 보입니다. 『맥도널드 아저씨의 아파트 농장』처럼 이 책에도 작가가 중요하게 여기는 소재만 색깔을 칠했습니다. 쿠하는 흑백 그림 속에서 눈에 띄는 부분만 자세히 보곤 합니다. 제가 따로 일러두지 않아도 손가락으로 바부슈카나 색이 칠해진 식물들을 짚으면서 이름이 뭐냐고 묻기도 하지요. 일부러 설명해주지 않아도 그 책에서 어떤 물건이 중요한지 쉽게 찾아냅니다.

퀼트가 등장하는 그림책이 또 있습니다. 『조각이불』은 새 침대에 맞게 만들어준 이불 이야기입니다. 조각이불은 어릴 때 아이가 쓰던 헝겊들을 모아서 만든 이불이지요. 태어나서 처음 썼던 커튼과 침대 이불, 아기 때 입던 잠옷, 세 살 생일날 입었던 윗옷, 아이가 가장 좋아하던 바지 등 더 이상 쓰지 못하게 된 천을 덧대어 만든 이불입니다. 추억이 덧대어진 이불을 덮은 아이는 그날 밤, 작은 마을에 가는 꿈을 꿉니다. 『엄마라는 행복한 직업』에는 열일곱 살이 된 딸이 어린 날 입었던 옷으로 만든 '앨범이불'이 나옵니다. 쿠하와 까이유가 사춘기에 접어들 때, 저는 이웃에게 물려주지 못할 정도로 험하게 입은 옷들을 재료로 조각이불을 만들어 주고 싶습니다. 두 살 때 너무 자주 입혀서 솔기가 헤진 티셔츠와 세 살 때 방울토마토를 먹다가 국물을 흘린 자국이 그대로 남은 하얀 원피스를 버리지 못하는 건 십 수 년 후에 완성될 조각이불 때문이지요.

그림책 중에는 표지그림부터 속지와 출판 정보가 담긴 페이지까지 하나도 버릴 데 없이 꼼꼼하게 구성된 책들이 있습니다. 『조각이불』도 그런 책입니다. 표지그림에 아이가 이불을 뒤집어쓰고 있는데 자세히 보면 책 위쪽이 이불 안쪽 천 모양입니다. 두꺼운 표지를 넘기면 누벼진 이불 안감이 꽉 채워져 있지요. 다시 한 장을 더 넘기면 '니나를 위하여'라는 말로 시작되는 출판 정보가 나옵니다. 재봉틀과 이불만 등장하는 그림책의 시작 부분도 그냥 지나치지 않고, 이불을 만드는 데 재봉틀이 필요하다고 말해 줍니다. 쿠하는 옷 만드는 일을 하는 첫째 이모 때문에 크고 작은 재봉틀을 아주 어려서부터 보고 자랐습니다. 책에 등장하는 검정색 재봉틀은 아직 본 적이 없는데, 이 책을 처음 읽어줬을 때 "왜 까만색이야?" 하고 물었습니다. 쿠하가 재봉틀 색깔까지 관찰하고 있다는 것을 알게 된 뒤로, 그림책에 등장하는 작은 소품 하나까지 우리 생활 주변에서 보이는 물건과 비교하며 읽어주게 됩니다.

얼마 전부터 저는 퀼트로 작은 소품을 직접 만들고 싶어졌습니다. 지난해, 쿠하의 세 살 선물로 받은 퀼트 식탁매트를 받는 순간, 한 땀 한 땀 정성들여 만든 선물이 너무 고맙고 기뻤습니다. 정성이 들어간 물건은 함부로 버리지 못합니다. 퀼트를 배우면서 만든 가방이나 필통은 삐뚤빼뚤 엉성한 바느질이지만 '내가 만든 세상에 하나밖에 없는 물건'이라는 생각에 더 소중하게 다루게 되지요. 저는 쿠하와 까이유에게 바느질, 목공, 도예처럼 생활에 꼭 필요한 물건을 만드는 방법들을 가르쳐주고 싶습니다.

바늘은 작은 도구지만 쓸모 있는 도구입니다. 바늘처럼 쓰임새 있는 사람이 되길 바라는 마음을 담아 아들에게 선물하고 싶습니다. 작은 바늘을 들고 꼼꼼하게 꿰매면서 손끝이 매운 사람이 되길 바라고, 스스로 할 수 있는 일을 남의 손에 의지하지 않고 독립적인 사람이 되길 바라기 때문입니다. 자녀가 쓸모 있는 사람이 되기를 바라는 것은 어느 부모나 마찬가지겠지요. 저는 아이들이 예술가들처럼 기존의 미학을 뚫고 새로운 것을 추구하는 사람으로 자라기를 바랍니다. 엘리트 예술 교육을 받은 사람만이 예술가는 아니라고 생각합니다. 생활 속에서 하루하루 변화를 일으키며 자기가 가진 재능을 갈고 닦은 사람들은 이웃을 기쁘게 하고 자기 삶을 충만하게 합니다. 그런 사람들이야말로 인생을 예술적으로 살아가는 진짜 예술가지요.

문학은 우리에게 다양한 인생을 보여줍니다. 그림책도 그렇습니다. 아이들에게 독창적인 그림책을 보여주면, 그 안에 등장하는 사람과 이야기들을 통해 인간이 살아가는 다양한 모습을 엿볼 수 있습니다. 어려서부터 아이들에게 손으로 일하는 기쁨을 알려주세요. 이웃과 함께 꿰맨 조각보 하나를 대를 물려가며 쓰는 할머니의 조각보처럼, 우리 아이들이 대를 물려 소중하게 여길 물건들을 물려주고 싶습니다.

1 『엄마라는 행복한 직업』 서형숙 지음 | 21세기북스
2 『할머니의 조각보』 패트리샤 폴라코 지음, 이지유 옮김 | 미래아이
3 『조각이불』 앤 조나스 지음, 나희덕 옮김 | 비룡소
4 『맥도널드 아저씨의 아파트 농장』 쥬디 바레트 글, 론 바레트 그림 | 미래아이

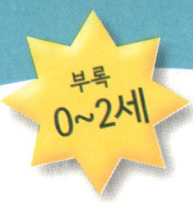

부록 0~2세

⭐ 언어, 정서, 인지, 사회성 발달을 돕는 그림책

감각 쑥쑥 그림책 (전6권)   이웅기 그림, 우남희 감수 | 시공주니어
괜찮아   최숙희 지음 | 웅진주니어
구두구두 걸어라   하야시 아키코 지음 | 한림출판사
금붕어가 달아나네   고미 타로 지음 | 한림출판사 044
까맣고 하얀 게 무엇일까요?   뻬뜨르 호라체크 글, 그림 | 시공주니어 .... 049~051
깜짝깜짝 색깔들   척 머피 지음 | 비룡소 048
나는 누구 아기일까요?   존 버틀러 지음 | 그린북
누가 숨겼지?   고미 타로 지음 | 비룡소 044
누구 그림자일까?   최숙희 지음 | 보림 112
누구 코와 발일까요?   존 버틀러 지음 | 그린북
누구나 눈다   고미 타로 지음 | 한림출판사
누구야?   정순희 지음 | 창비 .... 043~044
달님 안녕   하야시 아키코 지음 | 한림출판사 .... 052~053, 123
딸기는 빨개요   뻬뜨르 호라체크 글, 그림 | 시공주니어 .... 048~049, 118
또또와 사과나무   나카에요시오 글, 우에노 노리코 그림 | 세상모든책 .... 095~096
똥이 풍덩! (여자, 남자 각권)   알로나 프랑켈 지음 | 비룡소
뜨레풀 책놀이 시리즈   이송은 외 지음 | 동심 .... 137~139
맛있는 그림책   주경호 지음 | 보림 082
멍멍, 누구 소리일까요?   존 버틀러 지음 | 그린북
무엇이 무엇이 똑같을까?   이미애 글, 한병호 그림 | 보림
벌레가 좋아   마거릿 와이즈 브라운 글, 조은희 그림 | 보림
보아요 시리즈 (전4권)   안나 클라라 티돌름 지음 | 사계절
사과가 쿵!   다다 히로시 지음 | 보림 .... 053~054
사과를 자르면   유문조 지음 | 비룡소
사랑해 사랑해 사랑해   버나뎃 로제티 슈스탁 글, 캐롤라인 제인 처치 그림 | 보물창고 .... 056~057
세밀화로 그린 보리 아기그림책 (3권씩, 5세트)   보리 046, 055, 100

손바닥 동물원　한태희 지음 | 예림당　081~082, 085
수박을 쪼개면　유문조 지음 | 비룡소
술술 말놀이 1　박경종 글, 김성민·권문희·유진희 그림 | 다섯수레
스팟의 날개 책 시리즈　에릭 힐 지음 | 베틀북
스팟의 촉감 놀이책 시리즈　에릭 힐 지음 | 베틀북
싹싹싹　하야시 아키코 지음 | 한림출판사
아기 고양이를 만나면　존 버틀러 지음 | 그린북
아기 물고기 하양이 시리즈 (전 4권)　기도 반 게네흐텐 지음 | 한울림어린이　082, 101, 117
안녕 안녕　이모토 요코 지음 | 문학동네어린이
안아 줘　제즈 앨버로우 지음 | 웅진주니어
알록달록 동물원　로이스 엘럿 지음 | 시공주니어　048
알록달록 물고기　로이스 엘럿 지음 | 시공주니어
언제까지나 너를 사랑해　로버트 먼치 글, 안토니 루이스 그림 | B.B아이들[북뱅크]
여름 이야기　질 바클렘 지음 | 마루벌
열두 띠 동물 까꿍놀이　최숙희 글, 그림 | 보림　044
응가하자 끙끙　최민오 지음 | 보림　090
자꾸자꾸 모양이 달라지네　팻 허친즈 지음 | 보물창고
잘 자요 달님　마거릿 와이즈 브라운 글, 클레멘트 허드 그림 | 시공주니어　031, 123, 153
친구를 보내주세요! : 동물원에 보내는 편지　로드 캠벨 지음 | 문학동네어린이
하나 하면 하나 있는 것은　임석재 글, 인강 그림 | 웅진주니어
혼자 쉬해요!　캐런 카츠 지음 | 중앙출판사　091

부록 3~7세

⭐ 언어 발달을 돕는 그림책

개구리 왕자 그 뒷이야기   존 셰스카 지음 | 보림
개구쟁이 ㄱㄴㄷ   이억배 지음 | 사계절
곰 사냥을 떠나자   마이클 로젠 글, 헬린 옥슨버리 그림 | 시공주니어 .... 058~059, 074, 130
기차 ㄱㄴㄷ   박은영 지음 | 비룡소 .... 070~071
깊은 밤 부엌에서   모리스 샌닥 지음 | 시공주니어
낱말 수집가 맥스   케이트 뱅크스 글, 보리스 쿨리코프 그림 | 보물창고
마법 침대   존 버닝햄 지음 | 시공주니어
비오는 날은 정말 좋아   백희나 지음 | 삼성출판사 .... 077~078
작은 기차   마거릿 와이즈 브라운 글, 다이앤 딜론·레오 딜론 그림 | 웅진주니어

⭐ 인지 발달을 돕는 그림책

가족 1 2 3   정상경 지음 | 초방책방 064
공룡은 어디로 갔을까?   버나드 모스트 지음 | 비룡소
그림자는 내 친구   박정선 글, 이수지 그림 | 천둥거인 .... 110~111
나무하고 친구하기   퍼트리셔 로버 지음 | 비룡소
똥은 참 대단해!   허은미 글, 김병호 그림 | 웅진주니어
마녀 위니   밸러리 토머스 글, 코키 폴 브릭스 그림 | 비룡소
마들렌카 : 세상을 담은 소녀 이야기   피터 시스 지음 | 베틀북
물은 어디서 왔을까?   신동경 글, 남주현 그림 | 천둥거인
살아 있는 땅   엘레오노레 슈미트 지음 | 비룡소
아기세모의 세번째 생일   필립 세들레츠스키 지음 | 물구나무(파랑새어린이)
우리 몸의 구멍   허은미 글, 이혜리 그림 | 천둥거인 .... 181~182
일곱 마리 눈 먼 생쥐   에드 영 지음 | 시공주니어
장 바구니   존 버닝햄 지음 | 보림
파란 의자   클로드 부종 지음 | 비룡소

⭐ 정서와 사회성 발달을 돕는 그림책

강아지똥　권정생 글, 정승각 그림 | 길벗어린이
구름 나라　존 버닝햄 지음 | 비룡소 .... 207~208
기묘한 왕복 여행　앤 조나스 지음 | 아이세움
꼬마 발레리나 타냐　페트리샤 리 고흐 글, 이치카와 사토미 그림 | 현암사
꿈꾸는 허수아비　브리짓 민느 글, 안느 홀 그림 | 웅진주니어
나무　옐라 마리 지음 | 시공주니어
나비가 날아간다　김용택 시, 정순희 그림 | 미세기
나비엄마의 손길　크리스티앙 볼츠 지음 | 한울림어린이
날개 잃은 천사　마야 지음 | 고래이야기
내가 라면을 먹을 때　하세가와 요시후미 지음 | 고래이야기
눈을 감고 느끼는 색깔 여행　메네나 코틴 글, 로사나 파리아 그림 | 고래이야기 026
느끼는 대로　피터 레이놀즈 지음 | 문학동네어린이
도서관　사라 스튜어트 글, 데이비드 스몰 그림 | 시공주니어 232
똥벼락　김회경 글, 조혜란 그림 | 사계절
리디아의 정원　사라 스튜어트 글, 데이비드 스몰 그림 | 시공주니어 .... 231~232
무지개 물고기　마르쿠스 피스터 지음 | 시공주니어 .... 085, 096~098
발맞춰 걷는 건 싫어!　장 프랑수아 뒤몽 지음 | 미래M&B .... 142~143
비 오는 날　유리 슐레비츠 지음 | 시공주니어
빨간꽃 초록잎　탁혜정 지음 | 초방책방
새벽　유리 슐레비츠 지음 | 시공주니어
세상에서 가장 아름다운 달걀　헬메 하이네 지음 | 시공주니어
소피의 달빛 담요　에일린 스피넬리 글, 제인 다이어 그림 | 파란자전거
수염 할아버지　이상교 글, 한성옥 그림 | 보림 .... 103, 106~107
수호의 하얀말　오츠카 유우조 글, 아카바 수에키치 그림 | 한림출판사 ..... 140~141, 174~175
시간이 들려주는 이야기　안느 에르보 지음 | 교학사
실 베스트르　에릭 바튀 지음 | 문학동네어린이

부록 3~7세

제목	저자	페이지
아기 새 오데뜨	케이 펜더 글, 필립 뒤마 그림 ㅣ 문학과 지성사	026
아기 오리들한테 길을 비켜 주세요	로버트 맥클로스키 지음 ㅣ 시공주니어	
아델과 사이먼	바바라 매클린톡 지음 ㅣ 베틀북	
아름다운 책	끌로드 부종 지음 ㅣ 비룡소	026
아모스와 보리스	윌리엄 스타이그 지음 ㅣ 시공주니어	098
여행 그림책	안노 미쯔마사 지음 ㅣ 한림출판사	105
오소리네 집 꽃밭	권정생 글, 정승각 그림 ㅣ 길벗어린이	
온 세상에 친구가 가득	신자와 도시히코 글, 오시마 다에코 그림 ㅣ 책읽는곰	
외딴 마을 외딴 집에	이상교 글, 김세현 그림 ㅣ 아이세움	
조각이불	앤 조나스 지음 ㅣ 비룡소	236~238
차별 싫어요!	플로랑스 뒤떼이 글, 앙리 펠네르 그림 ㅣ 푸른숲	099
커다란 순무	알릭셰이 톨스토이 글, 헬린 옥슨버리 그림 ㅣ 시공주니어	
쿠키 한 입의 인생 수업	에이미 크루즈 로젠탈 글, 제인 다이어 그림 ㅣ 책읽는곰	
크릭터	토미 웅게러 ㅣ 시공주니어	150
파란 시간을 아세요?	안 에르보 지음 ㅣ 베틀북	
파란막대 파란상자	이보나 흐미엘레프스카 지음 ㅣ 사계절	
펭귄 피트	마르쿠스 피스터 지음 ㅣ 시공주니어	
프레드릭	레오 리오니 지음 ㅣ 시공주니어	236
한국에서 부란이 서란이가 왔어요!	요란 슐츠·모니카 슐츠 지음 ㅣ 고래이야기	
할머니의 선물	조 엘렌 보가르트 글, 바바라 레이드 점토 ㅣ 사계절	
할머니의 조각보	페트리샤 폴라코 지음 ㅣ 미래M&B	236~237
행복한 돼지	헬린 옥슨버리 지음 ㅣ 웅진주니어	
헨리는 피치버그까지 걸어서 가요	D. B. 존슨 지음 ㅣ 달리	
헨리는 혼자서 오두막을 지어요	D. B. 존슨 지음 ㅣ 달리	
황소 아저씨	권정생 글, 정승각 그림 ㅣ 길벗어린이	
황제와 연	제인 욜런 글, 에드 영 그림 ㅣ 다산기획	
흰 토끼와 검은 토끼	가스 윌리엄스 지음 ㅣ 다산기획	

⭐ 호기심을 자극하고 즐거움을 주는 그림책

검피 아저씨의 뱃놀이   존 버닝햄 | 시공주니어 .... 059~060, 164
괴물들이 사는 나라   모리스 샌닥 지음 | 시공주니어
꿈을 찾아 떠나는 여행   피터 시스 지음 | 주니어김영사 026
너는 누구니?   키스 포크너 글, 스테판 홈즈 그림 | 미세기
누가 내 머리에 똥 쌌어?   베르너 홀츠바르트 글, 볼프 예를브루흐 그림 | 사계절 083, 092
늑대가 들려주는 아기돼지 삼형제 이야기   존 셰스카 글, 헬린 옥슨버리 그림 | 시공주니어 226
도대체 그 동안 무슨 일이 일어났을까?   이호백 지음 | 재미마주
똥 밟을 확률   안느 장부아 | 됨됨 094
만희네 집   권윤덕 지음 | 길벗어린이 224
맥도널드 아저씨의 아파트 농장   쥬디 바레트 글, 론 바레트 그림 | 미래M&B 104, 237
미술관에 간 윌리   앤서니 브라운 지음 | 웅진주니어
바다가 보고 싶었던 개구리   기 빌루 지음 | 열린어린이
배고픈 애벌레   에릭 칼 지음 | 더큰 theknn
빨간 매미   후쿠다 이와오 지음 | 책읽는곰
세상에서 가장 맛있는 무화과   크리스 반 알스버그 지음 | 미래M&B
소미네 똥가게   퍼시 래빗 글, 라이마 그림 | 고래이야기
송어는 나무로 만들어졌어요   에이프릴 풀리 세이르 글, 케이트 엔들 그림 | 파란자전거
아기돼지 세 마리   데이비드 위즈너 지음 | 마루벌 168
아주 아주 큰 고구마   아까바 스에끼찌 지음 | 창비
압둘 가사지의 정원   크리스 반 알스버그 지음 | 베틀북 026
앵무새 열 마리   퀀틴 블레이크 지음 | 시공주니어 .... 063~064
우리는 벌거숭이 화가   문승연 글, 이수지 그림 | 천둥거인
윌리와 휴   앤서니 브라운 | 웅진주니어
이상한 자연사 박물관   에릭 로만 지음 | 미래M&B
이솝 이야기 (전 4권)   안노 미쓰마사 지음 | 미래M&B
일과 도구   권윤덕 지음 | 길벗어린이 084, 224

입이 큰 개구리   키스 포크너 글, 조나단 램버트 그림 | 미세기
으뜸 헤엄이   레오 리오니 지음 | 마루벌 .... 084~085
점   피터 레이놀즈 지음 | 문학동네어린이
지각대장 존   존 버닝햄 지음 | 비룡소 069
지하철을 타고서   고대영 글, 김영진 그림 | 길벗어린이
코알라와 꽃   메리 머피 지음 | 한솔수북
토끼들   존 마스든 글, 손 탠 그림 | 주니어파랑새 026, 236
하나라도 백 개인 사과   이노우에 마사지 지음 | 문학동네어린이
할머니의 요술 모자   나탈리 디에테를레 지음 | 미세기 .... 109~110
행복한 마시로   이모토 요코 지음 | 효리원

⭐ 가족을 더 사랑하게 하는 그림책

고릴라   앤서니 브라운 지음 | 비룡소 .... 187~188, 213~214
구름빵   백희나 글·그림, 김향수 사진 | 한솔수북 117
그래도 엄마는 너를 사랑한단다   이언 포크너 지음 | 중앙출판사
나는 여자, 내 동생은 남자   정지영·정혜영 지음 | 비룡소 222
낳으실 제 괴로움 다 잊으시고   이상희 글, 곽영권 그림 | 사계절
내가 아빠를 얼마나 사랑하는지 아세요?   샘 맥브래트니 글, 아니타 제람 그림 | 베틀북
마들렌카   피터 시스 지음 | 베틀북
세상에서 제일 힘센 수탉   이호백 글, 이억배 그림 | 재미마주
언제까지나 너를 사랑해   로버트 먼치 글, 안토니 루이스 그림 | B.B아이들[북뱅크]
엄마가 알을 낳았대!   배빗 콜 지음 | 보림 .... 221~222
엄마는 언제나 너를 사랑한단다   에이미 헤스트 글, 아니타 제람 그림 | 베틀북
오른발 왼발   토미 드 파올라 지음 | 비룡소
우리 아빠가 최고야   앤서니 브라운 지음 | 킨더랜드 214
우리 엄마   앤서니 브라운 지음 | 웅진주니어 214
이름 짓기 좋아하는 할머니   신시아 라일런트 글, 캐드린 브라운 그림 | 보물창고

톡톡톡　주경호 지음 | 길벗어린이
할머니가 남긴 선물　마거릿 와일드 글, 론 브룩스 그림 | 시공주니어

⭐ 우리 문화와 정서를 느낄 수 있는 그림책

그림 옷을 입은 집　조은수 글, 유문조 그림 | 사계절
넉 점 반　윤석중 글, 이영경 그림 | 창비 ··· 066
바빠요 바빠　윤구병 글, 이태수 그림 | 보리 ·· 177~178
방귀쟁이 며느리　신세정 지음 | 사계절 ··· 066, 197~198
새 보는 할배　김장성 글, 한수임 그림 | 사계절
설빔: 여자아이 고운 옷　배현주 지음 | 사계절 ·· 087
설빔: 남자아이 멋진 옷　배현주 지음 | 사계절 ·· 087
소 찾는 아이　이상희 글, 김종민 그림 | 사계절
손 큰 할머니의 만두 만들기　채인선 글, 이억배 그림 | 재미마주 ········ 084, 165, 216, 218
솔이의 추석 이야기　이억배 지음 | 길벗어린이 ··· 086~087, 233
수궁가: 어린이 판소리 그림책　이현순 글, 이육남 그림 | 초방책방 ············ 026, 147~148
숨 쉬는 항아리　정병락 글, 박완숙 그림 | 보림
신기한 그림족자　이영경 지음 | 비룡소
심심해서 그랬어　윤구병 글, 이태수 그림 | 보리 ·· 067, 176~177
아씨방 일곱 동무　이영경 지음 | 비룡소 ··· 065
엄마 마중　이태준 글, 김동성 그림 | 소년한길 ·· 068, 075, 165
연이네 설맞이　우지영 글, 윤정주 그림 | 책읽는곰 ································ 088, 132~133, 234
좁쌀 한 톨로 장가든 총각　이상교 글, 주경호 인형 | 보림
쪽빛을 찾아서　유애로 지음 | 보림 ·· 191
팥죽 할머니와 호랑이　조대인 글, 최숙희 그림 | 보림
팥죽 할멈과 호랑이　박윤규 글, 백희나 그림 | 시공주니어 ····································· 067~068
한글 우리말을 담는 그릇　박동화 글, 정성화 그림 | 책읽는곰

부록
3~7세

자연 생태에 관심을 갖게 하는 그림책

가로수 밑에 꽃다지가 피었어요   이태수 글, 그림 | 우리교육
강물이 흘러가도록   제인 욜런 글, 바바라 쿠니 그림 | 시공주니어 .... 150, 227~229
개구리가 알을 낳았어   이성실 글, 이태수 그림 | 다섯수레
개미가 날아올랐어   이성실 글, 이태수 그림 | 다섯수레
갯벌이 좋아요   유애로 지음 | 보림
나의 봄 여름 가을 겨울   린리쥔 글, 린리치 그림 | 베틀북
날개를 기다리며   루이스 엘럿 지음 | 베틀북
늦어도 괜찮아 막내 황조롱이야   이태수 글, 그림 | 우리교육
모기는 왜 귓가에서 앵앵거릴까?   버나 알디마 글, 리오 딜런·다이앤 딜런 그림 | 보림
살아있는 모든 것은   브라이언 멜로니 글, 로버트 잉펜 그림 | 마루벌
세밀화로 보는 호랑나비 한살이   권혁도 글, 그림 | 길벗어린이
수많은 생명이 깃들어 사는 강   김순한 글, 정태련 그림 | 우리교육
수생식물 도감   박상용 글, 이주용 그림 | 보림
숲 이야기   안노 미쯔마사 지음 | 한림출판사
우리몸 털털털   김윤경 글, 한승임 그림 | 웅진주니어
지렁이가 흙똥을 누었어   이성실 글, 이태수 그림 | 다섯수레
태안 신두리 모래언덕에 핀 꽃   김천일 | 보림

겨울과 크리스마스를 기다리며 읽는 그림책

감기 걸린 날   김동수 지음 | 보림 026
나무는 좋다   재니스 메이 우드리 글, 마크 시몽 그림 | 시공주니어
내 말 좀 들어 주세요   윤영선 글, 전금하 그림 | 문학동네어린이
눈 오는 날   에즈라 잭 키츠 지음 | 비룡소
눈사람 아저씨   레이먼드 브릭스 지음 | 마루벌 102, 105
땅꼬마 산타클로스   아누 슈토너 글, 헨리케 빌존 그림 | 달리

순록의 크리스마스   모 프라이스 글, 아쓰코 모로즈미 그림 | 문학동네어린이
숲 속에서   클레어 A. 니볼라 지음 | 비룡소
창문으로 넘어온 선물   고미 타로 지음 | 비룡소
추워도 괜찮아!: 동물의 겨울나기   모니카 랑에 글, 슈테펜 발렌토비츠 그림 | 시공주니어
크리스마스 선물   존 버닝햄 지음 | 시공주니어
크리스마스 파티   가브리엘 뱅상 지음 | 시공주니어

⭐ 평화를 사랑하게 하는 그림책

꼬마 구름 파랑이   토미 웅거러 지음 | 비룡소
새똥과 전쟁   에릭 바튀 지음 | 교학사 250
세상에서 가장 아름다운 나의 마을   고바야시 유타카 지음 | 미래M&B   228~229   251
잃어버린 아이들   메리 윌리엄스 글, 그레고리 크리스티 그림 | 사계절
초록 꼬리   레오 리오니 지음 | 마루벌
헨리의 자유상자   엘린 레빈 글, 카디르 넬슨 그림 | 뜨인돌어린이 236

⭐ 생활 습관을 살펴보는 그림책

나의 하루, 엄마 아빠의 하루   로빈 발라드 지음 | 문학동네어린이
난 토마토 절대 안 먹어   로렌 차일드 지음 | 국민서관 116
난 하나도 안 졸려, 잠자기 싫어!   로렌 차일드 지음 | 국민서관
또또가 달라졌어요! (전10권)   안나 카살리스 글, 마르코 캄파넬라 그림 | 키득키득
목욕은 즐거워   쿄코 마스오카 글, 하야시 아키코 그림 | 한림출판사
소중한 내 몸을 위해 꼭꼭 약속해   박은경 글, 김진화 그림 | 책읽는곰
이럴 땐 싫다고 말해요   마리 프랑스 보트 글, 파스칼 르메트르 그림 | 문학동네어린이
차별 싫어요!   플로랑스 뒤떼이 글, 앙리 펠네르 그림 | 푸른숲 099
친구야, 목욕하자!   크리스티나 가렐리 글, 프란체스카 체시 그림 | 시공주니어